Zulma Reyo

# Feuer und Licht

Die Geheimnisse von Karma und Sexualität
und die Bedeutung von Beziehungen
in der inneren und äußeren Welt

*Überarbeitete und gekürzte Fassung des Titels*
KARMA UND SEXUALITÄT
**die menschliche alchemistische Erfahrung,**
*in spanischer und portugiesischer Übersetzung erschienen bei*
*Kier (Buenos Aires, Argentinien) und*
*Ground Publishers (São Paulo, Brasilien),*
*1992.*



WINDPFERD

*Wichtiger Hinweis:* Die in diesem Buch vorgestellten Informationen sind sorgfältig recherchiert und wurden nach bestem Wissen und Gewissen weitergegeben. Dennoch übernehmen Autor und Verlag keinerlei Haftung für Schäden irgendeiner Art, die direkt aus der Anwendung oder Verwendung der Angaben in diesem Buch entstehen. Die Informationen in diesem Buch sind für Interessierte zur Weiterbildung gedacht.

1. Auflage 1999

Übertragung aus dem Englischen: Bettina Borst
Umschlaggestaltung: Kuhn Grafik, Zürich,
unter Verwendung einer Illustration von Ulrike Hinrichs
Lektorat: Christina Lohfeldt
Gesamtherstellung: Schneelöwe, Aitrang
ISBN 3-89385-278-6

Printed in Germany

# Inhaltsverzeichnis

*Abbildungen*

***Tabellen***

*Unendliches absolutes Wesen!*
*Mit dem grenzenlosen Licht des Sohnes*
*und Deiner Zärtlichkeit als Mutter ...*
*Führe uns auf dem Weg*
*zu größerer Liebe*
*und besserem Verständnis*
*Deiner Gesetze*
*und der Gaben, die wir,*
*Deine Kinder, auf dieser*
*geheiligten Mutter Erde bekommen haben.*
*Und . . .*
*mögen wir Deinen Schutz*
*immer spüren auf der Reise nach Hause,*
*wenn wir wieder fallen und uns wieder erheben*
*in jene höhere*
*Herrlichkeit,*
*die „Ich Bin“ in Dir.*

*Amen*

# Vorwort

Real zu sein ist nicht so leicht, wie wir glauben. Man kann es nicht erzwingen, und es passiert nicht innerhalb von Augenblicken. Es erfordert, daß wir uns tiefgehend und ernsthaft damit befassen, wie wir uns auf die Welt beziehen, daß wir uns mit unseren Beziehungen (jeder einzelnen!) befassen und daß wir uns mit unseren Werten befassen. Damit sind wir bei einer komplizierten Kunst: unsere Wahrnehmung bewußt zu verändern, unsere Vorbilder zu verändern, und über die Dualität hinaus uns selbst wirklich zu sehen.

Dieses Buch ist der zweite Band einer Serie von Lehren, die Innere Alchemie heißen. Mein erstes Buch, „Innere Alchemie: Der Weg der Meisterschaft", beschreibt die grundlegende Philosophie der Inneren Alchemie, die sich auf zwei Lehrsätze stützt:

(1) Im Zentrum jedes Lebewesens, wozu auch lebendes Gewebe, die Persönlichkeit des einzelnen und die Seele gehören, existiert ein Lichtpunkt, der den Samen Gottes in jedem Teil seiner Schöpfung darstellt. Nichts kann ohne dieses innere Leben existieren. Erleuchtung, Einheit, Gesundheit und Harmonie sind nur in dem Maße möglich, wie sie ihren eigenen Einklang mit der inneren Quelle widerspiegeln.

(2) Dieses Grundmuster wiederholt sich in den verschiedenen gleichzeitigen Dimensionen der menschlichen Erfahrung, und dazu gehören auch die entsprechenden Kräfte, Gaben, „Körper" und die Häufigkeit der Erfahrung.

Alchemie ist die Kunst-Wissenschaft, das Niedere zum Höheren zu transformieren. Das bezieht sich auf die physische, körperliche Substanz, über die wir die Herrschaft haben und der wir verantwortlich sind. Innere Alchemie bedeutet, daß man die Menschliche Alchemie in die Praxis umsetzt, bedeutet also die Umwandlung unserer eigenen Welt oder die Entwicklung einer niederen materiellen Schöpfung hin zu ihrer höheren Folgerung, und die Ausweitung des Bewußtseins oder der Intelligenz. Das findet natürlich seinen Niederschlag im physischen Körper, in der Persönlichkeit, der persönlichen Umgebung und der allgemeinen Umgebung des einzelnen, seiner Familie und seiner Welt.

Das Buch, das dir hier vorliegt, vermittelt ein besseres Verständnis der Inneren Alchemie und ihrer Anwendung auf die menschliche alchemistische Erfahrung. Diese Erfahrung bekommt man durch Beziehungen – mittels Beziehungen wächst das menschliche Wesen und entwickelt das, was wir als Bewußtsein kennen. Es werden drei Konzepte eingeführt, die das deutlich machen:

(1) Die Theorie von Unter-Persönlichkeiten, die ihren Ausdruck in der Zellstruktur der menschlichen Persönlichkeit auf drei verschiedene Arten finden: physisch, emotional und mental, also körperlich, gefühlsmäßig und geistig. Dieses Verständnis erlaubt uns, die anscheinend so widersprüchlichen Impulse von Materie und Geist miteinander zu vereinen, weil wir um Ursache und Wirkung, Anziehung und Abstoßung wissen. Außerdem hilft es uns, Mitleid und Verständnisfähigkeit zu entwickeln, die beide den Weg zum Frieden und zu besseren menschlichen Beziehungen ebnen.

(2) Die Dynamik zwischen konzentrischen und linearen Kräften, die dem Wirken des Bewußtseins in der Materie zugrundeliegt. Dadurch werden die Begriffe des Menschlichen und des Göttlichen zu einer einzigen Erfahrung verschmolzen. So verstehen wir schließlich, wie Geist und physisch-materielle Erscheinungen in unserem eigenen Selbst miteinander in Wechselbeziehung stehen. In unserer Welt wirken zwei verschiedene atomare Prinzipien, die von der modernen Nuklearphysik umrissen werden. Diese Prinzipien spiegeln die verschiedenen Arten von Beziehungen wider und lassen auch deutlich erkennen, wie unsere wichtigsten Werte sich in Konflikten und Spannungen oder in harmonischer Abstimmung manifestieren.

(3) Die Theorie von der Erlösung der Materie wird als persönliche Dynamik angesehen, die auf die gesamte planetarische Evolution zurückstrahlt. Verantwortlichkeit wird als persönliche Erfahrung der Liebe und der Erfüllung gesehen.

Die verschiedenen Ausdrucksformen der Persönlichkeit werden hier, in der menschlichen alchemistischen Erfahrung, als Beziehungsdynamik gesehen und so betrachtet. Ich habe beschlossen, die energetischen Bestandteile des Verhaltens, sowohl in ihren psychologischen als auch in ihren physischen Aspekten, so genau wie möglich zu beschreiben, damit Menschen, die jene echte Autonomie erreichen wollen, die schließlich zur Unterscheidungsfähigkeit führt, sich mit den

Prinzipien befassen können. Ich hoffe außerdem, daß es mir gelungen ist, Ordnung in die vorherrschende Verwirrung über verschiedene Beziehungsarten zu bringen. In diesem Buch werden sie alle in den gleichen Rahmen gestellt und beleuchtet. Normale Alltagsbeziehungen, Freundschaft und romantische Beziehungen finden in Art und Qualität der Beziehung unterschiedlichen Ausdruck. Im Grunde gehört aber zu allen dieselbe Dynamik: der wechselnde Austausch von Lebensenergie, von biophysischer Energie, der Kreislauf dieser Energie in Bahnen, die den physischen Raum transzendieren, und das Mit-Teilen von Lehren oder Erfahrungen, die einem nur durch die Reflektionen einer anderen lebenden Seele zuteil werden können.

Dies hier ist keines der üblichen Bücher über zwischenmenschliche Beziehungen. Es ist eine tiefgehende Studie über Chakrapsychologie und die Energiedynamik der spirituellen Evolution zwischen Brüdern und Schwestern, die ihre Göttlichkeit mit zwei deutlich unterschiedenen Polen ausdrücken: Er, Gott selbst, als die männliche Leitung, und Sie, Gott selbst, als weibliche Aufnahmefähigkeit. Die ersten fünf Kapitel dieses Buches geben einen Überblick über die energetische Anatomie der menschlichen Persönlichkeit und stellen dabei auch die notwendigen Einzelteile dar, aus denen der Vorgang der Spiritualisierung oder des Aufbaus eines Bewußtseins besteht. Hier wird das Konzept der Sexualität als Lebensenergie untersucht und so die Mechanismen offengelegt, die zwischen Personen desselben Geschlechts oder unterschiedlicher Geschlechter in allen der unterschiedlichen Beziehungen wirken.

Unsere manchmal quälenden, manchmal erhebenden Erfahrungen in Beziehungen setzen sich aus verschiedenen Wachstumsstadien zusammen, denen unterschiedliche Arten der Entfaltung zugrundeliegen. Wenn die Energien der Elemente (und mit ihnen die zugehörige Psychologie) weit in die Tiefe gehen und sich durch die unterirdischen Flure von Bedürfnissen, Schmerz, Angst und Verwirrung am Übergang zum Wahnsinn winden, tauchen sie wieder und wieder erneuert auf. Jedes Mal können wir uns selbst als neues, vollständigeres menschliches Wesen entdecken.

Viele der Beispiele in diesem Buch stammen aus Fallstudien über meine Patienten und Freunde und aus der Beobachtung der Unterschiede in verschiedenen Kulturen. Ich habe so viele verschiedene

Beziehungsarten wie möglich mit einbezogen, wobei im Mittelpunkt die Urerfahrung zwischen Mitgliedern der verschiedenen Geschlechter steht. Eltern und Kinder, Brüder und Schwestern, andere Blutsverwandte und auch die vielen verschiedenen Spielarten von Freundschaft (und Feindschaft) können aus dem vorgelegten Material ihre eigenen Schlüsse ziehen.

Der Inhalt dieses Buches mag manche Menschen schockieren und vielleicht andere beunruhigen, die lieber mit dem Finger auf etwas zeigen, als sich den tiefgreifenden Ungereimtheiten und Unwahrheiten zu stellen, auf denen normale Beziehungen aufgebaut sind. Weil ich mit meinen eigenen Problemen und Grenzen leben mußte, habe ich schließlich die Erfahrung dieser Unvollkommenheiten in mir verstanden und schätze sie hoch, denn sie haben es mir ermöglicht, einem anderen menschlichen Wesen näher zu kommen.

Die Tiefe meiner eigenen menschlichen Erfahrung hat es mir auch ermöglicht, die Unterschiede und die Gleichheiten der Geschlechter hoch zu schätzen und mir der ungeheuren Möglichkeiten bewußt zu werden, die sich eröffnen, wenn zwei Menschen sich im reinigenden Feuer-Licht des Herzens vereinigen. Dieses Zusammentreffen wirkt sich noch wesentlich positiver aus, wenn die sexuelle Beziehung wirklich verstanden wird, sich entfalten kann und sich so weit erheben kann, daß sie die Vater-Mutter-Gesamtheit des Schöpfers verkörpert. Diese Reise wird im letzten Kapitel dargestellt. Es handelt sich dabei um die mühsamste, die gefährlichste und auch die wunderbarste aller menschlichen Erfahrungen.

Von den Gipfeln des Reagierender-Seins bis zu den Extremen der Unterwerfung entfaltet sich der Gang des Lebens. Wir sind es allen unseren Beziehungen, vergangenen und kommenden, schuldig, daß wir uns unseres eigenen Selbst bewußt werden.

*„Wir sehen jetzt durch einen Spiegel ein dunkles Bild;*
*dann aber von Angesicht zu Angesicht. Jetzt erkenne ich stückweise;*
*dann aber werde ich erkennen, wie ich erkannt bin."*
*(1. Korinther 13, 12; Lutherbibel)*

Kapitel 1

# Die Menschheit und der einzelne

In meinem früheren Buch *Innere Alchemie – Der Weg der Meisterschaft* habe ich die energetische Anatomie des Menschen beschrieben und das menschliche Wesen als den sich ständig entfaltenden Schöpfer definiert. Wünschen, ersehnen, denken ... tun oder hemmen ... der Mensch strebt nach Höherem. Bei diesem Streben schafft er einen genauen Plan für das, was er ersehnt. Dieser Plan nimmt die Energie des Schöpfers in sich auf – egal, ob sie nun zur greifbaren physischen Gestalt wird oder nicht. Um uns herum wimmelt es von solchen Gedankenformen, die unsere Wahrnehmung der Realität ständig beeinflussen und entstellen.

Bei der Energie, die die Gedankenformen nährt, handelt es sich im Grunde um bio-physische Energie. Über die elektromagnetischen Eigenschaften dieser Energieformen treffen wir eine Einschätzung unserer finanziellen Situation, unseres beruflichen Erfolges, unseres gesellschaftlichen Status und unserer Beziehungen. Was wir auf diese Weise anziehen und was wir abstoßen (Ursache und Wirkung) läuft unter der Bezeichnung Karma[1] und ist ansonsten auch als Geschick oder Schicksal bekannt; manche Menschen sprechen auch gerne von Glück.

Alles, was in Form von physischer Materie oder von quasi-physischer Substanz geschaffen wird, unterliegt den Gesetzen der Physik. Das bedeutet, daß es letzten Endes aufgelöst, absorbiert oder transformiert werden muß. Das sind naturgegebene Zustände. Aber menschliche Wesen haben einen freien Willen und es besteht keine Verpflichtung, mit unseren Schöpfungen in ethisch vertretbarer Weise umzugehen – wir müssen nur die Stimme unseres Gewissens ertragen. Dem Karma liegt die Auffassung zugrunde, daß man erntet, was man sät. Aber Karma ist noch mehr. Karma ist der Ausdruck aller Taten (Schöpfungen), die der einzelne innerhalb einer gegebenen Lebensspanne vollbracht oder nicht vollbracht hat. Es ist sein Gepäck, sein Tätigkeitsbericht. Es ist in der psycho-genetischen Struktur jedes einzelnen als Code gespeichert und wird so auch an seine Nachkommen weitergegeben. Es findet Eingang in das Zellgedächtnis.

Der einzelne lernt auf natürlichem Wege durch Versuch und Irrtum, mit seinen Kräften und seinem Material (d. h. mit Energien und Substanz) umzugehen. Er lernt hoffentlich, Leben zu schützen. In dem Maße, wie seine Sensibilität zunimmt, kommt seine Bewußtheit in Einklang mit der Ethik der Natur und mit den Gesetzen der Biologie. Da das Leben im Rhythmus fortschreitet, wird ein Ding, das beeinflußt wurde, das Beeinflussende in ähnlicher Weise beeinflussen, denn Beeinflusser und Beeinflußter sind durch die eine Energie miteinander verbunden.

## Konzentrizität und Linearität

Das Leben entfaltet sich in konzentrischen Geweben der frei fließenden und an keine Richtung gebundenen Realität, in der wir uns sowohl als Schöpfer als auch als Geschaffene wiederfinden. Im Menschen manifestieren diese Ur-Schöpfungskräfte sich als bio-physische Energie[2], die die Quellenergie anzapft, sie verstärkt und reproduziert. Diese Kräfte spiegeln die in Ewigkeit aktive Ur-Matrix wider, aus der alle Schöpfung stammt. Alle Gegensätze, Polaritäten, Dimensionen und Realitäten existieren dort gleichzeitig in orgasmischer Unaufhörlichkeit.

Unsere Ängste gründen sich heutzutage in dem Irrglauben, daß wir die Ur-Matrix mit ihren vieldimensionalen Frequenzen und Realitäten, die jenseits unserer Reichweite liegen, durch unseren Intellekt, der sich in einer dreidimensionalen linearen Terminologie und Modalität ausdrückt, kontrollieren könnten. Deswegen sind Wahnsinn und Zufall (beides Ausdruck der Naturgesetze) eine ständige Quelle der Frustration. Und doch wird ein erleuchteter oder überlegener Mensch in Bescheidenheit an dieser Matrix teilhaben, weil er weiß, daß ES (und nicht er selbst) das wahre schöpferische Zentrum ist. Er verschmilzt das Können eines disziplinierten Organismus, bestehend aus Körper, Geist und Gefühl, mit der schöpferischen Energie – ganz ähnlich wie ein guter Reiter, der mit seinem besten Pferd verschmilzt. Das Zusammenspiel von Stärke und Kraft des Pferdes mit der einfühlsamen Intelligenz seines Herrn führt zu Leistungen voller Kühnheit und Schönheit, die über das hinausgehen, was jeder von ihnen einzeln leisten könnte. Daran sollten wir denken, wenn wir Beziehungen zu den Welten in uns und um uns herum aufnehmen.

Um die bio-physischen Energien richtig anwenden zu können, müssen wir uns selbst dazu ausbilden und jegliche Schöpfung mit Bescheidenheit im Herzen betrachten. Bis wir so weit sind, daß wir das tun können, werden unsere Schöpfungen lediglich dürftiges Zeugnis von einem egoistischen, wichtigtuerischen und abgehobenen kleinen Selbst geben. Befassen wir uns mit der Kraft des Lebens, die uns als die Kraft Gottes durchströmt – mit dem chaotische Abgrund der Ur-Matrix. Befassen wir uns mit den Auswirkungen (den Manifestationen der Umstände in unserem Leben und unseren Beziehungen) als Ergebnis der Naturkreisläufe und der Dinge, die wir hier und jetzt gepflanzt haben, ohne daß wir dabei versuchen würden, Gott oder dem Leben die Schuld oder das Lob dafür geben zu wollen.

Der Mensch ist es, der die Schöpfung webt und sie wieder auftrennt. Was auch immer schön erscheint, was auch immer häßlich erscheint – es spiegelt den Menschen wider. Was auch immer schwarz ist, oder weiß, groß oder klein, seltsam, vertraut oder unbekannt ... in allem schlägt der Puls des Einen Herzens der Schöpfung.

Während die körperliche Kraft des Menschen von seinem materiellen Körper kommt, ist sein Herz der Sitz des Lebenden Gottes, der Weisheit, die die Liebe ist. Im Bewußtsein blühen konzentrische Kraft und lineare Aktivität und weben zusammen den Tanz der Existenz. Die Evolution beruht auf diesem Zusammenspiel, dem bewußten Ausdruck der bio-physischen Energie und der Weisheit des Herzens.

Der Grundmechanismus des Lebens ist das Wechselspiel von Yang und Yin, männlich und weiblich, aktiv und empfangend, konzentrischen und linearen Kräften – all diese legen die Fundamente der Existenz und dienen dem Menschen als Rohmaterialien. Das Wort „Wechselspiel" bezieht sich auf die Bedeutung des Wortes „Spiel" im Verständnis der östlichen Philosophien. Heilige Schriften auf Sanskrit bestätigen uns, daß göttliche Aktivität „leela" ist. Teilnahme an „leela" bedeutet, daß sowohl ein gewisses Maß an Aktivität als auch ein gewisses Maß an Empfänglichkeit innerhalb einer Realität stattfinden, die gleichzeitig sowohl linear als auch konzentrisch ist; anders ausgedrückt, die jeweils richtigen Mengen an Pferdestärken und an menschlichem, einfühlsamem Verständnis, um mit den Worten des vorher benutzten Vergleichs zu sprechen. Das heißt, daß gleichzeitig etwas stattfindet und etwas getan wird. Das ist konzentrierte, reinste Absichtlichkeit. Nun ist der Wille Gottes zum Willen des Menschen geworden, nicht in blinder Übergabe, sondern in bewußtem Nachgeben und Zusammenwirken. Genau so, wie das Pferd die intelligente Anleitung durch den Menschen braucht und wir die Kraft des Pferdes, so braucht der evolutionäre Vorgang, der von der Ur-Matrix gezeugt wurde, unsere Ausbildung der Individualität, während wir seine Lebenskraft brauchen.

Unsere natürliche bio-physische Energie erzeugt die rohe Kraft, die sich selbst ausdehnende Aktivitäten erzwingt, die im Grunde neutral sind. Sie erzeugt Bewegung, und unser Geschlecht als solches (unsere Sexualität) bietet uns Lektionen über den Gebrauch dieser Energie an. Je nachdem, wie wir die Energie nutzen und welche Art von Bewegung wir erzeugen, wachsen wir oder entwickeln unser Bewußtsein, oder wir treiben auf dem Weg der inneren Evolution wieder zurück. Es liegt an uns, diese Energie sinnvoll zu nutzen und uns zum vollen Bewußtsein zu entwickeln. Unter vollem Bewußtsein verstehen wir auch, daß Energie in Begabungen oder Fähigkeiten, aber auch in Seelensubstanz umgewandelt wird und sich so ausweitet. Anders ausgedrückt, wird Energie zu Materie und Kraft. Das Bewußtsein entwickelt sich durch die Gestalt. Deswegen heißt es, daß Gott unsere Hände braucht, damit Er/Sie etwas berühren und sich manifestieren kann. Wir setzen Gott nur mit der perfekten Schöpfung gleich, wenn er in Wirklichkeit das Ganze oder Absolute ist und auch Potentiale einschließt, die sich noch nicht manifestiert haben.

Der Okkultismus erkennt zwei völlig verschiedene Arten von Dunkelheit an: die Dunkelheit, die zum noch nicht manifestierten Schoß der Schöpfung gehört und in sich den Samen des Lichtes (und somit des Lebens) enthält, und die Dunkelheit, die vom menschlichen Wesen selbst erzeugt wird und somit eine bewußte Verneinung von Licht und Leben darstellt. Die erste ist die Ur-Matrix. Die zweite ist die Schöpfung des Schwarzmagiers, der sich auf personenbezogene, die Menschen trennende Ideologien spezialisiert hat, die seine Macht stärken. Die erste nährt sich von der wahren Kraft, weil sie mit dem wahren Zentrum verbunden ist. Die zweite macht sich unrechtmäßig Kraft zunutze, indem sie verwerfliche Manipulationen durchführt und biophysische Energien von der Lebens-Quelle aller lebenden Dinge abzieht. Es ist wichtig, die Unterschiede zwischen den zwei verschiedenen Wegen zu verstehen, die die Menschheit gehen kann. Beide haben mit der Nutzung von Kraft zu tun.

Es ist nicht nur eine Laune, daß Zölibat und Keuschheit in so vielen Religionen und okkulten Schulen vertreten wurden. Unerleuchtete, rohe bio-physische Energie zerstreut nicht nur wichtige Energien, sondern kann für die Unvorbereiteten und die Uninformierten auch gefährlich sein. Sexuelle Tabus, die der Menschheit auferlegt wurden, waren dazu gedacht, die Menschen zu schützen und/oder sie zu manipulieren, aber sie vereinigten auch mehr Macht bei den „Obrigkeiten", die sich schließlich die Kontrolle über die Massen aneigneten, indem sie Schuldgefühle und das Gefühl der Sünde erzeugten. Wer es wagte, die Tabus zu brechen, legte meist großen Wert auf Selbstbelohnung, fleischliche Lust und den allgemeinen Mißbrauch der biophysischen Energie. Unsere Lebenskraft wurde zum Reich dunkler Kräfte.

Körperliche Stimulation ist angenehm. In unserer Unwissenheit geben wir uns allerdings selbst die Erlaubnis, diese Stimulation mit allen Mitteln, die das Vergnügen erhöhen könnten, zu betreiben und zu kultivieren. Diese Art von egoistischem Denken führt zu immer größerer Maßlosigkeit in den verschiedenen Formen der sexuellen Freiheit und des ständigen Partnertauschs. Was schlimmer ist, diese Art zu denken führt zu einem pervertierten Gebrauch der Macht, bei dem die Kraft psychologisch und künstlerisch kanalisiert wird und so den Niedergang von Kultur und Zivilisation verursacht.

Direkt oder indirekt ist die Lebenskraft (die Vitalität) im Verlauf dessen, was wir menschliches Leben nennen, ein zentrales Thema. Die Wurzeln der Lebenskraft als Sexualität sind untrennbar mit der Quelle des organischen Lebens und der lebenschaffenden Aktivität verbunden. Menschen haben Teil an der bio-physischen Energie der Tiere, aber es besteht ein großer Unterschied. Das menschliche Element verlangt die Entwicklung eines *Bewußtseins.* Dieses gründet sich auf der intelligenten Nutzung unserer tierischen Ressourcen und ist untrennbar mit der Unterscheidungsfähigkeit verbunden.

Es ist heute fast unmöglich, sexuell aktive Menschen zu finden, die rein sind. Das Ausmaß der psychologischen Verunreinigung ist überwältigend. Egal, ob wir nun Sex ausüben oder ob wir uns dessen enthalten, wir können uns dem Ansturm von pornographischen und mit Schuld beladenen Gedankenformen nicht entziehen, die unsere innerste Lebenskraft verseuchen. Die Evolution unserer Art und der geistige Aufstieg der Menschheit als Ganzes hängt davon ab, daß Sexualität richtig verstanden und ausgeübt wird.

Ein Lustgefühl, das mit den Kräften der Reinheit und des Lichtes verbunden ist – was synonym für Bescheidenheit und Respekt stehen kann – beinhaltet zwar auch das Körperliche, transzendiert es aber bei weitem und wird nicht nur zum Ausdruck des Lichtes, sondern zum lichterzeugenden Ablauf, der Umwandlungen und Regeneration auf der Zellebene verursacht. Diese Art der Aktivität erhebt das Bewußtsein. Jedesmal, wenn auch nur bei einem einzelnen das Bewußtsein erhoben wird, fühlt die gesamte Menschheit das – ganz wie eine Zelle, die erleuchtet wird, den gesamten Organismus erleuchtet. Denn wir sind tatsächlich nichts anderes als Zellen im Körper der Menschheit.

Ursprünglich war Tantra (das auch die okkulte Wissenschaft beinhaltet, bei der sexuelle Energien eingesetzt werden, um Erleuchtung zu erlangen) eine Praktik, die die Bewußtseinsebene der Menschheit erhöhen sollte, indem reine und durch Schwingungen erhöhte Gefäße für das Leben vorbereitet wurden. Eine Seele bringt sich in Einklang mit einer ähnlichen physischen Schwingung wie der, die sie für eine bestimmte Erfahrung braucht. Die in Frage kommenden Eltern sind Repräsentanten solcher Frequenzen. Die Qualität der Energie ist das Ergebnis der Bewußtseinsebene der Teilnehmenden, nicht der körperlichen Intensität der Erfahrung.

Eine Erweiterung des Bewußtseins folgt dann, wenn Materie zu Licht transmutiert wird. Transmutierung ist die Ausweitung (auf der Ebene der allerkleinsten Bausteine aller Materie) des atomaren Lichtsamens im Kern einer jeden Gestalt, einschließlich lebenden Gewebes. Das ist das wohlgehütete Geheimnis der Alchemie.

Die Dynamik der Transmutation kann man am besten mit Hilfe der folgenden Analogie verstehen:

Betrachte das menschliche Wesen als ein Ganzes (einen Kreis). Das Samenkorn seiner Essenz enthält sein Potential als menschliches Bewußtsein (ein Punkt in der Mitte des Kreises). Die daraus erschaffene Identität als Persönlichkeit ist ein kleines, eckiges Gebilde im Außenbereich des Kreises. Dieses kleine Haus repräsentiert all die Eigenschaften, die das Wesen geerbt hat und die seine körperliche, geistige und emotionale Natur ausmachen. Sie sind durch die Summe der Erfahrungen, die diese einzelne Person gemacht hat, in einer bestimmten Weise angeordnet. Anders ausgedrückt wird das Rohmaterial, das dem einzelnen aus den Genen seiner Eltern zur Verfügung gestellt wurde, dazu verwendet, über seine Neigungen zu entscheiden, aber die speziellen Erfahrungen, die dieser einzelne durchlebt hat, und die Art (Bewußtsein), in der er das Material verwendet hat (umformen, anpassen oder vemehren), entscheiden über seine Persönlichkeit (das eckige Gebilde). Auf dieser speziellen Landkarte erscheinen die unterschiedlichen Materialarten als Schichten rund um den Außenbereich des Kreises.

Diese Persönlichkeit, die um die wahre Individualität und auch um deren Egoismus herumgebaut ist, hat auch einen Quellpunkt. Dieses Zentrum ist es, das es einem Menschen ermöglicht, seine Werkzeuge zu stärken und zu verfeinern. Das Zentrum des menschlichen Bewußtseins (oder das „atman“[3]) ist allerdings ein Lichtpunkt innerhalb der Ur-Matrix (des Kreises). Es hat keine echte Gestalt: es ist reine, innere Kraft. Gestalt ist ein Ausdruck einer dreidimensionalen Zeit und eines dreidimensionalen Raums, die Frucht des Lichtsamens, die nötig ist, damit ein funktionsfähiges Modell des Ganzen sich entwickeln kann. Das ist die Funktion der Persönlichkeit. Sie dient als Labor für den Aufbau des Bewußtseins, indem sie die verschiedenen Möglichkeiten des Seins ständig auswählt und manche ausschließt.

Die Persönlichkeit bezieht ihre Informationen aus den Erfahrungen der Materie (wie sie codiert als DNA/RNA in genetischen Faktoren vorliegen) und aus dem Zentrum als menschlicher Lebenskraft oder Intelligenz. So definiert die Persönlichkeit sich selbst genauso sicher, wie sie es mit einem Namen, einer bestimmten Nationalität, einem Beruf, bestimmten Vorlieben und Abneigungen tun könnte ... angesammelt über ein gesamtes Leben. Wenn sie sehr ausdrucksfähig ist, sagt man, die Persönlichkeit sei stark. Wenn die Persönlichkeit andererseits ständig undefiniert bleibt, wird sie als schwach betrachtet. Wenn die Art von Struktur vorliegt, bei der verschiedene Einflüsse, wie beispielsweise voneinander abweichende Unterpersönlichkeiten, Charakterzüge und Besessenheiten, gelegentlich durchsickern, wird man die Charakterstruktur als exzentrisch erachten. Sogenannte Geisteskranke und auch unsere üblichen Neurotiker, die einfach nicht in der Lage sind, die Persönlichkeit aus dem Blickwinkel ihres begrenzten, künstlich geschaffenen Kerns zu kontrollieren, passen in letztere Kategorie.

Wenn die Struktur starr ist, unterdrückt dieser Mensch ungleichartige Instinkte durch reine Willenskraft und verstärkt so die fehlende Verbindung zum Ganzen. Wenn die Struktur undefiniert ist, bedient der Mensch sich einer wankelmütigen, ausweichenden Persönlichkeit, die in der Welt weder wirkliche Macht noch wirkliche Kraft hat. Dem Neurotiker dagegen ist sein innerer Aufruhr bewußt. Er spürt den ungeheuren Druck der unterschiedlichen Kräfte in seinem Inneren. Er empfindet sich selbst als zerrissen und mißverstanden.

Welche Kräfte kommen nun aus dem Unterbewußten? Wo genau kommen sie her? Manche Menschen haben nach Erklärungen in den unterdrückenden oder freizügigen Bedingungen bestimmter Zeiten gesucht – diese beeinflussen und formen zwar die Persönlichkeit, aber die Gründe für diese Störung stammen nicht nur aus äußeren Faktoren. (Abb. 1)

Innerhalb des bioenergetischen Komplexes und der Nerven- und Zellularstruktur des einzelnen liegen, verschlüsselt, autonome Energie-Einheiten, die Teil des Bewußtseins sind. Tatsächlich handelt es sich bei ihnen um nicht abgeschlossene Individuationsvorgänge, die uns durch die genetische Struktur unserer Vorfahren vermacht wurden. Auch jede dieser Einheiten besitzt eine eigene Identität. Es sind unfertige Persönlichkeiten in dem Sinne, daß sie noch keine Individualisierung (Jung'scher Ausdruck) oder Befreiung (buddhistischer Ausdruck) erlangt haben. Sie streben danach, ihren Ausdruck durch das lebende Blut und Gewebe der menschlichen Erfahrung zu erlangen und werden nicht ruhen, bis sie das erreicht haben. Wir können also sehen, wie unsere Vorfahren in uns wirklich nach uns schreien, und wie die Tat der Individualisierung, die von einer Person schließlich vollbracht wurde, all die eingekapselten Energie-Einheiten unserer Vorgänger auf diesem Weg schließlich befreit.

# KONZENTRISCHE KARTE DES VORGANGS DER AUSWEITUNG DES BEWUSSTSEINS

Autonome Unterpersönlichkeiten, Einflüsse, die die Persönlichkeit um Lösung anrufen.
Jede Einheit, die derzeitige im Entstehen begriffene Persönlichkeit mit eingeschlossen, enthält ein Abbild des Lichtsamens. Jede Einheit ist von Kristallisationen (karmischen Anhaftungen) bedeckt, die einzelne Einflüsse darstellen, von denen jeder sich auf eine nicht in die Persönlichkeit integrierte Neigung bezieht.

Grundlegende Struktur der Persönlichkeit, einschließlich der genetischen Anlagen des einzelnen auf der Ebene aller drei Körper: das ererbte „Rüstzeug".
Gegenwärtige Persönlichkeit

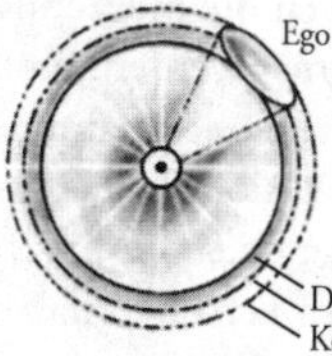


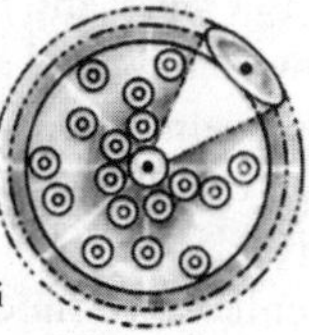

Die unterbewußte Persönlichkeit wird zum bewußten Träger für befreite Substanz aus den integrierten Einheiten, die für neue Verhaltensmuster stehen.
Wenn eine solche Einheit in der Persönlichkeit aufgeht, wird die in ihr eingesperrte Energie freigesetzt und kann sich mit dem wahren Zentrum ausdehnen; so trägt sie ihre Energiekapazität auf dem Zell- und auf dem Persönlichkeitsniveau bei und verstärkt den Fluß des Bewußtseins zwischen dem Zentrum und der nun bewußten Persönlichkeit.

Vater/Mutter-Prinzip: die Raumeinheit, in der die Ur-Matrix mit ihrem Lichtsamen existiert.
Die Einheit des Wesenskerns, die sowohl den potentiellen Kausalkörper als auch den Mittelpunkt des Bewußtseins enthält.

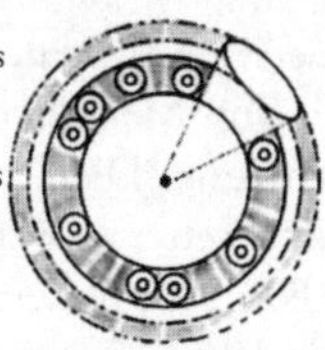

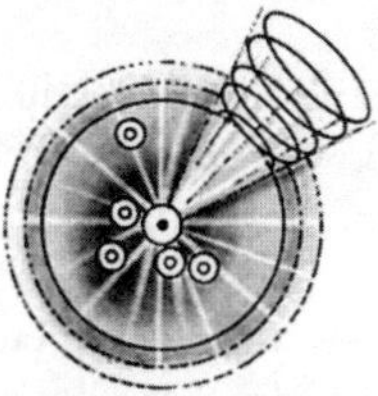

Die ausgeweitete Persönlichkeit beinhaltet nun die Informationen, Fähigkeiten und Energien, die vorher in den Unterpersönlichkeiten steckten, und zwar in dem Maße, in dem jede dieser Unterpersönlichkeiten in der Persönlichkeit aufgegangen ist.

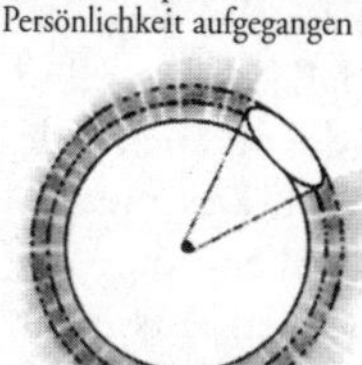

Nun gibt es keine ungelösten Fragen mehr. Alle Materie, die sich auf der Ebene der drei Gefäße befand, ist umgewandelt worden. Das stellt einen individuellen, menschlichen Ausdruck von Vielfalt und Flexibilität dar – man ist sich des Sinns des Lebens bewußt geworden. Das Bewußtsein als umgewandelte Substanz und Kraft hat die Individualisierung des einzelnen und seine Erlösung vom Karma erreicht.

*– Abbildung 1 –*

Alle Lebensformen suchen nach Vollkommenheit des Ausdrucks als vollständiges oder integriertes Bewußtsein, bevor dieses wiederum einen höheren Ausdruck findet. Darin liegt das Geheimnis, wenn man verstehen will, wie die Schöpfungen der Menschheit, einschließlich der Gedankenformen und Impulse negativer Einzelpersonen, darauf warten müssen, daß sie von dem Licht in der menschlichen Intelligenz auf den neuen Weg gebracht werden, und daß sie bis dahin die menschliche Erfahrung nötigen und beeinflussen. Alle lebenden Dinge müssen, wenn sie „zum Licht kommen" sollen, vom Licht des Bewußtseins durchdrungen werden. *Transmutation* (Umwandlung) ist ein Vorgang, bei dem Energiequanten durch die menschliche Erfahrung inkorporiert („einverleibt") und integriert werden. Bis dieser Vorgang stattfinden kann, beeinflussen diese Energiequanten nicht nur die gröberen Schichten der astralen Dimensionalität, sondern nehmen auch an Kraft zu (weil ihnen mehr Energie zugeführt wird), wenn sie Kontakt mit menschlichen, handelnden Personen haben, die den lebenden Lichtsamen besitzen. Dabei erzeugen sie weitere Verfremdung und auch die Dunkelheit, die dem Vorgang der Wahrheit entgegensteht.

Als Testfall für die gesamte Menschheit bietet ein einzelnes menschliches Wesen den unvollendeten Leben, die von Menschen vor ihm kristallisiert wurden, die Hoffnung auf Befreiung. Die Struktur der Persönlichkeit bietet ihnen die Möglichkeit, gerettet zu werden. Nur ein menschlicher Geist in seiner lebenden Form kann diese Energiequanten enthalten, ausdrücken oder umwandeln.

Wir müssen ständig Unvereinbares und Widersprüchliches in unsere Persönlichkeitsstruktur transformieren und mit aufnehmen und dabei flexibler werden, so daß wir uns als Ganzes erheben. Ein solcher Vorgang ist eine Grundvoraussetzung, damit der spirituelle Weg eingeschlagen werden kann. Es ist ungeheuer wichtig, daß jeder einzelne von uns sich der Realität des Unterbewußten stellt (das oft auch viele Begabungen und ungewöhnliche Fähigkeiten enthält). Das müssen wir mit unserer flexiblen und bescheidenen Persönlichkeit tun.

Dieser Vorgang der Flexibilisierung der Persönlichkeit entspricht der Entwicklung eines *Charakters.* Die Persönlichkeitsstruktur muß stark sein, deutlich definiert und offen. Eine schwache Struktur kann unmöglich die intensiven Einflüsse der Unterpersönlichkeiten aushalten, die danach streben, in die Persönlichkeit integriert zu werden. Wir müssen daran arbeiten, unsere Gefäße zu integrieren und unsere Energien zu transformieren. Mit jedem Teil, den wir integrieren, erlangen wir mehr Energie, mehr Kraft, mehr Impuls. Wenn wir in der Lage sind, alle unsere Fähigkeiten, Instinkte und Neigungen zu integrieren, können wir von uns sagen, daß wir die vollkommene Freiheit oder Individualisierung erreicht haben und fähig sind, an die Befähigungen des Ganzen heranzugehen.

Auf unserer konzentrischen Karte ist das Christus-Selbst der Lichtsame, der sich mit jedem erfolgreichen Flexibilisierungsvorgang, den wir auf der dreidimensionalen Ebene erzielt haben, immer weiter ausweitet. Jedesmal, wenn wir eine der Unterpersönlichkeiten absorbieren und transmutieren, geht ihre Energie als Lebenskraft auf uns über und verstärkt so unser Schwingungsfeld und den Grad unserer Verfügung über die Materie. Im Lauf der Zeit und mit einer ganzen Reihe von Transmutationen wächst unser Lichtzentrum zu solchen Ausmaßen heran, daß wir in der Lage sind, die Frequenzen des Kausalkörpers mit in uns aufzunehmen (sie zu inkorporieren). An diesem Punkt sind das aber nicht mehr wir als Ich-Identitäten, sondern *als Mittelpunkt des über das Ich hinausgehenden Bewußtseins.* Wenn wir durch das integrierte Gefäß der drei Körper wirken, können wir nun eine Einheit ausdrücken, die als repräsentativ für die Menschheit gelten kann. Das ist der Vorgang der Individualisierung, wie er von den okkulten Wissenschaften definiert wird.

Eine Person, die zum Individuum, zum Einzelwesen, geworden ist, ist auch von unterbewußtem oder karmischem Druck befreit. An diesem Punkt entsteht ein Kausalkörper oder, wie ich es in meinen früheren Arbeiten beschrieben habe, das niedere Selbst wird eins mit dem Christus-Selbst. Der Mittelpunkt des Bewußtseins übernimmt die gesamte wesentliche Gestalt (den menschlichen Prototyp). Ein Meister ist geboren. (Siehe auch Abb. 2, S. 25, und Abb. 3, S. 26)

Der Vorgang der Ausweitung des Lebens und die lineare alchemistische Landkarte, die ich in meinem ersten Buch benutzt habe, sind hier beide aufgeführt. Der Unterschied liegt darin, ob der einzelne eine Quelle *außerhalb* seines eigenen Selbst definiert und benutzt, um eine Verbindung mit den notwendigen Energie- oder Kraftquanten aufzubauen, oder ob er diese Quelle direkt *in sich* selbst auffinden kann. Man könnte auch sagen, daß die lineare Karte eher Menschen mit hingebungsvoller Veranlagung anspricht, während die konzentrische oder mit Kreisen arbeitende Karte für den ganzheitlicher denkenden Geist besser geeignet ist. Wir könnten alle davon profitieren, wenn wir beide Perspektiven verstünden.

Das niedere Selbst oder der normale Persönlichkeitskomplex beinhaltet die drei Körper der Persönlichkeit: mit anderen Worten, er enthält die biologische Struktur, den geistigen Komplex und die emotionalen oder nervalen Netzwerke. Das Christus-Selbst verwendet die Anlagen des höheren mentalen Körpers, repräsentiert aber die Einheit des Kausalkörpers. Das Christus-Selbst hat die Funktion, die Energie zu sammeln, die von der Quelle herabsteigt (oder ausstrahlt) und diese Energie für unseren Gebrauch anzupassen. In einigen esoterischen Literaturstellen wird dieses Christus-Selbst der Sonnenengel genannt und ist ein Energieüberträger speziell für jeden einzelnen Menschen, der ungeheure Proportionen annimmt und als Übermittler wirkt, wenn der einzelne seinen eigenen Kausalknotenpunkt aus transmutierter Materie und Kraft schafft.

Ein Mensch, der sich auf diesem Weg befindet, polarisiert seine Bewußtseinsstruktur in Tiefen und Höhen, die die Persönlichkeit transzendieren, die da über die Frequenzen ihres eigenen niederen Selbst hinausgeht. Das Christus-Selbst hat die Funktionen der Inspiration und der inneren Führung und ist eine perfektionierte Quelle für Frequenzen mit höheren Schwingungen. Die lineare Karte zeigt einen Weg auf, wie man linear Kontakt mit den höheren Frequenzen des Christus-Selbst aufnehmen kann.

Die „Ich Bin"-Präsenz entspricht der Energie des unteilbaren Wesenskerns, der der Lichtsame innerhalb der Ur-Matrix ist. Sie bringt den einzelnen der Erkenntnis näher, daß Gott in uns ist, in diesem „Ich Bin"-Gefühl des Seins, und nicht irgendwo außerhalb seiner Reichweite. Sie ist das Herz des Raums, in dem wir existieren und in dem wir unser Wesen hier und jetzt, in der dreidimensionalen Zeit und im dreidimensionalen Raum, leben.

Konzentrische Kraft ist eine orgasmische Aktivität, die bei Menschen, Sternen, Sonnen und Galaxien zu finden ist. Sie ist der wahre Puls des Lebens. Sie ist Geburt und Tod. Sie ist Erzeugung und Absorption. Sie ist Chaos und tiefliegende Ordnung. In dieser Kraft zen-

# LINEARE ALCHEMISTISCHE AUSRICHTUNG

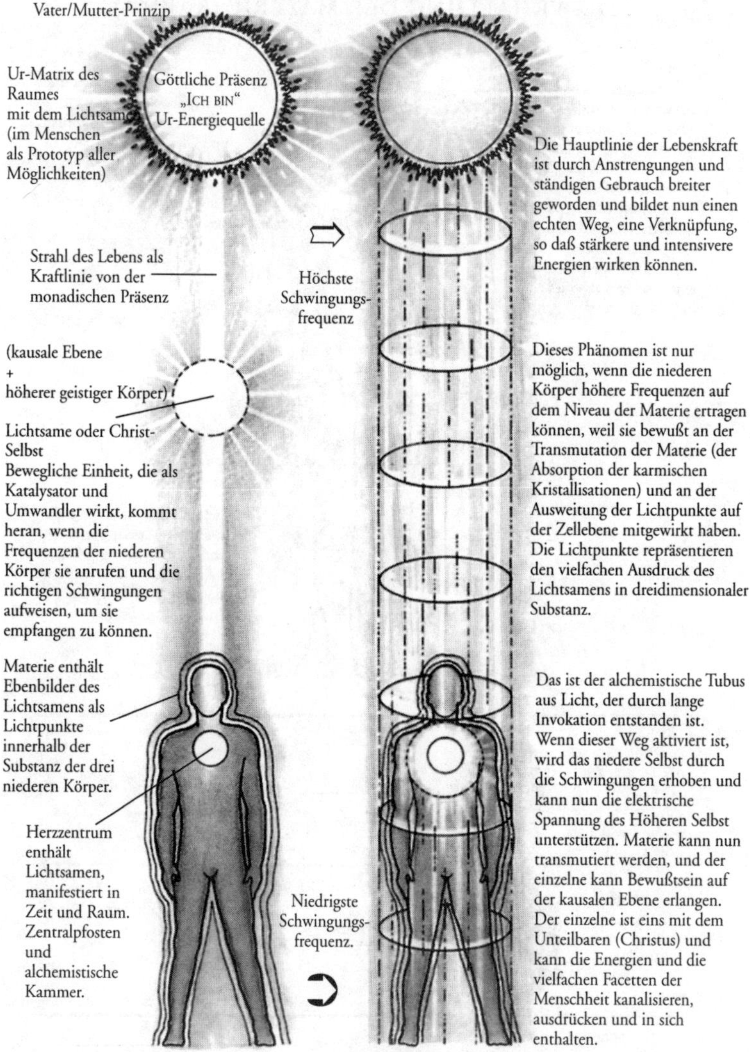


*– Abbildung 2 –*

# DER VORGANG DER AUSWEITUNG DES LEBENS: DIE ERHALTUNG DER MATERIE (KARMA)

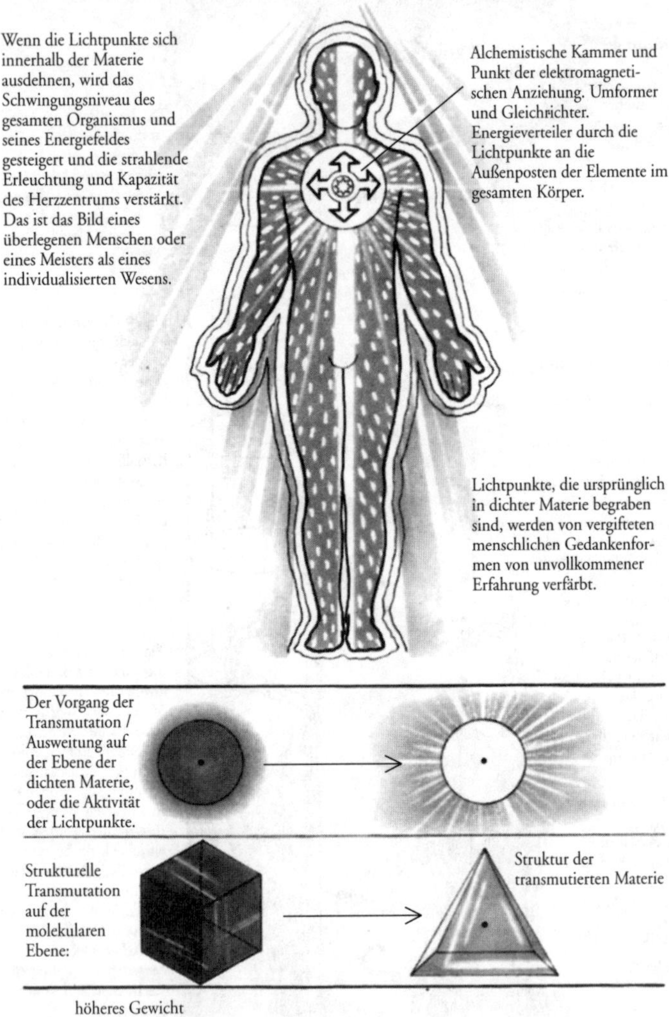


*– Abbildung 3 –*

triert zu sein, erfordert nicht nur die Beendigung impulsiven Denkens und emotionaler Auf und Abs, sondern auch des Tuns an sich. Wir können sie nicht kontrollieren. Wir können nur lernen, mit ihr zu fließen und ihr nachzugeben, gelassen und flexibel in ihr.

Sowohl die konzentrische als auch die lineare Perspektive darzustellen, eröffnet den sehr realen Vorteil, daß man bewußt auf die Aktivitäten zugreifen kann, die jede dieser Perspektiven abbildet und die in jedem Augenblick unseres wachen Lebens zur Verfügung stehen. Als Tuende nutzen wir die lineare Kraft in unseren Gedanken und Aktivitäten, die ihrerseits unsere Fähigkeit repräsentieren, konzentrische Ladung oder Leben aufrecht zu erhalten. Als Seiende leben wir innerhalb des konzentrischen Raums und des chaotischen Fließens. Wenn ein Mensch schließlich ein Stadium der Individualisierung erreicht, das sich von dem des instinktiv handelnden Tiermenschen unterscheidet, ist er nicht nur in der Lage, diese Kräfte aufrecht zu erhalten, sondern auch, sie in andere Richtungen zu leiten: zur Erhebung der Spezies Mensch und zur Erhöhung allen Lebens.

An diesem Punkt ist der Mensch nicht länger durch das Gesetz des Karma oder das Gesetz von Ursache und Wirkung gebunden. Er existiert auf der kausalen Ebene. Er kann nun am „leela" der Schöpfung teilnehmen. Er übt die Kontrolle aus und fließt dennoch mit. Er übt die Herrschaft aus.

Der Okkultismus enthüllt die Gesetze der Schöpfung in Raum und Zeit. Die Übungen der Inneren Alchemie schaffen den Boden, auf dem die Gefäße sich darauf vorbereiten, höhere Frequenzen aufrecht zu erhalten und dem einzelnen beizubringen, wie er bewußt und intelligent handeln kann. Die buddhistische Philosophie mit ihren ewigen und unveränderlichen Wahrheiten enthüllt unseren essentiellen Seinszustand, ohne alle Anhängsel und Verzierungen. Die Vision, die hier aufgezeigt wird, bietet einen Übergangs-Blickwinkel an, der bei richtigem Gebrauch dazu dient, uns mit den transzendentalen Energiequanten zu verbinden, die in uns und im Universum existieren. Wir lernen, auf mehreren Ebenen gleichzeitig zu denken.

# Auf das Eine zu

Das Absolute Ist. Es ist sowohl Aktivität als auch ruhige Untätigkeit. Aus Seinem Heiligen Spirituellen Schoß, der Matrix, stammt die Substanz der Schöpfung. Aus Seiner Schöpfer-Kraft als Vater entspringt die Aktivität. Männliches und weibliches Selbst sind völlig unterschiedliche Ausdrucksformen des Absoluten. In der menschlichen emotionalen Erfahrung der Beziehung repräsentieren die Geschlechter individuelle Manifestationen der Quell-Energie. Jede dieser Manifestationen muß in ihrer ganzen Fülle gelebt werden, damit das einzigartige Aufblühen entstehen kann, das von jeder ausgehen kann. Wir können das andere Geschlecht in Form eines Samens in uns beinhalten – und doch ist das Zwitterwesen, das schließlich hervortritt, wenn der Reifeprozeß den Gipfel seines Ausdrucks erreicht, keineswegs bisexuell. Seine Essenz reicht über jede Zweiheit und sogar über den Sex selbst hinaus, während sein Gefäß bleibt, um die Perfektion des prototypischen Menschen zu personifizieren, des Christus-Selbst in jedem der beiden Geschlechter.

Der wahre Mensch verkörpert sowohl Potenz als auch Potential. Das bedeutet, daß er sowohl das Absolute als auch das Besondere ist. Individuelles Leben entwickelt sich ebenso, wie Materie sich entwikkelt. So wird persönliche Geschichte geschaffen, eine Geschichte, die für alle Zeiten in der individuellen „Datei" der Gesamteinheit eingraviert bleibt. Die Summe der Erfahrungen, die wir gelebt haben, und auch die Unterpersönlichkeiten, die wir in uns aufnehmen und freisetzen, bleiben als Facetten auf der geschliffenen Oberfläche des Juwels bestehen, zu dem wir als Menschen, als Sterne, als Sonnen werden ... Das Leben kann sich nicht selbst wieder zu einer gestaltlosen Masse auslöschen, und tut das auch nicht; es erwirbt die verschiedensten Farben und ungezählte Gestalten. Der Vorgang der Schaffung des Karma – wenn wir lernen, Kraft und Energie zu beherrschen und in uns aufzunehmen – schafft die Individualität, mit der das individualisierte Wesen später bekleidet ist.

Bereits die Bedeutung des menschlichen Lebens deutet auch auf Spannungen hin. Diese Spannung spiegelt sich in der Koexistenz von Materie und Licht in einer sehr echten Beziehung wieder, die danach strebt, sich in den unbegrenzten Raum auszubreiten. Das menschliche Wesen, ein Sandkorn in einem Ozean jungfräulichen Raums, vereinigt in sich alle Polaritäten und strebt dennoch danach, eine einzigartige, individualisierte Version des Ganzen auszudrücken. Wenn es diese Polaritäten in sich integrieren und dabei neutral bleiben kann, vollführt es die höchste Tat der Alchemie: es neutralisiert den Raum zu reinem, ewigem Bewußtsein. Als menschliches Wesen auf der Erde hat es die Disziplin des materiellen Ausdrucks gelebt; als überlegener Mensch auf dem Planeten beginnt es, die Meisterschaft der Seele zu leben.

Wir sind noch zu klein, um das zu verstehen. Halten wir in der Stille inne, erstummt vor der Größe und den Lehren des Herzens.

Kapitel 2

# Wie oben, so unten

Jeder, der regelmäßig meditiert, hat dabei entdeckt, daß die innere Welt im Grunde dem Universum entspricht. Unsere Ahnen wußten das schon zu einer Zeit, als die äußere und die innere Wissenschaft noch ein und dasselbe waren. Aus diesen Beobachtungen entstand das Axiom des Hermes Trismegistos, das das Fundament sowohl für die Medizin als auch für die Astrologie bereitete und das zum Grundstein der Alchemie wurde: *Wie oben, so unten.*

Wir scheinen die Fähigkeit verloren zu haben, Wahrheit persönlich zu erfahren. Das liegt an den unkontrollierten Aktivitäten des Geistes. Normales Denken schafft Wellen, die sich in schnelleren, geschäftigeren Frequenzen bewegen als die von Lebewesen, welchen auch immer. Weil diese Frequenzen an die dichteren Eigenschaften der Welt gekoppelt sind, behindert diese Geschwindigkeit die Wahrnehmung der Natur und ihrer Einzelphänomene, die in einem langsameren und harmonischeren Rhythmus schwingen.

Der einzelne, der sich auf dem Weg zum Wissen über sich selbst und zur Meisterschaft befindet, bemerkt allmählich, während er die Kontrolle über seinen eigenen Geist, seinen Körper und seine Gefühle erlernt, daß es Unterschiede in den energetischen Frequenzen gibt. Er bemerkt vielleicht, daß seine Atmung langsamer wird und seine Bewußtheit erhöht ist, wenn sein materieller Körper sich entspannt. Wenn er sich körperlich und geistig entspannt, wird er empfänglicher gegenüber dem Universum um ihn herum und in ihm. Wenn die Bewußtheit sich über den Wachzustand hinaus ausweitet, wird sie naturgemäß auch auf den Schlafzustand übertragen. Der Organismus wird, unter der direkten Führung der kontrollierten, vielschichtigen Bewußtheit, ruhig. Das Individuum existiert, in bewegungsloser Ruhe, innerhalb von konzentrischer Zeit und von konzentrischem Raum. An diesem Punkt wird das Herzgeflecht als Mittelpunkt des Bewußtseins auch zum Hauptorgan für die Wahrnehmung des Menschen. Das Bewußtsein befindet sich dann in einem ausgeglichenen Fluß und fließt innerhalb des chaotischen Teichs der Ur-Raum-Matrix. Zwar ist unser normales Bewußtsein sich der vielschichtigen Ebenen dieser Erfahrungen nicht immer bewußt, aber die Aktivitäten der Raum-Matrix entfalten sich ständig in vieldimensionalen Ausdrucksformen.

Wenn wir danach streben, gewisse Stufen in der Meisterschaft über die Schöpfung zu erreichen, müssen wir gleichzeitig unsere vegetativen Funktionen verlangsamen und unsere Bewußtheit erhöhen, um so Phänomene, die auf uns einwirken, richtig wahrzunehmen, richtig mit ihnen umzugehen und sie richtig zu interpretieren. Das bedeutet, daß wir unsere Fähigkeit meistern müssen, unser Bewußtsein auf jegliche der vielen Ebenen zu konzentrieren und unsere Bewußtheit dort aufrecht zu erhalten. Das erfordert eine ungeheure Menge an Lebensenergie und einen Organismus, der mit unseren Absichten zusammenarbeitet. Es reicht nicht, sich zu entspannen, zu schlafen oder sich aus seinem Körper heraus zu begeben; man muß dabei bewußt bleiben – das ist für einen normalen Menschen sehr schwierig, der ja nur zu leicht in dem Augenblick, in dem er sich auch nur ein wenig entspannt, seine Bewußtheit verliert. Ich schlage vor, daß Schüler üben sollten, dem Faden des Bewußtseins zu folgen, wenn sie in den Schlaf fallen und wenn sie wieder aufwachen. Das diszipliniert den Geist, Schattierungen der Realität wahrzunehmen und zwischen diesen Zuständen zu unterscheiden. Solche Beobachtungen lehren uns auch, zwischen Denkaktivität und Bewußtheit zu unterscheiden. Unser Ziel liegt nicht darin, die Bewußtheit auszuschalten, sondern darin, sie zu erheben. Nicht darin, die intelligente Herrschaft und Meisterschaft über die Modulation der Energie abzustumpfen, sondern sie zu erhöhen. Eine gute körperliche Gesundheit ist eine wichtige Voraussetzung dafür.

Bestimmte Atemrhythmen sind für bestimmte Persönlichkeitsmuster typisch. Wenn der einzelne sich der Unregelmäßigkeiten in seiner Atmung bewußt wird, kann er auch Schritte unternehmen, um sie zu ändern. Das entspricht dem Beginn seiner Arbeit an der Destrukturierung des Egoismus seiner Persönlichkeit. Egoismus kann im Zustand der Harmonie und des Gleichgewichts, der Energie und der Ruhe, nicht existieren. All diese Zustände werden durch ausgewogene Atmung hervorgerufen.

Karma, diese personenbezogenen Kristallisationen aus Energie, bettet sich tief in die Körpergewebe ein, wo es als Katalysator für die Wirbel der erzwungenen Aktivität in emotionalen und mentalen

Netzwerken wirkt. Die verstärkten Eigenschaften des Lichtes im Körper, das durch positive Energiemodulation hervorgerufen wurde, reinigen das Blut und säubern das limbische (mentale) System. Das Herzzentrum antwortet der Beschleunigung des Lichts und intensiviert so seine strahlende Erleuchtung. Nun können wir auf dem Weg über das Herz an den niederen Zentren arbeiten. Die Säuberung und Reinigung des Karma wird auf natürlichem Wege intensiviert.

Es ist wichtig, daß wir zu lernen versuchen, bewußt die verschiedenen Arten und Intensivitäten der Stimuli aufrecht zu erhalten, die das Leben uns täglich bietet, ohne daß wir dabei den Begrenzungen unserer Psychologie zum Opfer fallen. Wir müssen unseren konkreten Verstand dazu ausbilden, Harmonie zu erkennen und zu erhalten – das zahlt sich durch eine verbesserte Fähigkeit zur Übersetzung und zum Gebrauch konzentrischer Energien und Realitäten aus. Eine breitere Sichtweise für das Leben eröffnet sich.

## Das Muster des Lichtsamens im Mikrokosmos

Für jede Spezies und für jedes Ding existiert ein höherer Wesenszustand, der der manifestierten Form überlegen ist. Das ist der Lichtsame oder der Archetypus, der sich als Abkömmling aus der Ur-Matrix erhebt. Für uns ist dieser Lichtsame das perfekte Muster für die Spezies, die wir als „Menschheit" kennen.

Das Atom ist der wichtigste Baustein. Im Kern des Atoms, der als leerer Raum wahrgenommen wird, finden wir einen Ur-Lichtpunkt. Er enthält das Baumuster für die gesamte Einheit. In jedem Molekül, in jedem Organismus und in jedem System steckt ein Lichtsame. Der Kern ist über diesem Lichtsamen und um ihn herum aufgebaut. Die Elektronen, die sich um den Kern herum auf ihren Kreisbahnen bewegen, drücken seine ganz speziellen Eigenschaften aus und sind sozusagen die Persönlichkeit des Atoms. Manifestierte Gestalt trennt sich von dem Muster, das durch das Atom vorgegeben wurde, und weitet sich unendlich aus. Das Einfache und das Vielfache sind im Universum dasselbe wie im Menschen. (Abb. 4)

# DIAGRAMM EINES BEWUSSTSEINS-ATOMS
# BEWEGUNG DES BEWUSSTSEINSATOMS

Die Energie, die aus den Elementen auf der Ebene der niederen Zentren stammt, wird nach außen projiziert und dann durch die Fähigkeiten des Bewußtseinsatoms wahrgenommen. Nun kann der einzelne, der mit diesen Projektionen in Wechselbeziehung steht und die Bewußtsein schaffenden Eigenschaften des Atoms positiv nutzt, die Substanz befreien. Umgekehrt kann der einzelne die Bewußtsein schaffende Kraft des Atoms auch negativ nutzen und damit Gedankenformen energetisieren und fixieren – dadurch führt er seine Illusionen weiter und schafft mehr Karma.

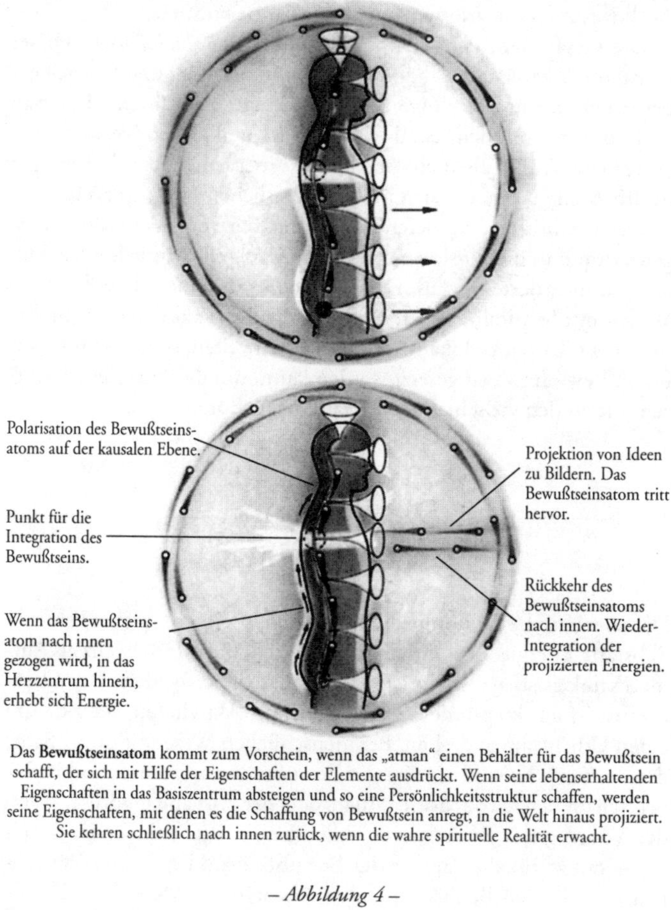


Das **Bewußtseinsatom** kommt zum Vorschein, wenn das „atman“ einen Behälter für das Bewußtsein schafft, der sich mit Hilfe der Eigenschaften der Elemente ausdrückt. Wenn seine lebenserhaltenden Eigenschaften in das Basiszentrum absteigen und so eine Persönlichkeitsstruktur schaffen, werden seine Eigenschaften, mit denen es die Schaffung von Bewußtsein anregt, in die Welt hinaus projiziert. Sie kehren schließlich nach innen zurück, wenn die wahre spirituelle Realität erwacht.

*– Abbildung 4 –*

Im menschlichen Körper erscheint der Urlichtsame hellseherisch wie eine winzige Sonne. Dieser Lichtpunkt ist das Herz oder das Leben des Atoms. Auf dieselbe Weise, wie wir das Bewußtsein ausweiten, weiten wir auch die Aktivität der Lichtpunkte innerhalb jedes einzelnen Atoms der physischen Substanz aus. Auf diese Art entwikkeln wir die Molekularstruktur so weit, daß sie höhere Vibrationsfrequenzen beinhalten kann. Die Aktivität dieses Lichtpunktes bestimmt das Niveau des integrierten, angewandten Bewußtseins.

Die Gesamtheit der Lichtpunkte bildet den *Lichtkörper*. Dieser Lichtkörper wird auch Ätherische Form, Vitalkörper und Spiegelkörper genannt, um nur einige Bezeichnungen aufzuführen, aber man darf ihn nicht mit den Astral- oder den Mentalkörpern verwechseln. Sowohl der Astral- als auch der Mentalkörper haben jeweils ihre eigene ätherische Form, die sich in der körperlichen Form spiegelt.

Der Bewußtsein aktivierende Vorgang, der vom Lichtkörper ausgeht, dringt in die Illusion ein und erzeugt so ein wirklich erleuchtetes und integriertes Gefäß. Der einzelne kann seinen disziplinierten Willen mit Sensibilität paaren, um so die Aktivität der Lichtpunkte in seinem Körper zu lokalisieren und auszuweiten, so daß sein verankertes Bewußtsein eingesetzt werden kann, um die Energien zu nutzen, die zu den vielschichtigen Realitäten gehören.

## Die Dynamik der Bewußtheit

Die energetische Anatomie des Menschen ist ein komplexes Feld von Substanz-Energie. Bewußtheit ist die Aktivität der Intelligenz als Aufmerksamkeit. Bewußtsein ist ein Produkt dieser beiden. Der Organismus ist ein koordiniertes Netzwerk von Aktivitäten, die sich um einen Urlichtsamen drehen. Bei menschlichen Wesen ist dieser Same der „atman". Er wird als Sitz des Bewußtseins betrachtet und befindet sich im Bereich des dritten Auges oder der Hirnanhangdrüse. Wenn der Vorgang des Bewußtseins vollendet ist, dient dieser Punkt als Mittelpunkt für die Einheit des Bewußtseins. Hier ist der Verwahrungsort für den Bauplan, für den Prototyp des Menschen. Da die elektrische Spannung des „atman" extrem hoch ist (angeglichen an kosmische Intensitäten), liegt es versiegelt und geschützt im Bereich des Gehirns, bis der gesamte Organismus auf einer Vibrationsebene angelangt ist, auf der er von denjenigen Frequenzen profitieren kann, die sich als vieldimensionale Kräfte der Wahrnehmung und der Nutzung der Substanz darstellen. Inzwischen nutzt der Evolutionsvorgang zwei andere grundlegende Aktivitätszentren: das Herzzentrum und das Steißbein. (Abb. 5)

Das Herzzentrum nährt die unmittelbaren Lebensaktivitäten. Die Herzkammer ist der Sitz der permanenten Atome Erde, Wasser, Feuer und Luft, die die Aktivitäten der Elemente im Körper koordinieren.

Während am Herzzentrum das Leben sich ein Gefäß innerhalb der Substanz der Elemente gesucht hat, ist am Steißbein die Ur-Lebenskraft, umgewandelt in dichtere ätherische Substanz, zum Gebrauch durch den menschlichen Organismus untergebracht. Diese Kraft wird zur sprudelnden Quelle lebenserhaltender Vitalität für den gesamten Körper und zum fundamentalen Speicher für physische Energie.

Wenn erleuchtete Substanz aufgebaut werden soll, fängt die eigentliche Arbeit bei der Erlösung der Materie auf der Ebene des Basischakras an. Das Bewußtsein ist bruchstückhaft oder illusorisch, wenn es nicht in der Zellerfahrung verankert ist. Sobald die Erfahrungen auf der Ebene der niederen Zentren aufgenommen worden sind, bereitet die Herzkammer den einzelnen auf den Quantensprung zurück zur Quelle des Vaters vor – sie wird von den Energien repräsentiert, die am Stirnzentrum vorliegen.

In dieser Zeichnung ist der Samen (das Leben) in Materie (oder die Mutter) eingebettet. Im Orient ist das Symbol für das Basiszentrum (für beide Geschlechter symbolisch) ein Penis in einer Scheide. In der östlichen Terminologie wird das als „Himmel in der Erde" betrachtet. Der Urlichtsame ist nun Bestandteil der grundlegenden, rohen Materie der Erde. Der menschliche Körper in seiner Gesamtheit *ist* die Erde. An seinen Wurzeln liegt die männliche Libido oder der Same, der sexuelle Trieb, der die Aktivitäten der geistigen und emotionalen Gegenstücke für das Element Erde auslöst.

Wenn das Bewußtsein erhöht wird, verändern die Moleküle sich in ihrem grundlegenden Aufbau allmählich von würfelförmig zu pyramidenförmig. Die neue Form der Moleküle in ihrer Wechselbeziehung in der Herzkammer ermöglicht es der Intelligenz innerhalb des Elementes „Licht“, mit dem Aufbau des Bewußtseins-Kausalkörpers zu beginnen; und sie aktiviert die Veranlagungen des höheren Mentalkörpers.

Der einzelne ist nun besser dafür ausgerüstet, die mühevolle Reise der endlosen Anpassung und Anwendung des spirituellen Prinzips weiterzuführen. Wenn diese Reise beendet ist, wird das Bewußtsein am Kehlzentrum polarisiert – am Aufbewahrungsort für den Raum selbst – und ist nun darauf vorbereitet, das Licht-Emissions-Zentrum am dritten Auge zu erreichen. Wenn der einzelne hier schließlich die Integration erreicht hat, wird er zum „Anthropus“ oder zum perfekten Menschen. Im Laufe der Zeit verschmilzt er mit der schillernden, vielschichtigen Intelligenz des unteilbaren Wesenskerns zum Ausdruck des überlegenen oder archetypischen Menschen.

Nun können wir sehen, wie die unpersönliche Lebenskraft in die planetarische Substanz eingespritzt und durch die Erfahrungen einer einzelnen menschlichen Gestalt personalisiert wird. Das Bewußtsein innerhalb dieses individuellen Körpers erlangt eine eigene Persönlichkeit, wenn die Energie vom Herzzentrum über die niederen Zentren, ausgehend vom Basischakra, projiziert wird. Später wird dieses Phänomen in Streben und angewandten Willen umgewandelt – den Charakter und das Bewußtsein des Jüngers. Charakter (die bewußt gewordene Persönlichkeit) und Bewußtsein (repräsentiert durch die Menge an erleuchteter oder erhaltener Substanz) werden dann, im Verlauf des Übergangs zu einem weiter ausgedehnten Bewußtsein, die primitive erdgebundene Persönlichkeit ersetzen. Dieses Bewußtsein ist das des Menschen als des planetarischen Archetypen für Perfektion. Das ist die Natur der Reise, mit der jeder Suchende sich konfrontiert sieht: eine Reise gegen die niedere Natur in die Natur ... ein radikaler Bruch der Molekularmuster des Tier-Menschen hin zur bewußten Schaffung eines Menschen-Gottes.

## Die Reise des Bewußtseinsatoms

Als die Energie des „atman“ zum ersten Mal in das Herzzentrum abstieg, teilte es sich in zwei Modalitäten auf: die eine stieg noch tiefer ab, um die Materie zu befruchten (der Sitz des Bewußtseins), die andere wurde nach außen projiziert, um die intelligenzverfeinernden Eigenschaften der Bewußtheit (das Bewußtseinsatom) zu beleben. Im Leben eines normalen menschlichen Wesens kreist das Bewußtseinsatom um den Außenbereich des Energiefeldes, das den physischen Körper umgibt. Dieses leuchtende Teilchen ist in eine Welt des kleinsten Nenners ausgestoßen worden. Seine Schwingunsaktivität entspricht der der Gedankenvorgänge des jeweiligen Menschen. Das bedeutet, daß bei einem Menschen, der auf der sexuellen Ebene völlig in Anspruch genommen ist, das Bewußtseinsatom weit unten in seinem Energiefeld und waagerecht zum Basiszentrum auftaucht. Die Energie, die auf der Ebene der niederen Zentren ausgelöst wurde, wird nach außen absorbiert werden und die Wahrnehmungen des Bewußtseinsatoms konzentrieren – so werden seine Interessen noch verstärkt. Das gleiche passiert mit den Emotionen, wenn der Mensch sich der Seifenoper-Existenz des größten Teils der Menschheit anschließt, oder mit dem konkreten Verstand, wenn er sich in Einklang mit der Machtbesessenheit der ehrgeizigen Massen bringt. Das ist der Denkmechanismus, der sich mit dem kollektiven Unterbewußtsein und mit dem Detailbewußtsein in der Welt bewegt.

Wenn der Vorgang der Selbstbewußtheit sich vertieft, beginnt der Mensch, diese projizierten Gedankenformen aufzulösen oder ihnen die Energie wegzunehmen. Diese Gedankenformen führen nämlich normalerweise zu Verwicklungen mit anderen Menschen in Beziehungen und sonstigen Situationen. Diese Energie umzuleiten, erfordert, daß Angelegenheiten aus dem äußeren Bereich mit größtmöglicher Integrität erledigt werden. Das bedeutet auch, daß man die Lektionen verinnerlichen muß, die die Projektionen und das Befassen mit der jeweiligen Angelegenheit zu bieten hatten. Dazu gehört normalerweise ungeheures Leiden, und es erfordert ausgemachten Mut. Eingesperrte Energie aus den Gedankenformen setzt Kräfte frei, die das essentielle Selbst befreien. Gleichzeitig mit diesem Erwecken des wahren Selbst findet molekulare Transmutation statt.

Die Energie, die von den Gedankenformen freigesetzt wird, kehrt in kleinen Schritten in die Herzkammer zurück. Hier wird sie in den Speicherdateien der permanenten Atome als Bewußtsein registriert. Nun übt das Herzzentrum eine magnetische Anziehungskraft auf die

Energie der niederen Zentren aus, die sich durch die Wirbelsäule hindurch erhebt, um sich mit den Energien der jeweils entsprechenden permanenten Atome am Herzen zu vereinen. Das Bewußtseinsatom selbst bewegt sich nicht an der Wirbelsäule hinauf. Was sich an der Wirbelsäule hinaufbewegt, ist die Energie, die in den Basiszentren beheimatet war, die nun vom Griff der rohen Begierde befreit sind.

Das aufsteigende energetische Potential ist kein Vorgang, der durch den Willen zu erzwingen wäre; es ist etwas, das als Ergebnis *passiert*, wenn das Bewußtsein integriert wird (wenn also Körper, Geist und Gefühle zusammenkommen). Das muß gleichzeitig auch im Ausdruck der äußeren Welt des Menschen *bestätigt* werden. Wenn die Wirkungen dieser neuen Bewußtseinsebene nicht fest in dieser Welt verankert sind, macht der Mensch sich höchstwahrscheinlich selbst etwas vor.

Das Bewußtseinsatom stellt unseren *modus operandi* innerhalb des Mikrokosmos dar. Echtes Leben und wirkliche Wahrnehmung sind nur möglich, wenn sie vom Herzen unterstützt werden und wenn der einzelne in der Lage ist, zwischen ideologischer Qualifikation und der Energie selbst zu unterscheiden. Die höhere Bewußtseinsebene löst automatisch alte Gedankenformen auf.

Menschliche Wesen sind individuelle Verkörperungen des menschlichen Prototyps. Wenn ein Mensch das verstanden hat, kann er sich selbst wirklich erlauben, zu sein. Er kann sich dann in Harmonie mit den anderen funktionierenden Modellen der Menschheit mischen, ganz egal, wie verschieden sie auch sein mögen. Das nimmt Zeit und große Hingabe in Anspruch, hauptsächlich deswegen, weil der einzelne seinen Weg nicht deutlich erkennen kann, wenn er noch in der Phase der Integration und des Bewußtseinsaufbaus steckt. Alles, was er tatsächlich wahrnehmen kann, sind seine eigenen Projektionen.

In der kindlichen Phase der Persönlichkeitsdefinierung bestehen die Schöpfungen des Menschen noch nicht aus etwas, das von ihm selbst kam. Die Person geht lediglich mit kollektiven Modellen um, nimmt diese für sich selbst an und formt sie dann um. Es sind Modelle der Realität sowie angst- oder wunscherfüllter Begierden. Der Mensch nimmt seine eigenen Projektionen dieser Modelle wahr und glaubt, sie seien die Realität. So werden Beziehungen gebildet, wenn der Mensch sich in einem kollektiven geistigen Zustand befindet. Diese

# ANTHROPUS
## Der gesamte Mensch

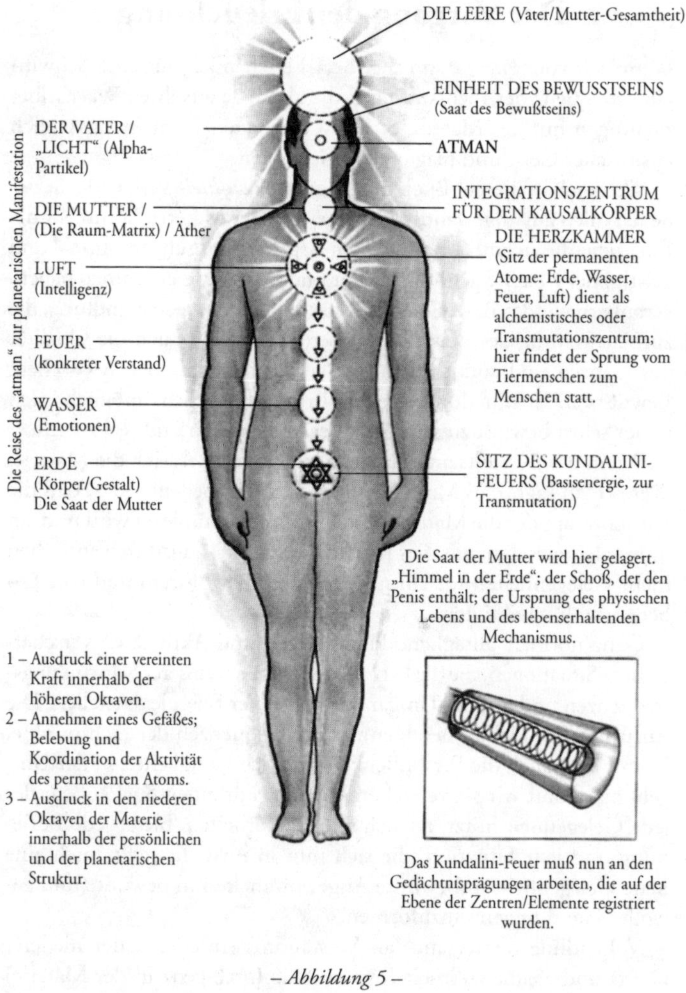


*– Abbildung 5 –*

Außenorientierung geht ewig weiter, wenn der Mensch nicht wach wird und lernt, die inneren spirituellen Werte zu erkennen.

## Der Vorgang der Erleuchtung

Wenn ich von *Energie* spreche, beziehe ich mich auf eine Schwingungsfrequenz der Lichtsubstanz, die als Folge aus ihren Wechselbeziehungen mit der Materie Strahlen aussendet. Licht ist tatsächlich kosmischer Geist und reagiert auf Gedanken.

Wenn ich in diesem Buch den Begriff *Bewußtsein* verwende, beziehe ich mich auf angewandte Intelligenz in der Materie. Wenn wir die Energien, die zu einem bestimmten Aspekt (physisch, emotional und geistig) der Materie gehören, gelebt und in uns aufgenommen haben, verankern wir das Bewußtsein in unserem Leben. Jede Handlung, die zur Ausweitung des Bewußtseins beiträgt, erhöht auch die Qualität des Ganzen und somit auch das Niveau des einzelnen Menschen. Bewußtsein ist nur durch die Erfahrung des Lebens möglich. Sich seiner selbst bewußt zu sein bedeutet, menschlich und real zu sein.

Wenn das Bewußtsein sich ausweitet, entwickelt sich die Materie. Wenn man sagt, daß Materie sich entwickelt, bedeutet das, daß die Substanz, aus der die Materie besteht, immer komplexer wird und ein immer feineres dynamisches Potential entwickelt. Dadurch entstehen mehr Gelegenheiten für ein noch höheres Bewußtsein und eine höhere Strahlungsaktivität.

Ganz normale alltägliche Handlungen und Aktivitäten verschaffen uns Situationen, die die karmische Rückkehr unserer Schwingungsfrequenzen und unseres Umgangs mit unserer Energie darstellen. Die Anrufung des Lichtes beschleunigt die Frequenzen der Lichtpunkte, betont aber auch die Persönlichkeit und Schwierigkeiten in der Umgebung, damit wir sie verstehen können. Für einen Suchenden, der jede Gelegenheit nutzt, an sich selbst zu arbeiten, bietet jede Beziehung und jede Situation, die sich ihm in Aussicht stellt, auch eine neue Gelegenheit, unbewußte Angewohnheiten in bewußte und gewollte Handlungen umzuformen.

Vollendung deutet an, daß Verständnis (Intellekt oder niederer Geist) und Zellbewußtheit (dynamische Intelligenz in der Materie)

## DIE KONZENTRISCHE KARTE
### Beschreibung der höheren Körper im physischen Körper

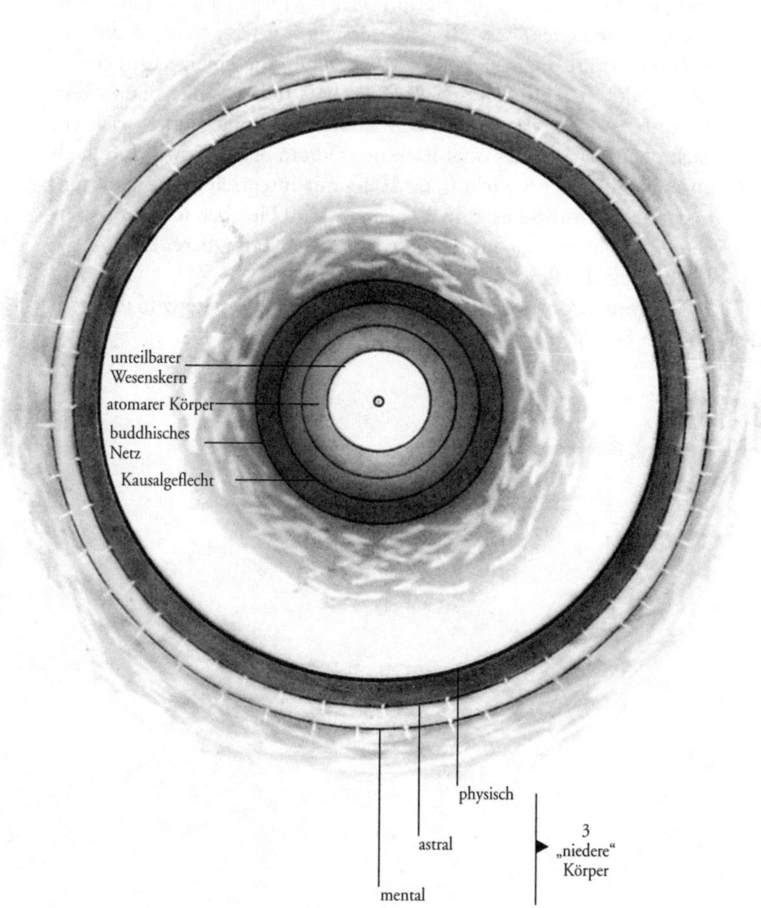


*– Abbildung 6 –*

integriert wurden. Dadurch wird auch die Vereinigung der zwei Hälften des „atman“ dargestellt, das sich aufteilte, als der Samen in das Basischakra absank und das Bewußtseinsatom in die Welt hinausprojiziert wurde, um Erfahrungen zu sammeln.

Beziehungen bieten die Art von weltlichem Reiz und von Feedback, die Grund für Regeneration oder für Degeneration sein kann. Das tägliche Leben, bewußt oder unbewußt gelebt, trainiert das Bewußtseinsatom. Darum ist es auch nie auf eine einzige Örtlichkeit beschränkt; es paßt sich den Abläufen des freien Willens an. Wenn wir unsere Aufmerksamkeit oder unser Sehnen nach unten richten, nach oben, nach rechts oder nach links, dann plazieren wir dort auch unsere Kraft. Wenn wir unserer Kraft mit Integrität entgegentreten, so daß das Bewußtseinsatom zu Hause ist, im Herzbereich, dann können wir anfangen, zu enthüllen, wo es als unabdingbarer Bestandteil der Einheit des Bewußtseins seinen Platz hat.

Wir finden Gott, wenn wir alleine dastehen, begleitet von unserem inneren Selbst. (Abb. 6)

Kapitel 3

# Materie und Bewußtsein

## Licht als Baustein und Baukraft

Das Leben entspringt aus der nicht manifestierten Ur-Dunkelheit als Licht. Alles, was in manifestierter Form vorliegt, ist ein Ergebnis dieses Lichtes, das auch Universalgeist genannt wird. Das Licht findet vielfachen sphärischen Ausdruck als Farben und Schallwellen, bis es sich schließlich allmählich in die Welt des Existenten hinein verändert und dort als Fäden auftaucht. Diese Filamente verweben sich zu komplizierteren Gebilden und gebären so Substanzen aus Licht und schließlich aus Materie.

Licht bewegt sich als Ausstrahlung durch den Raum und erzeugt das, was wir Willen oder Absicht nennen. Eine solche Reise war auch die des „atman" zum Sitz des Bewußtseins. Dieser Willens-Aspekt des manifestierten Lichtes ruft Leben hervor und erhält es, und er wird als Substanz die Kraftlinie, entlang derer die Materie zusammengesponnen wird. Im menschlichen Körper verdichtet diese Kraftlinie sich zur Wirbelsäule, und durch den Fortpflanzungsimpuls des Lichtes entstehen die Skelett-, Nerven- und Kreislaufsysteme, die im gesamten menschlichen Organismus zur Kanalisierung und Anpassung der Lebenskraft dienen.

Zum zweiten erhellt das Licht die Gestalt mit selbsterhaltenden Handlungen, einem Potential für Intelligenz und der menschlichen Fähigkeit, sich selbst zu kennen und zu erkennen. Dieses Phänomen kennen wir vom Bewußtseinsatom her. Licht energetisiert die Materie, so daß es Erfahrungen sammeln und eine Identität bilden kann, die noch weitere Gestalten hervorruft. Die dritte Aktivität des Lichtes besteht darin, Materie so anzureichern, daß sie verschiedene Funktionen und Zusammenstellungen von Intelligenz innerhalb der Gestalt gebären kann. Auf diese Art drückt Licht sich selbst in Form von Elementen aus und nährt die unterschiedlichen Formen elementaren Lebens in der physischen Welt, die wir als Natur kennen.

Alles in der Schöpfung, im Mikrokosmos ebenso wie im Makrokosmos, enthüllt die Aktivität des Lichtes in dieser dreieinigen Form und entspricht damit der fortgesetzten Aktivität der drei Urstrahlen. Diese drei Strahlen machen den Aufbauvorgang innerhalb aller Gestalten und Formen aus.

Im normalen menschlichen Leben erleuchten die drei Strahlen die drei Körper der Persönlichkeit: den physischen Körper, das emotionale Netzwerk und die geistige Struktur. Solange unsere Bewußtheit sich auf der Ebene der Projektion bewegt, wird unser Körper von den Gesetzen des Lebens mit den Elementen beherrscht, unsere Gefühle werden auf die Reize um uns herum reagieren, und unser Geist wird die kollektive Mentalität der Zeit und der Kultur widerspiegeln, zu der wir uns gehörig fühlen. Wenn der einzelne sich aber selbst nach innen richtet, beginnt er, an einer anderen Art von Gesetz teilzunehmen, dem Gesetz der Gnade oder des Lichtes. Auf diesen Ebenen, die ich in meinem ersten Buch *Dimensionen* genannt habe, wird die Wahrnehmung des Menschen Zeuge von Lichtbildungen, wird von intensiven und ungeahnten Tiefen der Liebe, der Ekstase und der Kraft überwältigt, wird von Konzepten, Ideen, Symbolen und Archetypen erleuchtet, die zu einem abstrakteren und mehr zur Einheit führenden Funktionieren des Geistes führen.

Wenn wir versuchen herauszufinden, wo der Wahrnehmungsapparat sitzt, der höhere, feinere Empfindungen innerhalb des physischen Organismus erkennt und auf sie eingestimmt ist, merken wir, daß er mit der Aktivität der höheren Zentren zu tun hat, deren Aufgabe die Intuition ist. Diese Zentren lagern und entwickeln die Gaben der drei Strahlen und bilden zusammen die höhere Triade. Die drei niederen Zentren, die Materie und Schwerkraft beherrschen, werden niedere Triade genannt. Das Material in diesem Buch beschäftigt sich hauptsächlich mit den Mechanismen der niederen Triade, also mit der Welt der Beziehungen.

## Energie und Kraft

Licht als lebensnotwendige Sonnenenergie ernährt alle Lebewesen. Es tritt durch die Emissionen der Sonne in den planetarischen Raum ein, wobei es zahlreiche Teilchen kosmischen Ursprungs überträgt und freisetzt. Die Teilchen, die mit dem Leben in Kontakt treten und es erhalten, ordnen sich in zwei grundlegende subatomische Muster ein. Der Organismus des Menschen besteht aus atomischen Strukturen, die das Ergebnis einer Anziehungs-Abstoßungs-Wechselbeziehung zwischen bestimmten subatomischen Teilchen sind. Dadurch wird das erzeugt, was in der Esoterik *Kraft* genannt wird – Lebenskraft. Intelligenz dagegen, das, was Bewußtsein schafft, ist mit subatomischen elektronischen Teilchen verbunden, die nicht mittels Polaritäten funktionieren, sondern mittels eines symmetrischen Gesetzes der Resonanz, das in der Esoterikwissenschaft *elektronische Energie* heißt.

Die Atome und Teilchen, die der organischen Materie zugrunde liegen, sind asymmetrischer Natur; sie führen eine getrennte Koexistenz mit einem anderen Teilchen entgegengesetzter Ladung: Elektronen (–) mit Protonen (+). Wenn diese Teilchen sich zusammentun, bilden sie stabile atomare Einheiten von immer größeren Ausmaßen und formieren sich schließlich zu Molekülen, die sich unter denselben Gesetzen von Anziehung und Abstoßung zusammenfinden – man könnte sie auch die Gesetze der getrennten Koexistenz nennen, Koexistenz innerhalb der chemischen Verbindung, die sie geschaffen haben. Wenn diese sehr gespannte Beziehung irgendwie in Aufruhr gerät, wird die Stabilität der Verbindung aufgehoben oder so stark gestört, daß die Auflösung der Substanz die Folge ist. Diese Existenzbeendigung setzt durch atomare Spaltung enorme Kraft frei. Das Prinzip, das einer Atombombe zugrunde liegt, ist dasselbe wie das hinter einer Transmutation auf Zellniveau. Auch unsere normalen Beziehungen laufen nach diesem Prinzip ab.

Die Art von Teilchen, noch kleiner als Atome, die sich nach den symmetrischen Mustern der Esoterik verhalten, sind mit der menschlichen Intelligenz und dem menschlichen Bewußtsein verbunden. Sie verknüpfen sich durch gegenseitiges Anpassen ihrer Bewegungen und hängen dann sehr intensiv zusammen. Diese Teilchen, das Ergebnis des Zusammentreffens von Elektronen (–) mit anderen Elektronen positiver Ladung (Positronen genannt), manifestieren sich als Licht oder *Photonen.* Elektronen geben ab und absorbieren, sobald sie andere Elektronen treffen. Photonen und virtuelle Photonen haben weder positive noch negative Ladung. Nach den Lehren der Esoterik sind Photonen für einen großen Teil der Heil- und Vorstellungskräfte verantwortlich. Die Wissenschaft und die moderne Technologie nutzen die symmetrischen Eigenschaften des Lichtes in der Lasertechnologie und der Holographie und bei der Entwicklung von Supraflüssigkeiten und Supraleitern. Das Licht, das wir sehen können, entspringt, wenn Positronen und Elektronen aufeinandertreffen. Dieses Aufeinandertreffen, das die Geburt des Lichtes kennzeichnet, ist etwas völlig anderes als der Vorgang, mit dem organische und anorganische Materie gebildet werden. Die Identität des Positrons und des Elektrons wird jeweils völlig absorbiert, und sie werden zu zwei Photonen oder zwei Lichtteilchen transmutiert. Das Prinzip, das dem Erscheinen des Lichtes zugrunde liegt, ist dasselbe Gesetz, das das Universum regiert. Analog sieht es in Beziehungen aus: eine höhere Ordnung kann nur dann eintreten, wenn die niederen Einzelidentitäten (die Einzel-Egoismen) völlig aufhören.

Wir könnten sagen, daß die Lichtpunkte im Zentrum jedes Atoms, die im vorherigen Kapitel erwähnt wurden, zur symmetrischen Gruppe der kosmischen Tänzer gehören, ebenso wie auch das Bewußtseinsatom (das kein Atom im materiellen Sinne ist). Diese Lichtteilchen geben elektronische *Energie* ab und überführen Lebens-Quelle in Materie. Die asymmetrischen Tänzer setzen eine andere Art von Energie frei, Bio-Energie oder, im Falle von Lebewesen, *Kraft* genannt. Im menschlichen Organismus finden wir sowohl Kraft als auch Energie in ihrer jeweiligen reinen Form und als interaktiven Vorgang vor. Transmutation findet statt, wenn Energie auf die Kraft einwirkt und den Rhythmus übernimmt, den die Materie vorgibt. Dieser Mechanismus transmutiert die im Widerstreit stehenden und zum Getrenntsein strebenden Individualitäten innerhalb der atomaren Beziehung und setzt dabei eine erleuchtete Eigenschaft frei, die wir hier Bewußtsein nennen.

Der harmonische (getrennt-aber-gleichrangig) Wettbewerb, der auf der subatomaren Ebene der Materie vorherrscht, ist etwas, das Pauli das „Ausschließungsprinzip" genannt hat. Es diktiert nicht nur das Verhalten der Materie an sich, sondern auch der feineren Aspekte der Materie, die wir als Psychologie bezeichnen. Beziehungen zwischen Menschen spiegeln diesen Mechanismus wider. Die Menschen handeln aus ihm heraus und nehmen unter gegenseitigem Ausschluß Dinge aus ihm wahr, bis das Lichtphänomen die Zweiteilung des kollektiven Elementarverhaltens durcheinanderbringt. Kollektives Elementarverhalten wird von Polarität und Beurteilungen bestimmt, beispielsweise von Hingezogenheit und Abneigung, und/oder, gut/schlecht, und nicht von wirklich ganzheitlichen Wahrnehmungen. Das ist auch der Grund, warum man sagen kann, daß der größte Teil der Menschheit sich immer noch auf der Ebene des Tier-Menschen befindet.

Trotz allen Geredes von Liebe und Altruismus ist es immer noch so, daß wir jemanden oder etwas lieben und gleichzeitig (im Namen dieser Liebe) jemanden oder etwas anderes hassen – beide Gefühle existieren gleichzeitig und nebeneinander her. Die Liebe, die wahres, übereinstimmendes Verständnis ist (also Weisheit), existiert nur ohne jegliche Polarität, außerhalb der emotionalen Widersprüche und der vom Kopf ausgehenden Rechtfertigungen. Der Organismus „Körper" und sein Gegenstück, die unbewußte Persönlichkeit, werden von den Rhythmen des unbewußten Lebens diktiert. Das wahre Licht hat hier keine Macht und kann nicht eingreifen. Wenn die Materie aber andererseits erlöst wird, so beginnt sie, auf das Gesetz zu reagieren, das bei der elektronischen Energie vorherrscht. Dann hört die kollektive Kraft, die einen kollektiven unterbewußten Mechanismus diktiert, auf, die einzige und zwingende Dynamik zu sein und es erhebt sich individualisierte (oder integrierte) Aktivität. Zwangsweises Verhalten wird zu Kreativität und bewußtem Lieben. Individuelle Aktivität wird nun vom Licht oder vom universalen in die richtigen Bahnen gelenkt. Lebenskraft und spirituelle Energie schließen sich gegenseitig aus ... bis sie im alchemistischen Transmutationsvorgang des Bewußtseins mit dem Menschen verschmelzen.[4]

Die wahre spirituelle Reise beginnt, wenn wir anfangen, uns auf das Licht als regierendes Prinzip zu konzentrieren. Unser konkreter Verstand kontrolliert letzten Endes die Bewegung des Bewußtseinsatoms und hat außerdem die Kraft, die automatischen Aktivitäten der niederen Kräfte in andere Bahnen zu lenken. Seine Frequenz (mit Sitz im Solarplexus) ist den niederen zwei Kräften überlegen. An dieser Stelle fangen die Lichtteilchen an, das Licht vom Herzzentrum wachzurufen und sich mit ihm zu mischen.

Wo Leben ist, da ist auch Energie, aber nur beim Menschen nimmt die elektronische Energie eine reine Form an und bietet eine Art von unterbewußtem Ziehen, ein Gedächtnis-ohne-Inhalt, das das Potential für Selbstbewußtheit und die treibende Kraft hin zur Erfüllung darstellt. Beim Tier und bei niederen Lebensformen wird Energie sofort und automatsich in Lebenskraft umgewandelt. In Pflanzen oder Tieren gibt es keine Strukturen, in denen Licht unabhängig agieren kann oder wo es in einer Art Schwebezustand in den oberen Zentren gelagert werden kann, wie das beim Einzelmenschen der Fall ist.

Damit elektronische Energie das Leben auf der Ebene der niederen Zentren ebenso ernähren und erhalten kann, wie das bei den Tieren der Fall ist, wirkt ein anderer Durchgang, der nur dem Menschen eigen ist, als Trägerleitung. Diese Leitung ist die *silberne Schnur*, die aus einer ganzen Anzahl von Lichtfilamenten besteht, die zusammengedreht sind und so eine Schnur bilden. Diese Schnur unterstützt und erhält das Leben und revitalisiert den Organismus, wobei sie direkt in den „Außenposten“ am Solarplexus wirkt. Der Körper wandelt diese Energie automatisch in Kraft um, mit der er Lebensaktivitäten aufrechterhalten kann, wozu auch mentale und gefühlsmäßige Vorgänge gehören. Wenn ein Mensch sich immer noch im Würgegriff seiner niederen Instinkte befindet, dient diese Energie, deren Aufgabe es sein sollte, das Bewußtsein zu schüren, nur dem Zweck, unbewußte Züge der Persönlichkeit zu verstärken: Wut, Furcht, Begehrlichkeit, Haß und die vielen emotionalen Gedanken, zu denen ein Mensch-Tier fähig ist. Wenn das Herz dieser Person nicht vorherrschend ist und sie ihren Willen nicht konstruktiv gestärkt hat, dann wird die automatisch ablaufende Programmierung ihrer eigenen Biologie die niederen Leidenschaften nur noch verstärken. Wenn ein Mensch nicht ganz bewußt an sich arbeitet, werden all die Tricks des New Age, all die Anrufungen, Affirmationen und all die vielen Lichtübungen mit großer Sicherheit nur die Kräfte der niederen Zentren katalysieren und damit immer mehr Phantasien, Illusionen, die Hysterie der Hingebung und der Sentimentalität, Wichtigtuerei und Stolz schaffen, die alle nur dazu beitragen, die Verschmutzung der astralen Dimension weiter zu steigern und die Möglichkeiten der wahren individuellen Wahrnehmung weiter zu verschleiern.

# Ausdrucksformen des Lichtes

Man muß verstehen, daß Licht keine Bewußtheit hat; es *ist* einfach. Es ist die Basis der Ursprungswissenschaften, daß erleuchtete Materie (Bewußtsein) durch die Transmutation atomischer Moleküle zu Licht geschaffen wurde. Wenn dieses Licht zur Quelle zurückkehrt, wird es durch die Bewußtheit seiner selbst verstärkt und schlägt mit der Möglichkeit des Lichtes Brücken über die Welten des Unbewußten. Wenn er den Zustand des „Anthropus" oder des perfekten Meisters erreicht hat, wird der Mensch zum Schöpfer, der mit dem vollständigen Wissen über seine eigene Essenz und Macht ausgestattet ist.

Die drei Strahlen oder die Urstrahlen wirken als einer und erzeugen so Leben. Die übrigen vier Strahlen gehen von diesen drei-einigen aus und stellen charakteristische Bereiche des Lebens dar, Modalitäten, in denen das Leben sich selbst ausdrückt. Jeder der sieben Strahlen geht vom zentralen Licht aus; zusammen bilden sie das Rückgrat der gesamten Schöpfung. Sie stellen den energetischen Impuls zur Verfügung, der uns umgibt und aus dem das Leben ersponnen ist. Die aufsteigende Spirale des evolutionären Vorgangs erhebt sich von den niederen Zentren und verläuft durch die Wirbelsäule (unsere Haupt-Kraftlinie); ebenso verläuft der absteigende Impuls der elektronischen Energie in einer Spirale durch die Wirbelsäule nach unten, in Form von Inspiration und Energie. Energie und Kraft treffen sich in der Mitte, am Herzen. Die Zentren oberhalb des Herzens wirken als Lagerhäuser, in denen elektronische Energien gelagert werden können; die Zentren unterhalb davon wirken als natürliche „Außenposten", an denen die Elemente ausgedrückt werden können.

Licht tritt durch den Scheitel in den menschlichen Organismus ein und geht wie ein Strahl durch den ganzen Körper. Es adaptiert sich zunächst auf der Ebene des dritten Auges, am Kehlzentrum und dann am Herzzentrum (wo es sich ein Gefäß aneignet, das es ihm erlaubt, sich als Bewußtseinsatom in die Welt zu begeben), und steigt schließlich in das Steißbeinzentrum ab. Licht aktiviert auch die Zentren, die für den Aufbau des Bewußtseins verantwortlich sind, und liefert uns so auf der Ebene der Chakras Substanz und die entsprechenden Fähigkeiten.

Die Chakras sind Zentren zur Absorption und Verarbeitung elementarer Substanzen in Modalitäten, die uns Lehren geben können.

Die Lichtfilamente, die durch die Chakras hindurchgehen, üben Einfluß auf Elementarmaterie unterschiedlichen mineralischen, pflanzlichen und tierischen Ursprungs aus und erschaffen so den Vorgang der Evolution neu – ein Vorgang, den wir für jeglichen Zweck benutzen, den wir bewußt oder unbewußt für uns aufstellen. Jedem der Elemente wird durch einen Strahl eine Farbe verliehen, jedes Element ist mit einer bestimmten Ebene des Lebens auf dem Planeten verbunden, und jedes Element ist symbolisch mit den Elementen der Natur verbunden, die ja als Arbeitslabor für das Bewußtsein dient. Wenn die Elemente sich dem Menschen zur Verfügung stellen, so hat der Mensch seinerseits die Verpflichtung und die Verantwortung, das ihnen innewohnende Bewußtsein zu verstärken oder zu erhöhen, indem er sie durch den Vorgang seiner eigenen Weiterentwicklung schleust. Wir nutzen die *Stärke* und die *Gaben*, die wir durch die Erfahrung mit jedem Element erlangen, zum Aufbau unseres Charakters in der Welt. (Abb. 7)

## Die Elemente und die Geister der Natur

Gemäß dem atomaren Modell ist der Planet Erde eine Einheit innerhalb des Sonnensystems, und das Sonnensystem ist eine Einheit innerhalb der Milchstraße. Umgekehrt sind auch wir selbst atomare Einheiten innerhalb des Körpers der Erde. Die Elemente innerhalb unseres Körpers schwingen auf einer Frequenz mit den Elementen des Planeten und mit den Kausalkräften des Universums.

Jedes Element hat seinen eigenen Geist und seine eigene Persönlichkeit, aber jedes reagiert auch auf den lenkenden Willen des Menschen. Elemente existieren als ständiges Aufbauen, eine endlose, zyklische Bewegung, die wir in uns selbst als Leben-Tod-Wiedergeburt wahrnehmen, und außerhalb unseres Körpers als den Wechsel der Jahreszeiten. Der Zweck dieses ständigen Aufbauens liegt darin, ständig Harmonie und Gleichgewicht in die Welt zu bringen. Oft gelingt es uns aber nicht, zu erkennen, wie das funktioniert.

## ELEKTRONISCHE ENERGIE

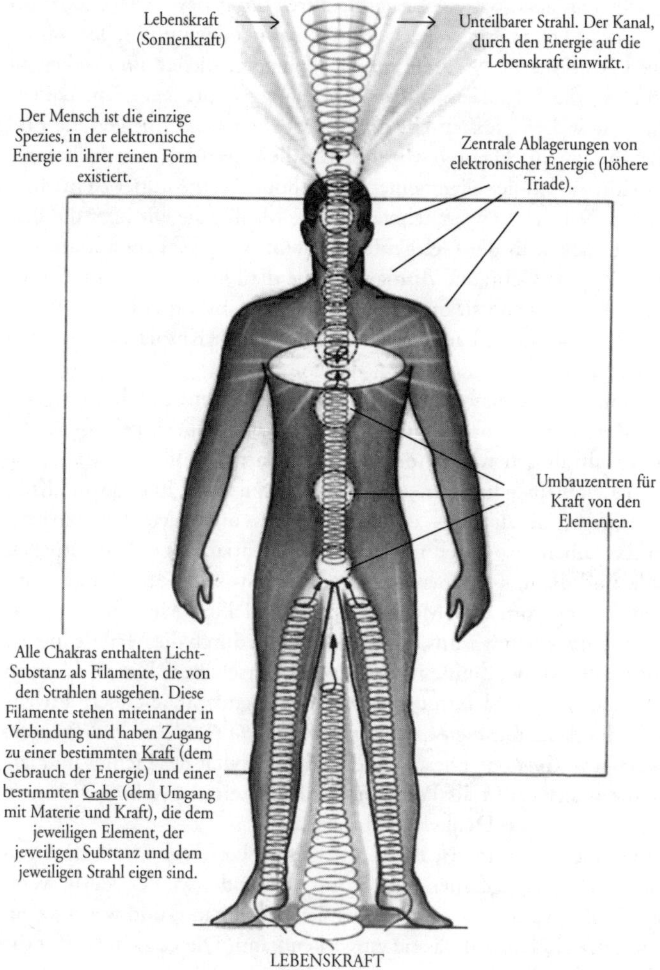


*– Abbildung 7 –*

Das ewige und allgemein gültige Gesetz der Energie bestimmt, daß das Höhere voranschreitet und dem niederen Vorschriften macht. Weil wir die Fähigkeit besitzen, Energie durch unser Bewußtseinsatom im Körper zu halten und zu beeinflussen, befinden wir uns in der einmaligen Position, die Naturgeister der Elemente anleiten und lenken zu können, die auf unsere geistigen Vorgänge sofort reagieren. Da wir unseren Willen größtenteils unterbewußt einsetzen, neigen die Elemente dazu, die Unausgewogenheiten dieses Willens innerhalb unserer Körper und der allgemeinen Umgebung übergeordnet zu manifestieren. Wir müssen verstehen, daß die Macht, die wir über die Elemente haben, in der Gelegenheit besteht, von der Lebenskraft und der Substanz Gebrauch zu machen, die die Elemente uns zur Verfügung stellen, wenn sie an unserem Bewußtseinskörper bauen. Wenn wir Bewußtsein aufbauen, entwickeln wir den Körper des Planeten weiter.

Ohne die Elemente haben wir keine Kraft, keine Begabungen, keine Materie für den Aufbau des Bewußtseinskörpers, kein Gelände, innerhalb dessen wir handeln können, nichts, mit dem wir unsere Fähigkeiten üben und lernen können, mit Substanz, Energie und Kraft umzugehen, sie zu lenken und zu leiten. Was uns zu Menschen macht, ist das Leben, das durch uns lebt, das Potential, das sich ausdrücken will, und die uns gegebene Gelegenheit, uns selbst zu schaffen. Um den Sprung vom Tier-Menschen zum Perfekten Menschen zu machen, entwickeln wir uns mit Hilfe der und durch die Materie in eine spirituelle Aktivität hinein, die wir selbst erschaffen. Um wirklich zu Menschen zu werden, müssen wir das alchemistische Gesetz anwenden, das da lautet: *man kann nur dann Blei in Gold verwandeln, wenn man etwas Gold hat.* Dieses Gold ist die Aktivität des Lichtes im Herzen, das sich selbst als Potential für Fähigkeit zur wahren Vernunft und zum wahren Denken ausdrückt.

Unsere Goldmine ist die in uns gespeicherte elektronische Energie, die, wie wir gesehen haben, nur verwendet werden kann, wenn sie ein Zentrum hat, von dem aus sie wirken kann, und wenn sie ein Substanzfeld hat, auf das sie einwirken kann. Dieses Zentrum ist die Verkündigung: „Ich bin (in meiner Ich-heit) Das Licht, die Kraft und die Herrlichkeit ...“ Das Substanzfeld ist die Materie genau der Erde, die wir unter unseren Füßen haben und die in unseren Gefäßen als Leben pulsiert. Im großen und ganzen sind wir so weit, daß wir uns vor der Majestät der KRAFT und der HERRLICHKEIT verbeugen, aber eine einfache und sehr offensichtliche Gruppe von „Tagelöhnern", ohne die es gar nicht möglich wäre, die KRAFT und die HERRLICHKEIT auszudrücken, haben wir übersehen: die Gruppe der Elemente, die unseren Organismus ausmachen, aufbauen und zum Laufen bringen und die unsere Psyche beeinflussen.

Man könnte sagen, daß der Vorgang der Menschwerdung eine Zusammenarbeit mit allen Elementen und den bewußten Gebrauch der Kräfte oder Gaben erfordert, die jedes der Elemente bereitstellt. Der Reinigungsvorgang zeigt die erfolgreiche Assimilation dieser Kräfte und Gaben so auf, daß er die Substanz der Elemente in einer neuen Ausdrucksform enthält und mit ihnen umgeht.

Auch zum Persönlichkeitsaufbau gehört Zusammenarbeit; Reinigung bedeutet dabei, daß man sich mit der Kraft, die man sich angeeignet hat, nicht weiter identifiziert. Um unser Selbst zu finden, müssen wir uns selbst verloren haben. Das Feld der Beziehungen eröffnet genau diese Möglichkeit. Jede Beziehung in der äußeren Welt spiegelt eine Beziehung in der inneren Welt zusammen mit dem zugehörigen Elementarbewußtsein wider, und jeder neue Aspekt des Elementarbewußtseins lehrt uns, wie wir mit einem bestimmten Aspekt der Lebenskraft umgehen müssen. (Abb.8)

## Erde

Die Erdgeister oder Gnome sind die Elementarwesen, die mit dem sogenannten „chemischen Äther" und mit allem, was zum Element Erde gehört, umgehen. Physisch wird dieses Element durch den ganzen Körper abgebildet. Das Basischakra organisiert die Gewebe und bestimmt die Form dieser Gewebe, Wirbelsäule und Haut mit eingeschlossen. Das Element Erde erstreckt sich auch auf alle von uns geschaffenen Gestalten in der äußeren Welt.

Milz und Pankreas, Magen und das Muskelsystem an sich sind mit dem Element Erde verbunden. Jede dieser anatomischen Strukturen und auch der gesamte zusammengesetzte Körper reagiert auf unsere Art, mit dem Konzept der Erde in Verbindung zu treten. Dazu gehört der Umgang mit allem, was zur Erde gehört, Geld und Besitztümer mit eingeschlossen. Auswüchse aller Art werden dazu führen, daß in unserem Körper oder in unserer Welt Fehlfunktionen auftreten. Diese Welt beinhaltet in diesem Zusammenhang auch unser Gefühls- und Geistesleben.

Die Gnome stehen in dem Ruf, äußerst praktisch denkend zu sein und sich immer etwas einfallen zu lassen. Sie stehen als Symbol für äußerst kritisches Abwägen und für Bewahren, während sie gleichzeitig auch für den Überfluß stehen. Mehr als alle anderen Elementarwesen haben sie unter dem Egoismus und der Rücksichtslosigkeit der Menschheit gelitten und haben deswegen manchmal gerade das Gegenteil ihrer eigentlichen Eigenschaften verkörpert. In menschlicher Form können sie extrem geizig sein, raffgierig, gierig und miesepetrig. Die Gnome sind die Elementarwesen, die dem Menschen in Aussehen und Psyche am meisten ähneln; sie ahmen unsere Gesten und unsere körperliche Gestalt nach. Ihre Energien prallen von Menschen ab, die die feinste genetische Substanz durch sexuellen Mißbrauch oder durch ständigen Partnerwechsel vergewaltigen.

Um das Element Erde und alles, was dazugehört, zu meistern, müssen wir all den positiven Eigenschaften, die darin enthalten sind, Ehre erweisen. Auf diese Art nehmen wir die Eigenschaften der Gnome in uns auf und können uns weiterentwickeln, weil wir die Eigenschaften und Gaben erben, die das Element Erde besitzt.

## Wasser

Die Undinen sind die Elementarwesen, die den „Lebensäther“ bestimmen, wie das Element Wasser genannt wird. In unserem physischen Körper regiert dieses Element die Nieren, die Blase und in manchen Systemen die Knochen. Sein Aktivitätszentrum ist das zweite Chakra, das unseren Umgang mit Gefühlen und unsere Veranlagungen widerspiegelt.

Unsere Gefühle werden in unserem Körper, unseren Beziehungen und unserer physischen Umgebung abgebildet und so nach außen getragen. Wasser dient als Schoß der Schöpfung, jegliche Gestalt erhebt sich aus dem Wasser. Es beherrscht unsere Fortpflanzungsorgane und unsere sexuelle Aktivität, die sich in unserer Fähigkeit zur Empfängnisbereitschaft und zur Sympathie ausdrückt. Es ist schon pas-

## SCHAFFUNG DES BEWUSSTSEINSATOMS RUND UM EINE KRAFTLINIE

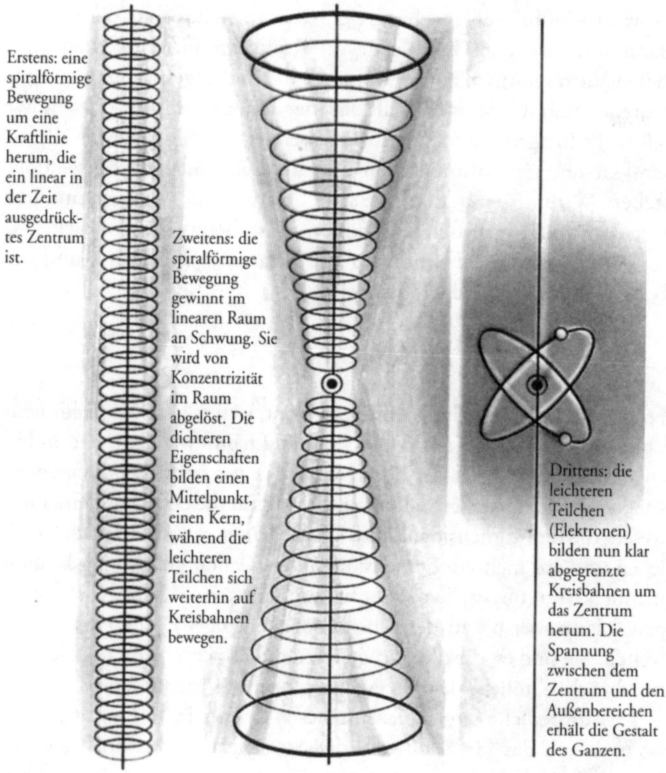


*– Abbildung 8 –*

siert, daß Undinen im täglichen Leben Menschen, die sich Selbstmitleid und Depressionen hingeben, mit Wassergefahren konfrontiert haben.

Undinen ahmen uns nach und können somit egoistische und sexuell abweichende Energien ausstrahlen. Außerdem haben sie mittlerweile Einfluß auf unechte psychische Vorstellungen (die Art, die dann auftritt, wenn Gefühle auf die Realität projiziert werden) und stehen auch synonym dafür: Wenn wir die Prüfungen dieses Elements bestehen und die Meisterschaft darüber erlangen wollen, müssen wir selbst für Integrität und Wahrheitsliebe, für Sensibilität und Einfühlsamkeit unseren Mitmenschen und unserer Umgebung gegenüber stehen. Wir müssen in der Lage sein, tiefe Gefühle zu hegen und uns trotzdem nicht in unseren Gefühlen zu verlieren. Das ist vielleicht sogar die wichtigste Lektion für die Kunst der Beziehung und die Beherrschung des eigenen Selbst.

## Feuer

Feuer wird der „spiegelnde Äther" genannt, weil es in seiner vieldimensionalen Pracht und Kraft die Welten des Lichtes widerspiegelt und in enger Verbindung mit der Sonnenquelle selbst steht. Die Elementarwesen des Feuers heißen Salamander und sind die einzigen Elementarwesen, die transdimensional sind. Das bedeutet, daß sie deutlich länger leben und auf mehrere Dimensionen der Realität gleichzeitig Einfluß nehmen, vom physischen Feuer bis zur violetten Flamme, vom winzigen Salamander bis zu den leuchtenden Erzengel-Figuren der Feuerwelten. Sie sind es, die die Aktivitäten des Solarplexus und des Herzens überbrücken, indem sie das Feuer der Intuition entzünden.

Das körperliche Organ, das mit diesen Kräften in Verbindung steht, ist natürlich das Herz, obwohl der Solarplexus funktional, also als Erzeuger von Kräften, ebenfalls beteiligt ist. Die endokrinen Drüsen, das Blut und die Blutgefäße werden vom Element Feuer beherrscht, ebenso wie der Dünndarm und indirekt die Leber, die Gallenblase und die Nerven (die im chinesischen System zu deren Element „Holz" gehören).

Salamander sind ungeheuer kreativ und besitzen in starkem Maße die Eigenschaften Begeisterung, Kühnheit, Energie und Treue – alle diese Eigenschaften brauchen wir, wenn wir uns selbst erobern wollen. In ihren negativen Modalitäten sind Salamander zerstörerisch veranlagt, wollen kommandieren, sind untreu und feige. Sie verzehren cholerische Personen, die Wutanfälle bekommen, und können so weit gehen, daß sie solchen Menschen Verbrennungen zufügen und sie in Unfälle mit Feuer verwickeln.

## Luft

Die Sylphen oder Nymphen regieren das Element Luft und stehen für Intelligenz, Kommunikation und die Fähigkeit, Dinge schnell aufzunehmen und mit einem gewissen Abstand zu betrachten. Die Sylphen gehen mit dem „Lichtäther" um, was bedeutet, daß sie mit allem umgehen, was zum Funktionieren des Geistes und des erleuchteten Bewußtseins gehört. Im gegensätzlichen Ausdruck können die Sylphen bei ihren Bemühungen, sich an die Bräuche der Menschen anzupassen, Grausamkeit und Instabilität, Schlauheit und Intellektualismus offenbaren. Sie können gleichgültige oder geistig langsame Menschen hinfallen lassen und ihnen gebrochene Knochen verursachen.

Der physische Körper verarbeitet die Aktivität des Elementes Luft und spiegelt sie in den Lungen, dem Dickdarm und in manchen Systemen auch in der Haut wider, die der Zellstruktur eine automatische Atmungsfunktion zur Verfügung stellt. In Augenblicken, in denen ein Suchender darum kämpft, das unaufhörliche Geschwätz des Geistes unter Kontrolle zu bringen, kann er sich außerstande sehen, dem Wind entgegenzutreten – irgendwie fühlt er sich durch den Wind geschwächt. Wenn wir ein bestimmtes Niveau der Meisterschaft über unsere eigenen Gedanken erreichen, finden wir zu einer geheimnisvollen Resonanz mit all den Ausdrucksformen des Elementes Luft, die nun erscheinen, um uns an all ihrer Kraft und ihren Fähigkeiten teilhaben zu lassen.

Dieses Element repräsentiert das Anfangs- und auch die Endstadien des Suchenden, der seinen Geist verfeinern will und dann danach strebt, seine Erfahrungen zu integrieren. Der Schauplatz hierfür ist ein Bereich, der die niedere Herzkammer genannt wird, also der Bereich zwischen dem Solarplexus und dem Herzchakra selbst.

Jedesmal, wenn der Mensch eine Anstrengung unternimmt, an sich selbst zu arbeiten, bewegen die Elementarwesen sich ruhelos, bis der Mensch sie neu ordnen und harmonisieren kann. Bei jedem Schritt wird dabei, wie bei jeder Initiation, eine neue Anpassung notwendig. In dem Maße, wie unser Bewußtsein wächst und wir fähig sind, mit einer gewissen Intensitätsmenge umzugehen, wird auch mehr Energie zugänglich, die wiederum erfordert, daß man immer flexibler wird. Der Weg der Initiation beinhaltet die Meisterschaft über alle vorhandenen Elemente.

Unsere Beziehung mit den Elementen ist für jedes der Elemente im *dauerhaften Atom* in der Herzkammer niedergeschrieben. Diese dauerhaften Atome enthalten die persönliche Geschichte eines Menschen in Form von Schwingungskapazitäten. Jedesmal, wenn wir die Meisterschaft über ein bestimmtes Element erlangen, erlangen wir auch die Fähigkeit, diese Frequenzen aufrecht zu erhalten und setzen damit die Kräfte und Eigenschaften dieses Elements für unseren eigenen Gebrauch frei. Anders ausgedrückt ist das Bewußtsein eines Menschen, der in der Lage ist, die Kräfte der niederen Zentren zu kontrollieren und sie für sich einzusetzen anstatt sie zu zerstreuen, auch in der Lage, die dauerhaften Atome selbst anzusprechen. Dann haben wir genug Fähigkeiten, Kraft und Schwung, um im ganz buchstäblichen Sinne unseren Körper und unser Leben umzubauen.

Kapitel 4

# Kaleidoskop

## Geist, Bedeutung und Projektion

Der Geist eignet sich die Modalität der Linearität an, wenn er, auf der Ebene der niederen Zentren, sein Licht auf die Elemente wirft und Erfahrungen sammelt. Umgekehrt nimmt er die konzentrische Modalität an, wenn er in reiner Form durch die höheren Zentren handelt. Ersteres ist als der *niedere* oder der *konkrete Verstand* bekannt; zweiteres als der *höhere Verstand.* Die Anordnung des Bewußtseinsatoms entscheidet über die Art der Wahrnehmung – unsere Lebensrealität oder Dimension.

In der Persönlichkeitsphase der Entwicklung ist der Geist horizontal aktiv und spiegelt den kollektiven Geist der Menschheit wider. Es gibt keine Möglichkeit, jemandem, dessen Erfahrungen ausschließlich auf kollektiven horizontalen Modalitäten beruht (also auf dem, was allgemein als Realität gilt), die Wahrnehmung vieldimensionaler Frequenzen zu übermitteln. Nur die Art der gelebten Zeit und die Vielfalt darin kann hier zum Verständnis führen.

Leben ist überall. Die Art, in der es sich selbst darstellt, ist immer und ständig ein Spiel mit Perspektiven, ein ganzes Kaleidoskop der Wahrnehmung. Wenn wir das Kaleidoskop drehen, können wir immer wieder über das staunen, was wir sehen und zu was wir geworden sind. Wir finden einen neuen Tanz des Lichtes und der Farben, der Gestalt und der Gefühlswahrnehmungen, und wir interpretieren die Elemente dieses Tanzes ständig neu, während der Geist das Spiel des Lebens spielt.

In *Innere Alchemie – Der Weg der Meisterschaft* habe ich eine Bewußtseinskarte vorgeschlagen, die zwölf Ebenen der Schwingungsaktivität abdeckt, die als Dimensionen der inneren Realität gesehen werden. Wir könnten sagen, daß unsere Erfahrungen sich normalerweise nicht über die dritte Dimension hinaus erstrecken. Wenn das Instrument unseres Geistes und Verstandes durch Ausbildung im wissenschaftlichen Denken, beispielsweise Logik oder Mathematik, genügend geschärft ist, können wir uns manchmal Zutritt zur vierten, fünften und sechsten Ausdrucksdimension verschaffen und so den Geist des Kosmos ansprechen, wie er sich auf diesen Ebenen manifestiert. Dann können wir diese Erfahrungen in den Sprachgebrauch und die Anwendungsbereiche der dritten Dimension übertragen. Einige bemerkenswerte Menschen können darüber hinausgehen. Jung war in der Lage, die siebte Dimension zu erreichen. Mystiker und erleuchtete Menschen können sogar noch darüber hinaus gehen.

Da es nicht viele Genies vom Schlage eines Einstein oder Jung gibt, gibt die Masse der Menschheit sich nur Phantasien darüber hin, daß sie die feinsinnigeren Realitäten wahrnehmen würde, während es sich tatsächlich nur um Projektionen ihrer eigenen Wünsche oder um *astrale Phänomene* handelt, die in der dritten Dimension stattfinden. Auf diese Art erhalten wir unsere sogenannten Botschaften aus dem Jenseits, und auf diese Art werden astrale Energien so umgeformt, daß sie Einfluß auf fehlgeleitete Suchende nehmen, die nicht wissen, wie sie mit ihrer persönlichen Realität umgehen sollen.

Der Ehrgeiz, der an der Wurzel der unverarbeiteten Lebenskraft liegt, nährt auch Auffassungen zum Überleben, die nicht angebracht sind. Um die Illusion zu zerstören, daß der kleinliche menschliche Egoismus zu Ruhm und Ehren gelangen und zu den Höhen aufsteigen könnte, solltest du verstehen, daß wahres Bewußtsein und wahre Wahrnehmung *nicht* möglich sind, wenn nicht vorher die Gesamteinheit der drei Körper (physischer, mentaler und emotionaler Körper) integriert wurde.

Licht ist aufrechterhaltenes, herzzentriertes Bewußtsein und funktioniert bei einer Frequenz, die so hoch ist, daß die meisten Menschen sie nicht aushalten können. Aus diesem Grunde ist ein durchschnittlicher Mensch nie in der Lage, *Energie* für die oberste schöpferische Aufgabe zu nutzen, nämlich das Bewußtsein zu verankern. Und doch gibt es kein Zurück mehr, wenn wir einmal das Licht erfahren haben, und sei es in seinen bescheidensten und mildesten Ausdrucksformen. Licht schafft letzten Endes seine eigene Bedeutung und wird wichtiger als das eigene kleine Selbst.

Wie vorher schon erwähnt, existieren wir gleichzeitig in vielen Dimensionen, aber wir *leben nicht bewußt* in ihnen, bis wir nicht unsere dreidimensionalen Realitäten geordnet haben und uns selbst dazu angeleitet haben, innerhalb dieser Realitäten die Dinge wahrzunehmen und uns bewußt zu bewegen. In unseren Beziehungen und vor allem in echten Liebesbeziehungen treten wir mit unseren Partnern oft auf einer höheren Ebene in Kontakt und verbinden uns in Strömen glückseliger heiterer Klarheit, die das Kennzeichen der Liebe sind. Umgekehrt kommen wir aber auch in Kontakt mit Gedächtnisprägungen, die von negativen Erfahrungen stammen und von Antipathie und Gereiztheit begleitet sind. Diese Mechanismen werden in diesem Buch dargestellt.

Wenn unser Aktivitäts-Schwingungsfeld zu höherer Geschwindigkeit übergeht, entdeckt unsere Wahrnehmung eine andere Welt oder Dimension. Aber das gleiche gilt auch umgekehrt. Wir sind unser eigener Himmel und unsere eigene Hölle. Nur ein perfekter Meister, jemand, der sich sein eigenes Kausalgeflecht aufgebaut hat, ist unsterblich. Derzeit leben wir durch Gedankenkonstruktionen hindurch und sammeln Impulse, die ihre Auflösung durch entsprechende Gefäße oder Frequenzen suchen müssen. Auf diese Art müssen alle die Angelegenheiten des Karma, die wir lösen müssen und die in den Gedächtnisbanken unserer Gene und unserer Atmosphäre gelagert sind, durch Erfahrung gelöst werden.

## Wahrnehmung

So wie jeder Same und jeder Unter-Same des Wesenskerns sich in den niederen Formen ein Ausdrucksgefäß sucht, so bildet er auch feinere Wahrnehmungsmittel, aber diese bleiben in Warteposition, bis im Herzen die Kausalmodalität entzündet wurde. Es gibt sieben Körper oder Energiefelder, die den menschlichen Körper umgeben. Jeder physische Körper hat eine Strahlungsaktivität, die mit einer höherdimensionalen Aktivität in Verbindung steht. Man kann die niederen (astralen) Gedankenformen anhand ihrer Schwingungsfrequenzen von den höheren (spirituellen) Gedankenformen unterscheiden.

Für einen normalen Menschen sind die drei Körper der Persönlichkeit die Haupt-Aktivitätskörper. Innerhalb dieser drei Körper, die innerhalb des physischen Körpers liegen und ein wenig über ihn hinausgehen, liegt die ätherische Gußform, die die Gedächtnisbank von den Genen und von den Umweltbedingungen enthält. Außerdem enthält sie die Muster der mentalen und emotionalen Körper und auch den Lichtsamen. Dieser zusammengesetzte ätherische Körper ist sehr sensibel und enthält die Basis-„Verkabelung“ aus Lichtfilamenten, die miteinander verwoben sind, so daß sie die Chakras und andere Kraftlinien bilden, die einzelne Körperteile und -funktionen miteinander verbinden. Die Aura eines Menschen besteht zum größten Teil aus den ätherischen Austrahlungen der drei niederen Körper aus elementarer Lebenskraft.

Der Kausalkörper oder das buddhische Netz ähnelt einem Ei und strahlt aus dem Bereich des Herzens aus. Er ist der äußere Rand des Samens, der den menschlichen Archetypus enthält. Bewußt oder unbewußt, dieses buddhische Feld in seiner Eigenschaft als Lichtsubstanz ist immer Teil des unteilbaren Wesenskerns und ist äußerst empfindlich gegenüber den Fehlqualifikationen, die wir auf der Ebene des niederen Selbst provozieren. Das bedeutet, daß jegliche Überschreitung der Naturgesetze, wie Vernachlässigung, Hingabe an persönliche Auswüchse, Drogen, Pornographie und ähnliches, mit größter Wahrscheinlichkeit das empfindliche Netz zerreißen wird. Dadurch entstehen – manchmal irreparable – Schäden an den Fähigkeiten, die uns vermacht wurden. Das empfindliche Netz leidet bereits unendlich unter den Mißtönen und Unausgeglichenheiten der Atmosphäre unseres Planeten und unter den immer mehr um sich greifenden Neurosen von Eltern.

Es folgt eine Karte der Körper, an der du dich orientieren kannst.

## DIE SIEBEN KÖRPER ODER ENERGIEFELDER

| **Ursprünglicher Ausdruck aus „Innere Alchemie“** | **Üblicher okkulter Ausdruck** | |
|---|---|---|
| Elektronisch | das Selbst oder ICH | Monadisch |
| Kausal | | Atmisch |
| Höherer mentaler Körper | | Buddhischer Körper |
| Ätherisch | der menschliche Prototyp oder Lichtsame | Kausal |
| Mental | | Mental |
| Astral | Die niederen Körper | Astral |
| Physisch | der planetarischen Substanz | Physisch |
| (und Lebens-Form) | und der kollektiven Aktivität | (ätherische oder Lebensform) |

Die Terminologie, die ich ursprünglich benutzt hatte, basierte auf den funktionalen Aspekten der Körper auf den Dimensionsebenen, von denen sie ausgehen. In diesem Zusammenhang steht also „kausal" in Verbindung mit der ersten Kausalkraft allen Lebens, die in der Essenz „atmisch" ist. „Elektronisch" bezieht sich auf die reine Energie-Substanz, aus der das Monadische besteht. „Höherer mentaler Körper" spielt auf den überlegenen oder abstrakteren Gehalt innerhalb des „buddhischen" Feldes an, der sowohl die Gesamtheit widerspiegelt als auch die Teile der integrierten Intelligenz innerhalb des monadischen Energiedepots. „Ätherisch" enthüllt die Substanzen, die die „kausale" Ebene repräsentieren.

## Die Chakras

Ein Chakra kann teilweise umgebildet sein, oder es können ihm Hemmnisse im Wege stehen, aber es ist immer aktiv. Den größten Teil der Zeit verarbeitet es Elementarsubstanz und schafft psychologische Formen. Wenn diese Betätigungen abgehandelt sind, öffnen die Aktivitäten der Chakras Türen zwischen den Dimensionen.

Die Sicht durch diese Chakras, und ich spreche hier nicht nur von der Tätigkeit des Sehens an sich, sondern von Gefühlen, Gedanken und Erspürtem, ist wirklich farbenfroh und voller Phantasie ... ebenso voller Phantasie wie bei einem Menschen, der sich seine eigenen Welten der Phantasie und der Illusion schafft.

Auf jedem Niveau der verarbeitenden Aktivität können die Energien, die den Wirbel des Chakras erreichen, um dort in das Chakra einzudringen und Einfluß auf die Elementarsubstanzen zu nehmen, auf eine von zwei Schwierigkeiten treffen. Wenn der Mensch eine Methode entwickelt hat, mit der er seine eigenen psychischen Ausdrücke als Werkzeug für den Umgang mit der Realität benutzen kann, wird er auf dem Eingangsniveau zu den Wirbeln eine ziemlich dicke Kruste aufgebaut haben, die vielleicht sogar den Kegel des Chakras selbst ableitet – er hat das getan, um damit den ankommenden Reiz von den Strahlen abzulenken. Im entsprechenden Schwingungsfeld rund um den Körper wird sich das in Form einer psychischen Fehlfunktion oder negativer Charakterzüge manifestieren. Wenn der Mensch es vorzieht, Verhaltensanreize so zu betäuben, daß sie ihn nicht beeinflussen, anstatt sich schon auf dem Eingangsniveau gegen die kosmischen Impulse zu wehren, dann zieht dieser Mensch sich in die Körperlichkeit zurück, und die ankommenden Energien werden direkten Einfluß auf den Organismus selbst nehmen – was sich unweigerlich als körperliches Problem manifestiert. Wenn die Reaktion eines Menschen auf eine Intensivierung darin besteht, daß er sie abwehrt, dann bedeutet das, daß er die Energien auf dem Niveau der Persönlichkeit oder des Körpers verarbeiten muß. Er wehrt sich dagegen, die Verantwortung zu übernehmen, die der Ruf der Energie ihm aufbürden will. (Abb. 9 + 10)

Eine Person, die ständig ihre Sexualpartner wechselt, ist ein gutes Beispiel. Zwar könnte man glauben, daß er oder sie aus einem offenen Sexualzentrum heraus handelt, aber die Wahrheit ist, daß er oder sie die tiefere Bedeutung der Energien vermeidet, indem er oder sie die äußeren Gefühle unangemessen stimuliert. Ein Mensch, dessen Sexualzentrum völlig geöffnet und integriert ist, wird zurückhaltend und unterscheidungsfähig sein und die volle Erfahrung des Lebens ehren. Er oder sie wird die erzeugten Energien zur Gesunderhaltung nutzen und wirtschaftlich und bewußt handeln.

Sieh dir als weiteres Beispiel einen machthungrigen Geschäftsmann an. Er sorgt bei sich und in seiner Umgebung ständig für Bewegung, so daß er die Tiefe seiner persönlichen Verantwortung nicht so stark spürt. Er legt sich ein Magengeschwür zu und wird zu einem nervösen Wrack, einer Quelle der Irritation und negativen Spannung für alle um ihn herum. Ein Mensch, dessen Machtzentrum integriert ist, wird in seinem Führungsstil Selbstkontrolle und Gerechtigkeit zeigen.

Deformierte Chakras und verzerrte Chakrafunktionen bilden substanzhafte Kristallisationen. Diese Kristallisationen heißen „Anhaftungen" – eine grauschwarze Kruste, die die richtige Funktion und Wahrnehmung behindert. Diese „Anhaftungen" sind verfestigte Gedankenformen (Elementareinheiten), die die eigentliche Substanz des Karma darstellen. Jeder Mensch schafft seine eigenen Varianten, die auf der Materie seiner Gefäße anhaften, die wiederum den aus seiner genetischen Struktur ererbten Elementarstrukturen übergeordnet sind. Denk daran, die Materie der Gefäße ist nicht unsere eigene; unsere eigene Geschichte entscheidet im voraus über die Qualität des Materials. Manche Materialien sind reiner oder sauberer als andere.

# MANIFESTATION
# DES PERSÖNLICHKEITS-EGOISMUS
# (WIDERLEGUNGS-MECHANISMUS)

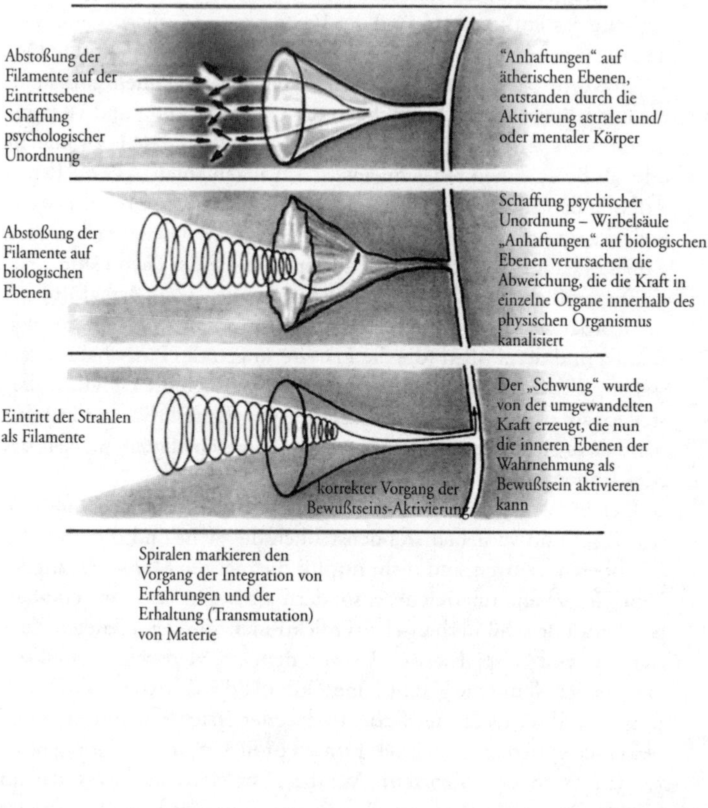


*– Abbildung 9 –*

Wenn beispielsweise in meinem Familienhintergrund ein frei fließender, nicht gehemmter und würdiger Verhaltenskodex in bezug auf Sexualität vorgeherrscht hat (wie es in einigen abgelegenen polynesischen und südamerikanischen Indianerkulturen der Fall ist), dann wird sowohl die physische Materie als auch der psychische Ausdruck der Sexualität spontan und rein sein. Wenn dagegen eine Kulturgeschichte des Puritanismus und der Verdammung vorliegt, dann werden die psychischen Modalitäten des einzelnen bereits eine gute Dosis an Vorurteilen und fanatischer Voreingenommenheit enthalten, die mit größter Wahrscheinlichkeit die Unterdrückung und Verdammung noch verstärken und damit etwas schaffen, das als zwanghaft oder als Besessenheit bezeichnet wird. Im allgemeinen ist es die Regel, daß alle drei niederen Zentren der Menschheit von „Anhaftungen" bedeckt sind, die vom kollektiven Unbewußten geschaffen wurden, wobei es einige Menschen gibt, die ein wenig freier davon sind.

Die größten und dichtesten Ansammlungen von „Anhaftungen" im Körper der Menschheit finden sich im Genitalbereich, an den Beinen und den Füßen (die die Erweiterungen des Basischakras darstellen, allerdings mit der Ausnahme, daß sie auch die Fähigkeit darstellen, auf eigenen Füßen zu stehen). Aus offensichtlichen Gründen handelt es sich hier um den am stärksten geschädigten Bereich des Menschheitskörpers.

Der nächstgrößere und -dichteste Bereich befindet sich rund um den Kopf und vernebelt so buchstäblich die Sicht und die Einsicht. Die oberen Zentren sind nicht nur für die meisten Menschen auf der Vibrationsebene unerreichbar, sondern sie liegen auch am empfangenden Ende schönfärberischer Projektionen von den niederen Zentren. So wird beispielsweise alles, von dem ein Mensch aufgrund seiner eigenen Wünsche glaubt (eine Aktivität des dritten Chakra), daß es spirituell sei (getarnter Sexualtrieb, oder erstes Chakra), in sozial besser akzeptierbare Ausdrucksformen projiziert, die weiter oben sitzen (in den oberen Zentren). Auf diese Art erscheint etwas, das im Grunde Wut und Gewalt ist, als religiöser Fanatismus, und frustrierte sexuelle Erfüllung erscheint als vergeistigte Vereinigung mit sogenannten Lichtwesen.

In diesem oberen Bereich sehen wir oft hübsche Lichtblasen Seite an Seite mit monströsen dunklen Wolken, die sich vor dem dritten

# AUSDRUCK DES BEWUSSTSEINS

Die Position der Chakras und die ausstrahlende Aktivität auf der erreichten Bewußtseinsebene, sobald vordere und hintere Aktivität im Gleichgewicht und „zentriert" sind.

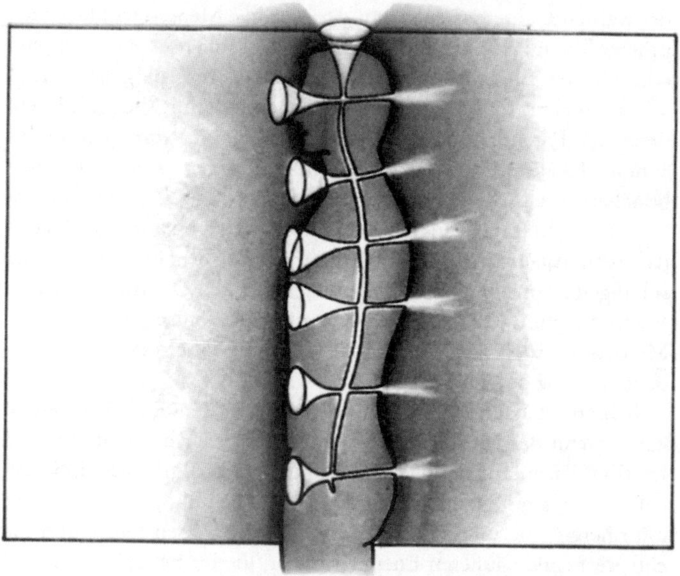

Wenn der Vorgang des Bewußtseins auf der Ebene jedes einzelnen Chakras vollendet ist, hat die sich daraus ergebende Ausstrahlung des Bewußtseins in beiden Richtungen dieselbe Form: sie äußert sich als weltumspannende Aktivität und als innere Unterscheidungs- und Realisationsfähigkeit.

*– Abbildung 10 –*

Auge, dem Hals und dem Kopf aufhalten. Die hübschen Blasen sind gutartige, kollektive Gedankenformen, die „Glaube“ und „Dogma“ genannt werden und zwar im Grunde für andere harmlos sind, trotzdem aber die Flexibilität einschränken und die Wahrnehmung des Realen behindern. Auf der Herzebene kann es einen kleinen Funken des wahren Lichtes geben, wenn der jeweilige Mensch wirklich nach innerer Vereinigung strebt. In den meisten Fällen ist das Herz von emotionalem Ehrgeiz, Furcht und Verdrängungen völlig blockiert.

Die Chakras funktionieren kaum jemals ausschließlich mit ihrem ureigenen Potential, sondern sie funktionieren in Kombination mit anderen Chakras. Zwischen höheren und niederen Ausdrucksformen bestehen Wechselbeziehungen. Sowohl das zweite als auch das Hals-Chakra haben mit Kreativität zu tun. Sowohl der Solarplexus als auch das dritte Auge stehen in Verbindung mit der Sehfähigkeit und der Intelligenz. Sowohl das Herz- als auch das Scheitelzentrum stehen in Verbindung mit elektronischen Energien. Die „Spiritualität“, die ein Mensch projiziert, vermehrt den Anteil von „Anhaftungen“ auf dem oberen Kranz des Chakras.

Jedes der Chakras stellt eine Lektion dar, die nur gelernt werden kann, wenn der Mensch in Beziehung mit der Welt steht, weil die Lektion sich auf die richtige Entwicklung der Persönlichkeit in Übereinstimmung mit höheren Werten bezieht. Die Bühne ist bereit, wenn die Energie, die integriert werden will, nach außen reicht und die entsprechenden äußeren Energien findet, die ihr helfen, sich auszudrücken und zu einer Lösung zu kommen. Es folgt eine Beschreibung der Eigenschaften und Möglichkeiten jedes Chakras auf der Ebene des einzelnen Menschen. (Abb. 11)

Nicht alle Manifestationen, die die Verarbeitungsaktivität auf der Ebene der Chakras widerspiegeln, müssen negativ betrachtet werden. Die Erfahrungen durch jede der Manifestationen spiegeln wider, wie der Mensch Informationen sammelt, während er durch die Stadien des Kleinkindes, des Kindes und des Erwachsenen zur Reife heranwächst.

Negative Anzeichen oder Mangelerscheinungen zeigen sich oft als Warnsignal. Ein übermäßiges Schlafbedürfnis oder ein Verlangen nach bestimmten Nahrungsmitteln kann bedeuten, daß wir unseren biologischen Organismus ins Gleichgewicht bringen müssen. Ein gelegentliches Bedürfnis nach schweren Mahlzeiten, wie Fleisch und Kartof-

## SITZ DER CHAKRAS

Die Form der Chakras selbst ähnelt einem Kegel, aber sobald die Integration erreicht wurde, scheinen die Erleuchtungen von einem kugelförmigen Zentrum auszugehen. Die unterschiedlichen Meinungen ergeben sich aus der Betrachtungsweise als lineares oder als konzentrisches Phänomen.

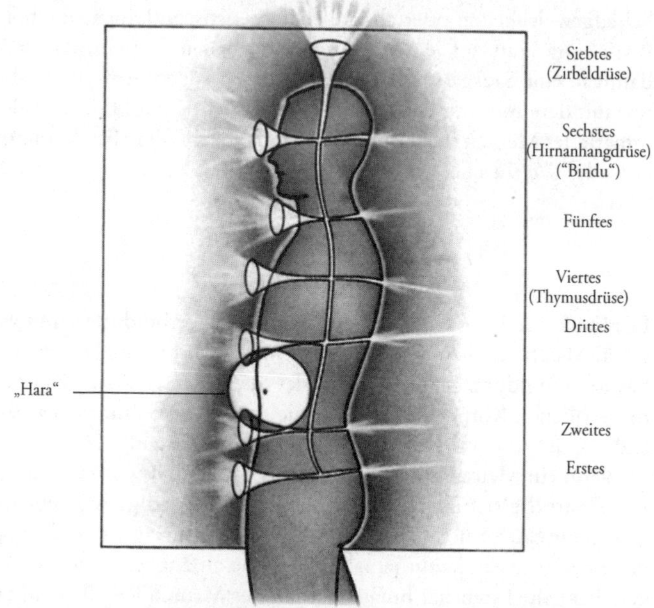


Beachte: Zwei Zentren ("Hara" und „Bindu") wurden hier mit aufgenommen. Dabei handelt es sich nicht um Chakras, sondern um Brennpunkte energetischer Aktivität.

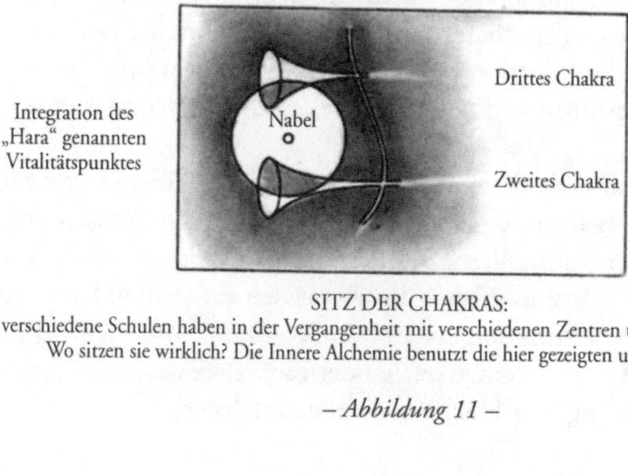


SITZ DER CHAKRAS:
verschiedene Schulen haben in der Vergangenheit mit verschiedenen Zentren und Chakras gearbeitet. Wo sitzen sie wirklich? Die Innere Alchemie benutzt die hier gezeigten ungefähren Stellen.

*– Abbildung 11 –*

feln oder Reis und Bohnen, kann eine instinktive Maßnahme sein, mit der wir uns selbst wieder erden. In unserer Sehnsucht nach den aufregenden Dingen des Lebens wenden wir uns vielleicht stark gewürztem Essen oder lebhafter Musik zu. Daß diese Lebensmittel, Schlafgewohnheiten oder andere charakteristische Dinge eine hohe Anziehungskraft auf jemanden ausüben, bedeutet nicht, daß man damit in eine Sackgasse geraten ist. In vielen Fällen fließt man dabei nur mit dem mit, was der Organismus für richtig hält. Ein gesunder, integrierter Mensch fließt durch alle Modalitäten, ohne Beschränkungen oder Werturteile. (Abb. 12)

## Das erste Chakra: Stabilität

Die Funktion dieses Chakras bestimmt unsere Verbindung zur physischen Materie und zur Erde. Dieses Chakra wird normalerweise mit Sex in Verbindung gebracht. Es ist der Sitz der intensivsten Kraft im menschlichen Körper – der Kraft, die genetische Substanzen zueinander zieht, um eine Lebensform entstehen zu lassen.

Wenn ein Mensch intensiv stimuliert ist, kann es sein, daß er unmittelbare Befriedigung sucht. Sobald er befriedigt ist, geht das Energieniveau zurück. Wenn ständig Energie abgeführt wird, steigt das Energieniveau kaum jemals über seine anfängliche und nur augenblickliche Intensität hinaus, so daß der Mensch lediglich auf der instinktiven Ebene und nach dem Prinzip dessen handelt, was ich das „Juck"-Syndrom nenne. Diese Art von Sexualität ist nichts anderes als tierische Lust, Leidenschaft, der jegliche Individualität und Zärtlichkeit fehlt. Sie konzentriert sich auf das Selbst und auf das Überleben. Selbst-Bedürfnisse wie Nahrung, Sex, Sicherheit und Gefühle werden verstärkt.

Wir müssen daran denken, daß wir es hier mit der Basisenergie für den gesamten Organismus zu tun haben. Wenn der Mensch sich persönlichen oder kulturellen Einschränkungen gegenübersieht wie beispielsweise den „Abstoßungen", die wir bei den äußeren und inneren Ebenen der Chakra-Funktion erwähnt haben, dann wird die Energie dieses Basischakras oft in emotionale oder mentale Zwänge, religiöse Verirrungen oder sogar in Halluzinationen kanalisiert.

## HARMONISCHE UND DISHARMONISCHE CHAKRAS

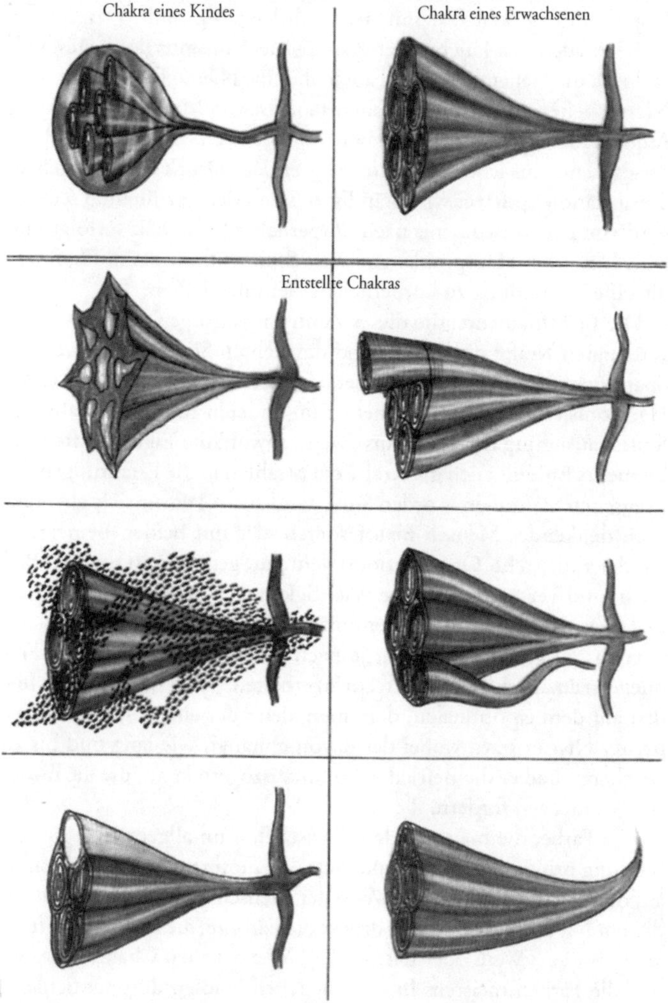


*– Abbildung 12 –*

Das Unterbewußtsein auf diesem Niveau (mit geringer Empfindsamkeit) aufrechtzuerhalten, erfordert starke Stimulation, schweres Essen und viel Schlaf, damit man sich lebendig fühlt. Das Chakra aktiviert auch den Flucht-oder-Kampf-Mechanismus des Tieres, weil es durch die Nebennieren und auch über die Nieren funktioniert (die Nieren gelten in der chinesischen taoistischen Medizin als Sitz der Angst), aber auch durch die Haut. Ein Mensch, der auf Grundlage dieses Zentrums lebt, wird immer unter dem Druck der Zeit stehen, die er ständig spürt; er wird ständig zu spät oder zu früh dran sein. Er wird von einem Bedürfnis nach körperlicher Sicherheit verfolgt und leidet oft unter Hautproblemen wie Schuppenflechte und Ekzemen, die eine Verbindung zu körperlichen Gefühlen haben.

Die Lichtfilamente, die dieses Zentrum versorgen, projizieren die vereinigten Kräfte des vierten und des siebten Strahls, die durch die Spannung oder den Konflikt der Polaritäten zum einen für einen Harmonisierungsvorgang stehen, zum anderen für eine ritualisierte Systematisierung des Handelns. Wenn sowohl die Eigenschaften des Elements Erde als auch die Kräfte der Strahlen in die Erfahrungen des Menschen assimiliert worden sind, wird diese Person sich als praktisch denkender Mensch manifestieren, der mit beiden Beinen fest auf der Erde steht, Organisationstalent hat, geduldig ist und am Ball bleibt und Verständnis für die Wichtigkeit der Vielfalt aufbringt. Seine Lebenskraft wird zusammen mit mehreren Eigenschaften anderer Chakras ausgedrückt werden, je nach seiner Fähigkeit, höhere Frequenzen anzuziehen und aufrecht zu erhalten. Seine Beziehungen finden auf dem emotionalen, dem mentalen oder einem stärker verfeinerten Niveau statt, wobei das davon abhängt, wie lang und bis zu welchem Grad er die Befriedigung hinauszögern kann, die die niederen Frequenzen fordern.

Die Farbe, die man mit dem Basischakra im allgemeinen in Verbindung bringt, ist Rot: Rot aktiviert den motorischen Mechanismus auf dem dichtesten Niveau. Wenn der Mensch seine Erfahrungen auf diesem Niveau verfeinert hat, drückt die Färbung die Farben der Strahlen selbst aus: Weiß oder Ultraviolett. Wie bei allen Chakras erscheinen die Farben meistens in verschiedenen Stadien düsterer Schlammigkeit und Verfärbung, die auf die Anwesenheit von „Anhaftungen“ oder menschlichen Schöpfungen hinweisen.

Ein einzelner Mensch braucht für alle seine Aktvitäten ein gesundes Basischakra – das ist wie bei einem Baum, der feste Wurzeln braucht, damit die Zweige sich in die Höhe recken können. Während die ungesunde, verzerrte Erscheinung dieses Chakras durch Gewalt (gegen sich selbst oder nach außen) charakterisiert wird und sich in Selbstverwöhnung oder Selbstunterdrückung äußern kann, werden die gesunden Aspekte durch Reinheit und geerdete Verfeinerung gekennzeichnet. Die Hauptlektion, die man daraus ziehen kann, ist die Fähigkeit, die unbefleckte Kraft und jungfräuliche Reinheit der Ur-Matrix anzuzapfen und sie anzuerkennen. Wir könnten sagen, daß dieses Zentrum auf diese Art die Reinheit und Verantwortlichkeit repräsentiert, die sich ergibt, wenn man sich selbst als Partner der Erdkräfte anerkennt.

## Das zweite Chakra: Tiefe

Dieses Chakra hat sein Zentrum in der Körperregion unterhalb des Nabels und herrscht über die Fortpflanzungsorgane oder Gonaden. Der Impuls, der oft zum unwiderstehlichen Drang wird, besteht hier darin, einen anderen Menschen gefühlsmäßig zu erfahren.

Die wasserähnliche Natur dieses Zentrums erstreckt sich von der schäumenden Natur der Ozeane zur gelassenen Ruhe eines Sees, der glatt wie ein Spiegel daliegt. Zunächst wird der Mensch von den Verwirrungen der Emotionen völlig gefangengenommen – eine Erregung, die zur fast unvermeidlichen Falle wird, wenn sie sich mit der Basisenergie verbindet. Die Lektion, die man beim Umgang mit Gefühlen lernen muß, ist die Kunst der Energieerzeugung, eine Energie, die immer von weiteren Strukturen eingefärbt wird, die noch ungelöst in uns liegen. Menschen, die auf dieses Zentrum konzentriert sind, verwenden oft emotionale Manipulationen wie Hysterie und Verführung.

Zum emotionalen Training gehört auch, daß man seine Fähigkeit zu nehmen und zu geben erweitert. Erotik, Sinnlichkeit und Spiel sind mit dem Fluß dieses Chakras assoziiert, wozu auch die Wechselbeziehung zwischen männlich und weiblich (positive und negative Polarität) gehört. Vergnügen und Schmerz färben hier die Erfahrungen bis hin zum Sado-Masochismus ein (sowohl auf dem physischen als auch auf dem psychischen Niveau). Auswüchse im Bereich der Lust, der lauten

Musik und des stark gewürzten Essens werden vom hier verwurzelten Unterbewußten verlangt, dessen Haupt-Sinnesorgan der Geschmack ist. Ein solcher Mensch braucht normalerweise ungefähr zehn Stunden Schlaf, um seinen Organismus wieder aufzubauen.

Das zweite Chakra integriert letzten Endes die gesellschaftliche und die persönliche Identität in uns. Wir fühlen uns als physisch und emotional gesunde Menschen in uns selbst und auch in der Welt glücklich, treten mit anderen Menschen und Dimensionen in Beziehung und können auf sie reagieren. Wir schaffen uns unseren eigenen Platz in der sozialen Weltordnung und sind in der Lage, ohne Furcht die Spiele der Gesellschaft zu spielen: wir sind stabil, auf alles vorbereitet, wir sind „da" und stehen anderen zur Verfügung, wobei wir physisch und emotional ansprechbar sind. Wir fühlen uns von der Welt genährt und sind deswegen in der Lage, andere zu nähren.

Die Filamente des dritten und des sechsten Strahls entzünden dieses Zentrum mit dem Potential für Liebe und für geordnete Hingabe – beides ist in gesunden Beziehungen, von der Beziehung zwischen Mutter und Kind bis hin zu der zwischen Liebhabern und Freunden, nötig. Auf dem Niveau der biologischen Funktion wird dieses Zentrum von der Farbe orange genährt, während Rosa und Grün (die Farben der Strahlen) ihr Licht auf die feineren Ausdrucksmöglichkeiten dieses Zentrums werfen, die harmonisch überfließen und auf der Ebene des Halses in dessen höheres Korollarium[5] übergehen.

## Das dritte Chakra: Integrität

Hier ist der einzelne Mensch aufgerufen, zu lernen, wie er mit persönlicher Macht umgehen muß beziehungsweise wie er Energie richtig kontrolliert. Er erreicht das durch die Erfahrung der Beherrschung und der Unterwerfung, wozu auch die Organisationsfähigkeit gehört, die sich auf diesem Niveau aus der Beurteilung von Vergangenheit-Gegenwart-Zukunft ergibt. Es kann sein, daß eine ganze Menge von Erfahrungen mit blinder Unterwerfung und mit wütender Beherrschung vergehen, bevor wir die Aktivität des Solarplexus meistern, das Einfluß auf das gesamte Nervensystem, die Leber, die Gallenblase, die Bauchspeicheldrüse und den Magen nimmt.

Hier müssen wir den physischen Ausdruck meistern, unsere eigene Bewegung in der Welt mit eingeschlossen, und müssen die Kunst der Zusammenarbeit und des Gleichgewichts zwischen Aktivität und Passivität lernen. Wir lernen durch unzählige Machtkämpfe um Gefühl und Sicherheit, durch intensive Eifersucht und Besitzgier, durch zahllose Herzinfarkte und sogar Geschwüre. Am Ende erlangen wir den Zugang zu einem Gefühl der Sicht oder des Blicks in die Zukunft (das ist das Geschenk, das dieses Chakra dem Menschen machen kann), das im Kontrast zu der parasitischen Lethargie von Menschen steht, die von der Kraft und den Entscheidungen anderer leben.

Das Gefühl der Vorsehung, das Gefühl des Wissens und die Fähigkeit, sich auf Menschen, Orte und Dinge einzustimmen, entstammt den vergrößerten Fähigkeiten dieses Zentrums, die die Möglichkeit eröffnen, mit physischem Licht umzugehen.

Die meisten Medien, Channeling-Medien und Geistheiler rufen die korrellierte Aktivität auf der Ebene des dritten Auges zu früh an und umgehen dabei unseligerweise die enormen Erfahrungen des Herzens. Von diesem Zentrum aus kann man die Gedankenformen lesen, die ein Mensch geschaffen hat oder die auf ihn projiziert worden sind. Medial begabten Menschen („Medien“) fehlt oft die Stabilität, die für persönliche Haltung und Selbstkontrolle erforderlich wäre, und so projizieren sie auf das dritte Auge eine meistens vernachlässigte Sexualität, die von dem intensiven Drang getrieben wird, die Umgebung zu erkennen und zu manipulieren. Zwar wird ein medial begabter Mensch den größten Teil dieser Dinge nie bewußt erkennen, aber trotzdem werden die Energien, die er nicht nutzt, dazu eingesetzt, die Hirnanhangdrüse vorzeitig zu aktivieren, so daß sie im vorderen Teil des oberen Chakras als vergrößerter Solarplexus zu funktionieren beginnt. Diese ehrgeizige Kraft ist der Impuls, der hinter astralen Projektionen und ihren Abwandlungen steht.

Hier möchte ich gerne einen Augenblick innehalten, um die Wichtigkeit des Vorgangs am Solarplexus zu betonen – ein Mechanismus, der derzeit die Menschheit begrenzt, weil das Chakra überaktiv ist und die kräftigen Lichtfilamente vom sechsten Strahl abstößt oder absorbiert.

Die Lektion, um die es hier geht, heißt im Grunde „Frieden“. Was wir oft nicht verstehen können, ist die Tatsache, daß man, um in der Lage zu sein, diesen Frieden aufrecht zu erhalten, auch in der Lage sein muß, auf eigenen Füßen zu stehen (erstes Chakra), seine eigenen Gefühle zu erkennen und eine beträchtliche Sensibilität gegenüber anderen und der Umgebung entwickelt zu haben (zweites Chakra); schließlich und am wichtigsten muß man in der Lage sein, Akzeptanz oder Ablehnung nicht nur mit Überzeugung, sondern auch mit Autorität zu vertreten (drittes Chakra). Sowohl Autorität als auch Überzeugung sind bei einem Großteil der Menschheit am falschen Platz oder fehlen ganz. Wahre Autorität manifestiert sich nicht nach außen, sondern nach innen über das Selbst und beinhaltet das Risiko, daß man die Zustimmung oder den Rückhalt durch andere verliert. Nur wenige Menschen sind willens, die Risiken einzugehen, die damit einhergehen, daß man „man selbst" ist.

Die Kraftquelle hinter diesem Zentrum wird nach außen in Beziehungen hinein projiziert. Man schiebt anderen Leuten die Schuld dafür in die Schuhe, daß man selbst sich weigert, Entscheidungen zu fällen und zu diesen Entscheidungen zu stehen. Vor fünfzig Jahren hat Alice Bailey die Situation so beschrieben, wie sie auch heute noch vorherrschend ist. Der Solarplexus ist zum Absorptionszentrum für Negatives geworden und zieht all die negativen Eigenschaften der Menschheit an sich, anstatt seine stärkenden Strahlen auszusenden, wie es allen Chakras zugedacht ist. Deswegen gibt es so viel Intellektualismus und Verwirrung. Universitäten vergeben sogar Titel für die Kunst der Manipulation und der Wortverdrehung: man nennt das Marketing, Werbung und Public Relations.

Der Solarplexus regiert das Funktionieren des konkreten Verstandes durch das Wissen über die interne Dynamik des Menschen. Es lehrt den wirtschaftlichen und integrierten Gebrauch der Energie. Menschen, denen dieses Wissen fehlt, verletzen sich gegenseitig mit mentalen Geschossen, entzünden Mißtrauen, Schuldzuweisungen und Wettbewerb bis aufs Messer und tun das alles im Namen von „Fair play" und Anreiz zum Wettbewerb. Oder sie verwelken in Angst, die sie sich selbst zugefügt haben, was sich dann als Fluchtmechanismus entpuppt, mit dem sie vor der eigenen Gewalttätigkeit fliehen wollen.

Der Solarplexus markiert so, wie es in den alten indianischen Traditionen Amerikas und Ägyptens im Symbol der lebenspendenden Sonne verstanden wurde, die krönende Glorie des Menschen in seinen persönlichen Leistungen und seinem Mut, sich der Existenz zu stellen. Es repräsentiert nicht nur die Fähigkeit, in aller Fülle man selbst zu sein, sondern auch die Fähigkeit, dieses Selbst fest, sanft und kunstvoll zu immer grandioseren Ausdrucksformen der Untadeligkeit zu leiten. Untadeligkeit ist ein Eckstein, nicht nur für den Weg des Kriegers, sondern auch für den größeren Pfad, wie er von der Initiation festgelegt wird.

Dieses Stadium steht für die Vollendung des Vorganges, mit dem die Persönlichkeit aufgebaut wird. Persönliche Kraft ist das einzige Geschenk, das wir der Existenz anbieten können, wenn wir uns auf die Reise in das Herz und auf die andere Seite des Herzens begeben. Auf diese Art wird das Gelb, das dieses Chakra mit Lebenskraft versorgt, zum Gold der universalen Liebe. Denn Liebe braucht Kraft und nicht die ängstliche Anspruchslosigkeit der blinden Übergabe oder die zivilisationslosen Manifestationen des Atomkrieges.

## Das vierte Chakra: Harmonie

Dieses Chakra ruft zur Bewegung von der bedingsvollen zur bedingungslosen Liebe auf und ruft damit die Möglichkeit hervor, Mitleid und Selbstlosigkeit zu zeigen, Beurteilungen zu transzendieren, Vorurteile zu haben und in zwei Richtungen zu denken und sich von Dingen zu befreien, die einen festhalten. Dieses Chakra ist das vielleicht am meisten mißverstandene Zentrum in der gesamten Anatomie des Menschen.

Das repräsentative Element hier ist die Luft mit ihrer Leichtigkeit und ihrer großen Weite, aber auch mit ihrer Wirbelsturm-Eigenschaft. Der Strahl, der dieses Zentrum nährt, ist der dritte Hauptstrahl der Liebe, einer Liebe, die von der elektronischen Kraft des unteilbaren Wesenskerns spricht und diese durch das Gefäß des Bewußtseins als Materie ausdrückt. Die Farbe, die diesem Chakra die Lebenskraft verleiht, ist Grün, die Farbe der Harmonie und des Gleichgewichts in der Natur. Sie heilt und bewahrt die Elemente am Sitz des permanenten Atoms, während Rosa (auf der planetaren Ebene) oder Gold (in höheren Oktaven) die gereinigten Funktionen des Strahles ausdrückt, der dem Chakra Leben einhaucht.

Auf dieser Ebene strebt das persönliche Selbst danach, die höheren und die niederen Kräfte ebenso wie die Funktionen der rechten und der linken Gehirnhälfte in sich selbst zu integrieren, so daß ein Treffpunkt für alle Dualitäten innerhalb der dreidimensionalen Existenz entsteht. Die Energien, die hier erzeugt werden, haben Einfluß auf das Herz, den Blut- und den Lymphkreislauf, den Vagusnerv und auch auf die Thymusdrüse, die für das richtige Funktionieren des Immunsystems zuständig ist.

Wenn der Aktivität dieses Zentrums entgegengearbeitet wird, so daß es anfängt, zu absorbieren anstatt auszustrahlen, dann ergeben sich daraus die Symptome der Oberflächlichkeit, des Mehr-scheinen-als-sein-Wollens und der selbstmörderischen Tendenzen. Zu den positiven Attributen auf diesem Niveau gehören Toleranz und Vertrauen in das innere Licht. Hier wird der Mensch auch beim Essen einfache Dinge bevorzugen und die Betonung auf die Ästhetik legen – im starken Kontrast zu den Essensvorlieben, die auf dem Niveau des Solarplexus bestehen, denn hier wurden Süßigkeiten und Kohlenhydrate und alles, was den Körper schnell mit Energie versorgt, bevorzugt. Das Schlafbedürfnis ist unterschiedlich, neun bis sechzehn Stunden pro Nacht, je nachdem, wieviel Zeit der Mensch braucht, um sich innerlich auf sich selbst einzustimmen, Dinge zu assimilieren und sich zu regenerieren.

Die Wahrnehmung wird hier von einem Gefühl der Zeitlosigkeit überwältigt, weil die Kausalmodalität versucht, die Verbindung zu den elektronischen Frequenzen zu schaffen. Die klassische Manifestation des Zustands, in dem die Intuition im Inneren des Menschen verfrüht in einem intellektuell unterentwickelten (kollektiven) Geist hervorbricht, ist ein geistiger Blackout. Er findet statt, wenn die Linearität des konkreten Verstandes für die konzentrischen Wahrnehmungen Platz macht, die auf einem Niveau nach der Dualität stattfinden. In diesem Augenblick ist man unfähig, Worte zu finden, die die Herzensempfindungen ausdrücken können. Eine andere, höhere Funktion von Geist und Verstand entsteht.

Der höhere Verstand bedient sich selbst an den Strukturen, die der niedere Geist gelernt und gemeistert hat, aber er läßt sich dabei von der Flexibilität der Intuition des Herzens leiten. Das ist der wahre, der reale Geist, der schließlich zur Entwicklung des dritten Auges führt. Dort ist wahre Intelligenz durch Einfachheit, Spontaneität, die Synthese des Ganzen und durch ganzheitliche Visionen gekennzeichnet. Ein Mensch, der die Kräfte auf der Ebene des Herzens nicht verarbeitet hat, wird immer die Eigenschaften der Rechthaberei, Unnachgiebigkeit, Komplexität und Ernsthaftigkeit manifestieren: Kennzeichen des Egoismus.

Hier erhebt sich ein Bedürfnis nach physischem Ausdruck, das sich von diesem Bedürfnis auf der Ebene des Basischakras stark unterscheidet. Die Anziehungskraft besteht hier nicht aus der Sehnsucht nach dem Gefühl von Haut auf Haut, sondern aus einem breiter gefaßten und stärker verfeinerten Verlangen, das man durch die Fingerspitzen und durch das gesamte Energiefeld hindurch als Umarmung spürt, die in emotionale und mentale Ausdrucksformen überfließt. Auf diesem Niveau drücken die Emotionen sich als Empathie (Mitfühlen-Können) und tiefes Verständnis aus. Der Mensch nährt die Kreativität, fühlt sich in seiner eigenen Gesamtheit genährt und gestärkt und spürt die immer stärker werdende Vereinigung mit den Modalitäten des Lichtes. Gleichzeitig strahlt er diese innere Einstellung für andere aus. Die Bewußtheit bewegt sich zwischen der Selbst-Befaßtheit des zweiten Chakras und dem Ehrgeiz des dritten und findet sich dabei in Beziehung mit der aufkeimenden Realität des Höheren Selbst.

Das ist wahrscheinlich der Grund, warum alle esoterischen Traditionen die Eigenschaften dieses Zentrums so betonen, weil es der Ort ist, an dem die unbewußte Persönlichkeit sich auflöst und das Kausalgeflecht als Ersatz für die selbst-bewußte Ausdrucksform aufgebaut wird. Auf diese Art scheint es im Herzen zwei deutlich unterschiedliche Funktionen oder „Kammern" zu geben: in der einen Kammer vermengen die Feuer der niederen Instinkte sich untereinander und verzehren sich dabei; in der anderen Kammer drückt das Licht, das durch die Transmutation des Feuers erzeugt wurde, sich in aufkeimenden Kausalmodalitäten aus.

## Das fünfte Chakra: Transzendenz

Dieses Chakra hat sein Zentrum am Hals (genauer an der Kehle) und beeinflußt so Lautäußerungen, Kommunikation, Gehör, Telepathie und alle esoterischen Nutzungsformen von Lauten und Worten. Es dient außerdem als Sitz des Kausalkörpers, der auf der Herzebene aufgebaut wurde. Wenn integrierte Kräfte aus den niederen Zentren dem höheren Willen dienen, ist die Kraft, die auf dieser Bewußtseinsebene zur Verfügung steht, einfach enorm. Dieses Zentrum ist beteiligt, wenn es um Invokationen, Mantras, Fügungen und alchemische Formeln geht. *Aber diese Formeln werden nicht so ablaufen, wie es gedacht war, wenn die Verbindung zur Substanz auf der Ebene der niederen Kräfte nicht der Intelligenz des Bewußtseins untertan gemacht wurde.*

Es gibt noch einen Grund, warum dieses Zentrum auch die Basis für Aktivitäten des Höheren Selbst ist: es ist der Treffpunkt der drei höheren Chakras (die zusammen ein weiteres Zentrum darstellen). Diese höhere Funktion hat man „Bindu" oder „Jadetor" genannt, was „Teich der Seligkeit" oder „Mund Gottes" bedeutet. Die Kräfte sammeln sich am Gehirnstamm und schlagen einen Bogen vom Mittelpunkt des Halses durch das dritte Auge und den Scheitel und zurück zur Schädelbasis. (Abb. 13)

Wenn das Bewußtseinsatom die inneren Kanäle der Wirbelsäule passiert und dabei dieses Zentrum aktiviert, nimmt die Stimme eine melodiöse Färbung an und wird harmonisch und schön, so daß sie die ganze Bandbreite menschlicher Emotionen und menschlichen Strebens übermitteln und höhere Wahrheiten ausrufen kann. Auf dieser Ebene wird Energie zur Nahrung, die man durch Geräusche und Laute aufnimmt – ungefähr wie das sanfte Wiegenlied einer Mutter. Im Osten ist das Symbol für dieses Zentrum eine Mutter mit Kind – es steht für die Empfängnis von oben, die es uns nicht nur ermöglicht, auf den höheren Vibrationsebenen zu überleben, sondern uns selbst neu zu schaffen. Westliche Okkultisten nennen dieses Zentrum auch das Zentrum der Fülle und meinen damit, daß alles, was mit der Stimme ausgedrückt wird, zur manifesten Realität werden kann.

Die Hauptverbindung besteht hier zu Substanz im Urzustand, also zu Substanz, die noch nicht manifestiert ist. Sie heißt auch „Raum-Matrix" und drückt sich dann als Geräusch aus, andere Namen sind „Stimme der Intuition" oder „Wahrhören". Echtes Wahrhören ist der ätherische Widerhall der Liebe, die im Herzen erzeugt wurde und nun in Kontakt mit der Ursubstanz der Schöpfung tritt.

## DIE OBEREN ZENTREN UND DAS BINDU

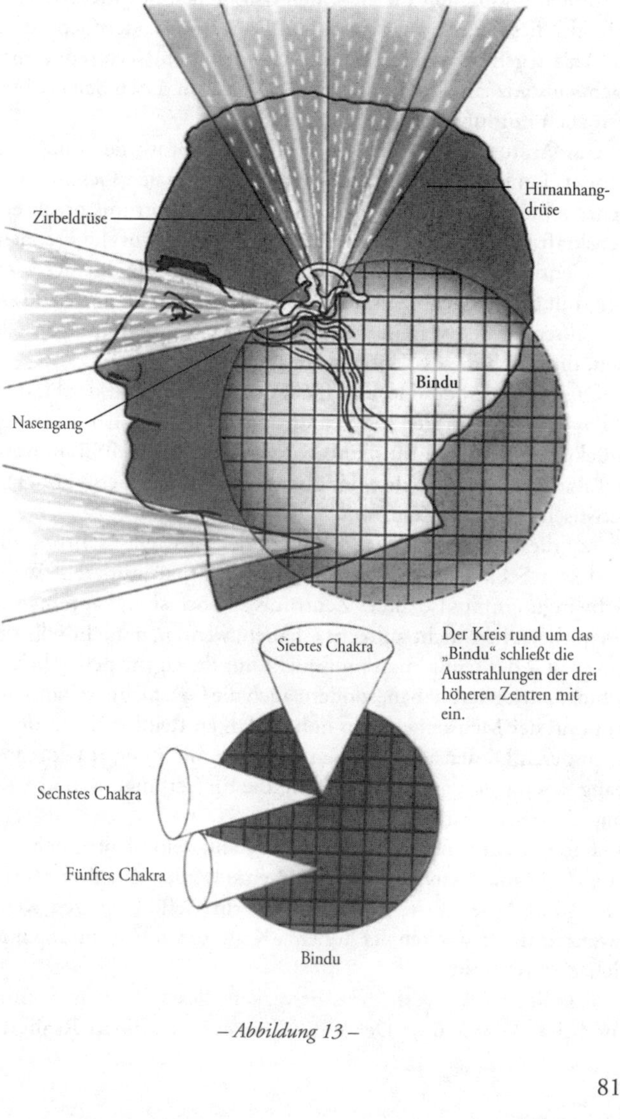


Der Kreis rund um das „Bindu“ schließt die Ausstrahlungen der drei höheren Zentren mit ein.

*– Abbildung 13 –*

Auf der entgegengesetzten Seite des Spektrums kann eine ständig schrille und unharmonische Stimme einen Mangel an Bewußtsein enthüllen und deutet oft auf einen Mißbrauch des wichtigsten Geschenks dieses Zentrums: daß man die Stimme (oder Geräusche an sich) als Segen verwenden kann. Wenn man lernt, sich selbst mit der Lichtsubstanz zu nähren, nimmt man genauso durch Schallvibrationen auch Einfluß auf seine Umgebung.

Das fünfte Chakra regelt die Schilddrüse, Bronchien und Stimmbänder, Lungen und Verdauungstrakt. Beim oralen Geschlechtsverkehr werden die höheren Frequenzen dieses Zentrums oft ihrer Lebenskraft beraubt oder geschwächt, weil sie sich auf die Frequenzen des niedrigsten Zentrums einstimmen. Das ist also eine der Methoden, mit denen Menschen sich selbst ihrer Kraft berauben und selbst die Türen zu den verfeinerten ätherischen Wahrnehmungen schließen, die durch dieses Zentrum zugänglich wären.

Die Schönheit des Herzens fließt durch den Urlaut der Harmonie – das OM, das in der Meditation und in einigen der verfeinerten Stücke der New-Age-Musik hörbar wird, die das Gefühl unbegrenzten Raumes innerhalb der Zeit übertragen – dieses Gefühl ist charakteristisch für dieses Zentrum.

Auf dieser Ebene ist der Mensch in der Lage, alle Nahrungsmittel und sein Schlafbedürfnis sehr deutlich zu transmutieren. Weil die Schwingungsimpulse dieses Zentrums so hoch sind, kann man seine Frequenzen hier nicht aufrecht erhalten, wenn man nicht selbst integriert ist – das heißt, man muß nicht nur die eigene persönliche Geschichte integriert haben, sondern auch die Geschichte seiner Vorfahren und der Menschheit. Ein hohes Maß an Reinheit ist nötig. Tore zu anderen Dimensionen öffnen sich, und mit ihnen erhält man Zugang zu einigen yogischen Kräften, die für Verjüngung und Langlebigkeit verantwortlich sind.

Dieses Zentrum wird vom ersten Strahl, dem blauen, beherrscht, eingefärbt und aktiviert. Zwei Elemente werden mit ihm assoziiert: Holz und Äther. Ersteres übermittelt ein Gefühl inneren Klanges, zweiteres das Erwachen der höheren Kraft, die in Verbindung mit der Schädelbasis steht.

Zufälliges oder verfrühtes Erwecken dieses Zentrums führt zu intensiver Verwirrung: Der Mensch verwechselt innere Realität und äußeren Schein und löst so ein Verhalten aus, bei dem er von sich selbst besessen ist und sich abschottet. Der Mangel an Unterstützung von den gesunden Eigenschaften der niederen Zentren macht diesen Menschen gegenüber der Anwesenheit anderer Personen oder Dinge in seiner Umgebung unsensibel. Er scheint es einfach nicht hinzubekommen, weder auf den inneren noch auf den äußeren Ebenen der Realität. Man hat bei Menschen, die unvorbereitet mit den intensiven energetischen Frequenzen auf der Ebene des fünften Chakras in Kontakt treten, schon körperliche Symptome wie Schwindelgefühle, Anämie und Allergien, Erschöpfung, Asthma und Oxidation sowie Calziummangel im Stoffwechsel beobachten können.

## Das sechste Chakra: Weitsicht

Das sechste Chakra ist der Sitz des „atman“, das für *die Einheit des Bewußtseins* steht. Es ist das dritte Auge, das Zentrum der visionären Vorausschau und der Hellsichtigkeit. Als Projektion vom Solarplexus und in einem Stadium, in dem es noch nicht integriert ist, drückt dieses Zentrum sich auch in Intellektualismus und geistiger Beherrschung aus. Im Grunde herrscht es über innere Visionen und die intuitive Klarheit.

Hier sieht der Mensch sich mit den höheren Formen von Ordnung und Willen konfrontiert und muß die Spaltung zwischen den rechten und den linken Aspekten seiner Persönlichkeit überwinden, die durch die zwei Gehirnhälften repräsentiert wird. Nun beginnt die Transzendenz der Kausalmodalität, die einen weiteren Tod des Selbst herbeiführt. Der Vorgang der Unterwerfung unter den Ruf des Unteilbaren braucht einige Zeit und erfordert Ausdauer und Entschlossenheit, was wiederum die Fähigkeit erfordert, gleichzeitig zu sein und nicht zu sein.

Der höhere Verstand beginnt seine Funktion im ausgebildeten Intellekt als Intelligenz und erwirbt sich hier die Instrumente, mittels derer er sich durch einen Verstand ausdrücken kann, der Gegensätze ohne Verzerrungen versteht, weil er die Einheit hinter der Zweiheit verstanden hat. In diesem Stadium hat der Mensch, unwiderruflich über das Karma hinausgewachsen, Teil an den Reichen der Kausalität, die jenseits der Begrenzungen der Zeit liegen.

Im physischen Körper herrscht das dritte Auge über die Hirnanhangdrüse, die linke Gehirnhälfte, das linke Auge, die Ohren, die Nase und allgemein über das Nervensystem. Das dritte Auge ist die Haupt-Kontrolldrüse des endokrinen Systems. Das Element, das mit dem dritten Auge assoziiert wird, ist *Alpha*, eine Ur-Lichtfrequenz.

Zufällige, verfrühte oder abgeleitete Energiezufuhr zu diesem Zentrum manifestiert sich in unausgewogenem, unlogischem und überintellektuellem Verhalten. Der Mensch scheint „neben sich" zu stehen, ist vergeßlich und hat vor allem Angst vor den Teilen der Zukunft, über die er nichts weiß oder die er nicht mit Hilfe des niederen konkreten Verstandes kontrollieren kann.

Der Strahl, der dieses Zentrum regiert, ist der fünfte Strahl, der für Wissenschaft und Konzentration steht. Grün fördert die Weitsicht, die Unterscheidungsfähigkeit und das Gedächtnis auf der Ebene des Verstandes. Die Farbe dieses Zentrums ist aber Indigo, eine Farbe, die die höheren Fähigkeiten des dritten Auges heilt, aktiviert und weiter stimuliert.

## Das siebte Chakra: Erkenntnis

Die Energien, die hier am Werk sind, sind äußerst sensibel und empfindlich, sie haben eine sehr intensive Frequenz und erfordern ein hohes Maß an persönlicher Integrität, Reinheit und Harmlosigkeit. Wenn ein Mensch, der diese Eigenschaften nicht besitzt, dieses Zentrum stimuliert, kann er sich fühlen, als werde er von außen kontrolliert oder als sei er besessen.[6] Weil er Macht begehrt, gewähren ihm unbewußte Kräfte diese Macht nur zu gerne – zu einem Preis, den er sich niemals wirklich leisten kann. Mißbrauch der Gaben dieses Chakras tönt wie Treulosigkeit und Unehrlichkeit. Wer unberechtigt von diesem Chakra Gebrauch zu machen versucht, baut sich eine Phantasiewelt aus seinen eigenen Begierden.

Dieses Chakra herrscht über die Zirbeldrüse, den oberen Teil des Gehirns und das rechte Auge. Es ist direkt mit dem buddhischen Netz und durch dieses mit dem unteilbaren Wesenskern verbunden. Es wird vom zweiten Urstrahl genährt, vom Strahl der Weisheit. Interessanterweise enthält die Zirbeldrüse sowohl Spuren von Augengewebe als auch ein genaues Abbild eines jeden Chakras – das Baumuster für den totalen Menschen. Für den Initiierten ist das die Haupt-Schaltzentrale.

Wenn die Entwicklung den individuellen Menschen schließlich auf diese Ebene bringt, gebärt er wirklich sein eigenes Wesen und nimmt teil an dem Gefühl, daß das Leben eins und Einheit ist. Dieses Zentrum steht für die Integration mit der Vater/Mutter-Gesamtheit – der Sohn (der Mensch) kehrt heim. Dieses Selbst versteht, daß die Schöpfung keine Grenzen hat und daß es eins ist mit der Ewigkeit. Der Mensch hat ein perfektes Gefäß geschaffen, mit dem er sich in der Welt bewußt ausdrücken kann. Sein individualisiertes Selbst ist einmalig, es gibt keine Anhaftungen und keine Identifikation mit dieser Individualität, die im Gegenzug angeboten würde. Der gesamte unteilbare Wesenskern kann sich in dieser perfekt abgestimmten, kraftvollen und flexiblen bewußten Persönlichkeit ausdrücken. Der perfekte Alchemist ist geboren: der Mensch-Gott, der unerkannt unter den Menschen lebt. (Tab. „Die sieben Chakras" + Abb.14/15/16)

Normalerweise betätigen die Chakras sich auf der Vorderseite des Körpers, auf der Ebene, auf der die Lichtfilamente von den Strahlen in den Körper eintreten. Das bedeutet, daß die wirkenden Kräfte die horizontale Projektion-Aktivität des Bewußtseinsatoms in der Welt ausdrücken. Die hinteren oder inneren Funktionen der Chakras erwachen nicht eher, als bis das Bewußtseinsatom in das Herzzentrum gezogen wird, um dort die Eigenschaften der Meisterschaft über sich selbst innerhalb des einzelnen Menschen zu aktivieren.

Die erste Maßnahme des Bewußtseins – die gleichzeitig in allen Chakras durchgeführt wird – ist es, mit der Welt in Beziehung zu treten, um so auf den Persönlichkeitsebenen eine Identität zu schaffen. Alle Chakras werden dazu kontaktiert, und die Persönlichkeit macht ihre Erfahrungen – begibt sich in die Verstrickungen des Karma – und reagiert auf ihre eigenen Gedächtnisprägungen, die dabei verstärkt werden. Die Energien und Kräfte, die sie dazu verwendet, sind kollektiv entstanden. Körper, Geist und Emotionen der Persönlichkeit sind oft Verzweiflungsmechanismen, die aus dem kollektiven Unterbewußten stammen. Das ist der Weg der Identitätsbildung, auf

Zulma Reyo: Innere Alchemie – Der Weg der Meisterschaft.
Verlag Hermann Bauer, Freiburg, 1. Auflage 1995. S. 100/101.

## DIE SIEBEN CHAKRAS – FUNKTIONEN DES

| Chakra | Eigenschaften | Strahl |
|---|---|---|
| erstes | Gebrauch des persönlichen Willens; Verantwortung für den Planeten; Sicherheit; Erdung (Basis der Wirbelsäule und Beine). | vierter |
| zweites | Invokation; Empfindlichkeit für Schwingungen (Überempfindlichkeit); Individualität; Ausgleich zwischen Soziabilität und Individualität. | siebenter |
| drittes | Beweglichkeit; Persönliche Kontrolle; Frieden; Furchtlosigkeit; Großzügigkeit; Ausgeglichenheit; Fähigkeit, Grenzen zu setzen; Zeit; Reisen; Ordnung undZusammenarbeit. | sechster |
| viertes | Göttliche Liebe; Toleranz; Geduld; Vertrauen; in Kontakt mit sich selbst sein; Zeitlosigkeit; Verbindung vonBewußtsein und Materie. | dritter |
| fünftes | Göttlicher Wille; Macht, etwas zu erschaffen; Ausdruck und Kommunikation; Hören; Telepathie; Reisen durch Zeit und Raum; Überfluß. | erster |
| sechstes | Das alles sehende Auge; Konzentration und Segnung eines Ortes; Hellsichtigkeit; Ordnung und Wille; die Zukunft. | fünfter |
| siebtes | Invokation; Wissen; das Christus-Selbst; keine Grenzen; kosmisches Bewußtsein; Einheit; Fähigkeit zur Transmutation | zweiter |

## BEWUSSTSEINS (AUF DER PHYSISCHEN EBENE)

| Negative Reaktionen/Bedürfnisse (wenn die reinen Eigenschaften nicht integriert sind) | Betroffene Körper/Sinne |
|---|---|
| Entfremdung und Sprunghaftigkeit; braucht zwölf Stunden Schlaf; schweres Essen; Gewalt. | Nieren; Adrenalindrüsen; Wirbelsäule; körperlich; Geruchs- und Tastsinn. |
| Hysterie; Sinnlichkeit (Lust/Schmerz); jetzt handeln für die Zukunft; laute Musik; Gewürze; zehn Stunden Schlaf. | Ätherischer Körper; Geschmackssinn; Keimdrüsen; Fortpflanzungsorgane. |
| Zusammenhanglosigkeit; Unfähigkeit, nein zu sagen; Neigung zu Machtgier, andere zu beherrschen oder sich ihnen willenlos zu unterwerfen; Eifersucht; braucht viel Zucker und acht Stunden Schlaf. | Emotionaler Körper; das Nervensystem; Sehen; Gallenblase; Bauchspeicheldrüse; Bauch. |
| Gefühl der Leere; Selbstmordgefährdung; aufgesetzte Freundlichkeit; schnell mit Vorurteilen; ißt gern einfach und braucht neun bis sechzehn Stunden Schlaf. | Elektronischer und höherer mentaler Körper; Thymusdrüse und Kreislaufsystem; Herz; Blut; Vagusnerv; Tastsinn. |
| Verwirrung; stößt andere vor den Kopf und neigt dazu, sich selbst geringzuschätzen; kann jegliche Nahrung umwandeln und hat keine besonderen Schlafbedürfnisse. | Kausaler Körper; Hören; Schilddrüse und Stimme; Bronchien; Lungen und Speiseröhre. |
| Unlogisch; betont intellektuell; fahrig; introvertiert; vergeßlich; Angst vor der Zukunft. | Niederer und höherer mentaler Körper; linke Gehirnhälfte; linkes Auge; linkes Ohr; Nasenloch und linke Hälfte des Nervensystems; Hypophyse. |
| Kein Vertrauen; das Gefühl, kontrolliert oder besessen zu werden. | Kausaler und elektronischer Körper und die dahinterliegenden Dimensionen; das obere Gehirn und das rechte Auge; Zirbeldrüse. |

dem ein Mensch lernt, seine eigene Persönlichkeit zu formen und mit ihr umzugehen.

Die zweite Maßnahme ist die absteigende Reise. Die erste Maßnahme wurde als Schritt-für-Schritt-Vorgang wahrgenommen, der eine nach oben gerichtete Reise anzudeuten schien. Wir hatten noch nicht das Stadium erreicht, in dem wir die niederen Kräfte meistern können. Die Verwandlung von Blei zu Gold geschieht bei dieser zweiten Maßnahme, sobald der Mensch sich auf der Herzensebene Bewußtheit erworben hat. Das ist der Punkt, an dem unsere Ausbildung zum Menschen tatsächlich beginnt, mit Hilfe unserer verschiedenen Beziehungen.

Es beginnt der Vorgang der Erlösung und der Säuberung vom Karma, in dem die Kraft und die Fähigkeiten auf der Ebene der Elementarsubstanz verfeinert und klar definiert werden. Das Ziel ist, sich zusammen mit der Kundalini-Kraft in der wahren Reise zum vollen Bewußtsein hin zu erheben. Erst jetzt besitzt der Mensch genügend wahre Kraft und genügend Schwung, um das Erbe der Gottesmöglichkeiten anzutreten, die ihm durch die Meisterschaft angeboten wurden. Das ist dann die dritte Maßnahme, die den *wirklichen* Menschen ausdrückt.

Wir erhalten durch die Chakras Energie von den Strahlen, wobei diese Energie im umgekehrten Verhältnis zur Menge und Art der Kristallisationen und Anhaftungen steht, die wir mit uns herumtragen. Wenn wir verstehen können, daß wir innerhalb eines Energiefeldes leben, das mit Fähigkeiten, Eindrücken und Wahrnehmungen angefüllt ist und daß dieses Energiefeld sehr empfindsam auf andere Schwingungen gleicher Natur reagiert, können wir vielleicht anfangen, bessere Maßnahmen zu ergreifen. Dann werden wir wissen, daß jedes Mal, wenn unsere Schwingungen miteinander in Wechselbeziehung treten und im gesamten Netzwerk der Menschheit in Harmonie mit anderen schwingen, die niederen Frequenzen Zug auf die höheren Frequenzen ausüben, so daß sie sie absorbieren und ihnen die Kraft nehmen. Wenn wir die noch leise Stimme in uns, den winzigen Funken des wahren Lichts im Herzen, wertschätzen, dann fangen wir vielleicht an, uns besser um die Arten von Freunden und Umgebung zu kümmern, mit denen wir Kontakt haben und in die wir uns begeben, und dann werden wir die Reinheit unserer Absich-

ANHAFTUNG I

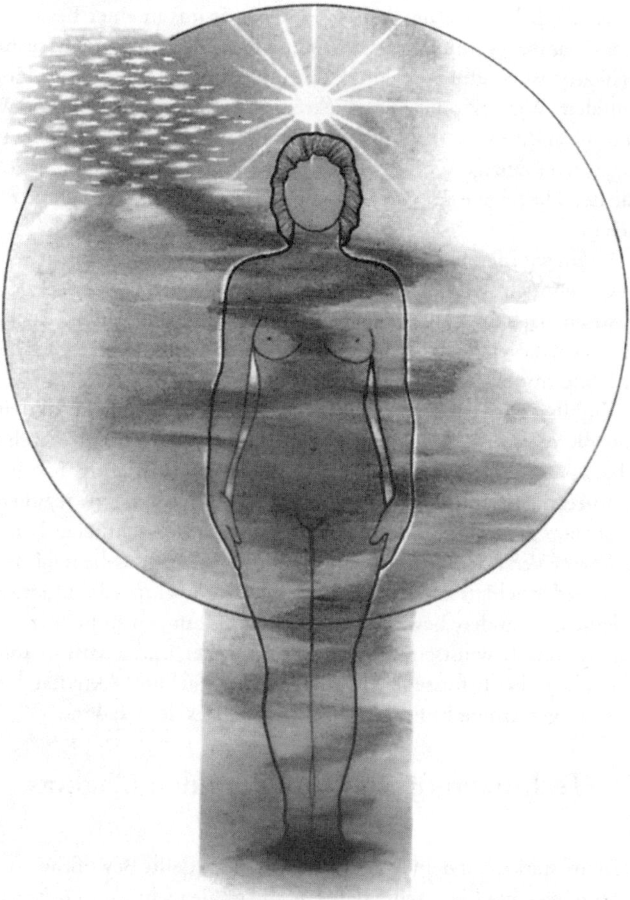

Anhaftung in der Gesamtheit des Körperbildes: astrale Formationen in unteren und höheren Bereichen, einschließlich in feinstofflichen und grobstofflichen Schichten.

*– Abbildung 14 –*

ten und die wertvollen Materialien des Lebens besser schützen und bewahren.

Aus dem Blickwinkel der Energiedynamik ist das Bild etwas erschreckend. In dem Augenblick, in dem wir uns in einer Beziehung mit jemandem verbinden – selbst wenn diese Beziehung nicht sexueller Natur ist – öffnen wir die Funktionen der Chakras in der Horizontalen. Wir beginnen, Energiekreisläufe mit ihnen zu bilden. Wir und die anderen werden durch den Kreislauf der Elementarkräfte gezogen. Der einzige Weg, dazu ein Gegengewicht zu schaffen, ist der, auf der Herzebene im eigenen Selbst genauso stark oder stärker zu ziehen.

Wenn wir Herzkräfte entwickeln und danach streben, integriert zu leben, können wir gleichzeitig von der Ausrichtung über den alchemistischen Kreislauf Gebrauch machen. Diese und andere Schutzübungen, die ich hier vorschlage, sind Trainingsmaßnahmen, die Hand in Hand mit ehrlicher Selbsteinschätzung gehen müssen.

Zufälligerweise gibt es auch ganz natürliche, alltägliche Aktivitäten, die man mit aufnehmen kann, um die Aktivität der einzelnen Chakras zu entwickeln und zu stabilisieren. Es ist wichtig, hier ganz deutlich zu sagen, daß man sein Schlafbedürfnis nie zu regulieren versuchen sollte – außer für die Erfordernisse offensichtlicher Notfälle. Dieser Versuch würde nur eine Spannung erzeugen, die schlimmer ist als jeder Schlafmangel. Wenn ein Mensch beginnt, die Innere Alchemie oder andere bewußtseinsfördernde Übungen zu praktizieren, beginnt sein Bewußtseinsatom, sich zu bewegen und schafft so unterschiedliche Bedürfnisse nach Ruhe, Schlaf, Spiel und Aktivität.

Es folgen einige Erdungstechniken für jedes der Chakras:

## Techniken für die Arbeit an den Chakras

### Erstes Chakra:

- Achte stärker auf deinen Körper und verteile deine Bewußtheit sorgfältig gleichmäßig. Achte dabei auch auf Gewicht und Dichte.
- Achte im Zusammenhang mit dem oben erwähnten besser auf deine Haut, um das Chakra nicht zu überfordern, das auf Hautstimulation stark anspricht, durch einen Mangel an solcher Stimulation aber erschöpft wird. Gönne dir selbst diese Aufmerksamkeit.

## ANHAFTUNG II

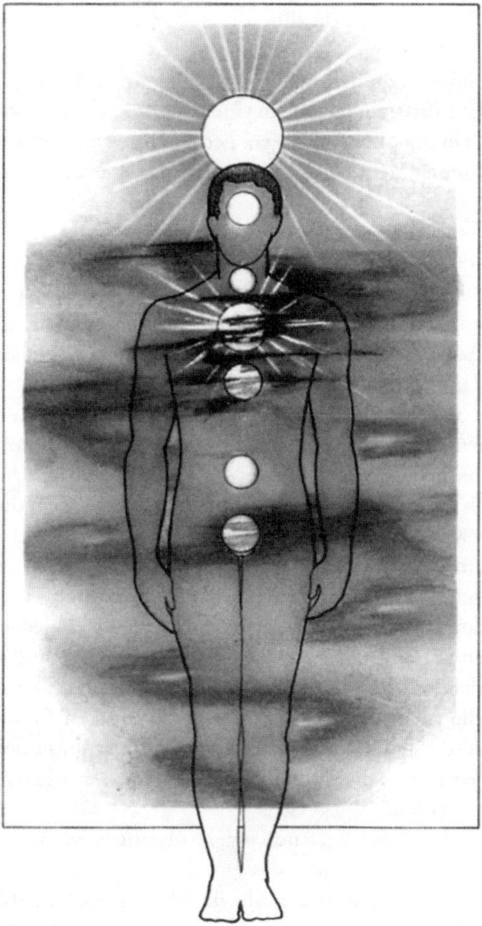

Teilweise aktives Herzzentrum

*– Abbildung 15 –*

- Erweitere dein Toleranzniveau für körperliche Gefühle dadurch, daß du es im Inneren des Organismus und überall in ihm vertiefst.
- Betone das Gefühl in den Füßen und werde dir beim Gehen des Gefühls bewußt, das du durch den Kontakt mit der Erde selbst spürst.
- Spüre alles, was du berührst, mit dem gesamten Körper.
- Feiere die Körpereinheit als ein Ganzes, ohne es in Teile zu trennen.
- Übe dich in praktischen Dingen. Lerne, deine Finanzen in den Griff zu bekommen, dein Scheckbuch mit eingeschlossen.

**Zweites Chakra:**

- Lerne zu unterscheiden: zwischen der geistigen Aktivität, die Emotionen auslöst, und dem Energiephänomen der Emotion an sich. Denken in Form von sich Sorgen machen kann die Emotionen übertreiben. Werde dir bewußt, daß Emotionen Energiephänomene sind, und gib dich nicht damit ab, sie in Schubladen einsortieren zu wollen.
- Erweitere und vertiefe deine Fähigkeit, emotionale Stimulation zu spüren und einzuordnen.
- Übe dich in der Kontrolle über die Emotionen, indem du sie in dir selbst bewußt hervorrufst, ohne äußeren Anreiz. Lerne, die Emotionen anzuschalten und sie *wieder abzuschalten.* Lerne, wie du dich abwechselnd auf sie konzentrieren und sie wieder an Tiefe verlieren lassen kannst. Beobachte die Art der Energie, die in jeder Emotion enthalten ist, und achte auf die Wirkungen, die jede einzelne davon in deinem Geist und deinem Körper hervorruft.
- Lerne, die Energie zu neutralisieren, die von den Emotionen erzeugt wurde. Du kannst dazu Atemtechniken und/oder die Methoden einsetzen, die in den Lehren der Inneren Alchemie vorgeschlagen werden.
- Übe zu geben, ohne zu empfangen; übe zu empfangen, ohne zu geben.
- Beobachte, welche Wirkung Musik auf deine Gefühle hat. Vergiß dabei nicht, auch etwas laute Rockmusik oder andere Musik mit aufzunehmen, die du „nicht magst". Dann neutralisiere sie.
- Spüre dich selbst als reagierendes Wesen. Anders ausgedrückt, *spüre,* wie du jemanden spürst.

# ANHAFTUNG III

Manipulative und verführerische Liebe

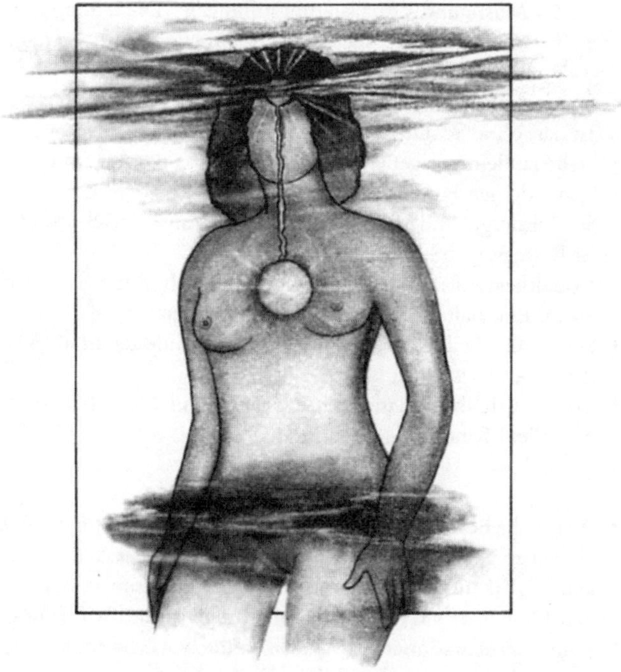

Beispiel einer Frau, die eine rosarote Wolke ausstrahlt, um die Gewalt in ihren emotionalen Bedürfnissen zu vertuschen

*– Abbildung 16 –*

## Drittes Chakra:

- Übe, zu allem *Ja* zu sagen; übe, zu allem *Nein* zu sagen. Achte auf die Wirkungen. Erhalte sie aufrecht.
- Erfahre Unterordnung und Dominanz. Suche dir dazu einen Ort und eine Zeit aus, mache bewußte und integrierte Versuche und tausche dabei vorzugsweise auch einmal die Rollen mit jemandem, der mit dir zusammen diese Versuche unternimmt.
- Stärke das Nervensystem mit entsprechender Gymnastik, beruhigender Musik und Visualisierungsübungen. (Die Übung zum flüssigen goldenen Licht, die später besprochen wird, ist dafür gut geeignet.)
- Werde dir bewußt, wonach du verlangst und wie du manipulierst. Tu das, ohne Schuldgefühle zu verteilen.
- Stehe zu deinen eigenen Überzeugungen.
- Kehre deinen Furchtmechanismus um.
- Spare Energie, indem du bewußte Bewegungen machst und dir aller Bewegungen bewußt wirst, die dein Körper macht.
- Visualisiere eine strahlende Sonne in der Höhlung für den Solarplexus und halte diese Visualisierung aufrecht.
- Suche dir ein Projekt, das du nur aus Freude daran als Manager leitest oder das du verwaltest.
- Mache Erfahrung damit, eine Gruppe von Menschen zu führen (vor allem Kinder).

## Viertes Chakra:

- Werde dir bewußt, wie du Dinge beurteilst. Erkenne die Polarität all deiner Vorlieben und Abneigungen und übe, wie du sie ändern kannst. Erkenne beispielsweise, wie Freunde zum Hindernis werden können (als Quelle von Anhaftungen), und wie Feinde zum Segen werden können (als Quelle von Lebenslehren).
- Übe dich darin, anonym Dinge herzugeben (ohne dich deswegen toll zu fühlen).
- Visualisiere eine riesengroße goldene Sonne in deiner Brust. Laß daraus bewußt und regelmäßig während deiner privaten Meditation erleuchtende Strahlen hervorbrechen. Ziele diese Strahlen niemals auf ganz bestimmte Personen oder Dinge. Die Strahlen sollen sich um dich herum gleichmäßig verteilen. Erhalte diese Strahlung aufrecht.

- Lerne, das niedere Selbst und all die niederen Kräfte in dir zu lieben. Bedingungslos.
- Übe dich in Toleranz als einer Fähigkeit, mit der du Negativität in der Lichtkammer des Herzens neutralisieren kannst.
- Umfasse und erfasse – körperlich, geistig und emotional.
- Schaffe Schönheit auf jede nur erdenkliche Weise.
- Berühre mehr Menschen. Laß deine Hände die Fühler deines Herzens sein.

**Fünftes Chakra:**

- Horche auf den Klang deiner eigenen Stimme.
- Singe öfters, chante und sage Gedichte auf. Übe, deine Stimme bewußt zu verändern und dem Gesagten anzupassen (am Anfang kannst du das ruhig etwas übertreiben!).
- Stell dir die Frequenz des Herzens als leise, unauffällige Stimme in deinem Inneren vor. Hör ihr zu.
- Sing dir selbst kleine Lieder, deinen Pflanzen, den Tieren ...
- Tritt in deinen Meditationen in die Stille ein und begreife sie als eine Präsenz ohne Grenzen.
- Finde für jedes der Chakras in deinem Körper deinen eigenen mitschwingenden Ton.

**Sechstes Chakra:**

- Übe Gehirnsynchronisation oder mach Übungen für das gesamte Gehirn. Diese Übungen sehen so aus, daß du erst jede Gehirnhälfte einzeln stimulierst, und dann beide gleichzeitig. Versuche, zwei Eindrücke gleichzeitig zu halten (einen auf jeder Seite). Zwei Wahrnehmungen gleichzeitig.
- Bring dein Denken ganz bewußt mit deinen Herzfrequenzen in Verbindung, indem du dir ein Fließen zwischen dem Herzen und dem dritten Auge vorstellst.
- Hör auf, dir wie besessen Gedanken über die Zukunft zu machen. Stell dir vor, daß morgen alles passieren könnte, und akzeptiere diesen unbekannten Faktor.
- Sei gleichzeitig *in* dieser Welt und von dieser Welt.
- Lies regelmäßig abstrakte Texte (Philosophie oder Naturwissenschaf-

ten oder Mathematik). Zwing dich selbst dazu, jedes Mal ein wenig abstrakter zu denken.

**Siebtes Chakra:**

- Benutze ganz bewußt deine eigene Persönlichkeit als Instrument und laß dich nicht von dem ablenken, was andere denken.
- Übe dich darin, das Licht zu empfangen, das senkrecht aus dem alchemistischen Kreislauf austritt; laß es zu, daß dieses Licht ganz nach unten und durch dich hindurch fließt.
- Sei ein Lichtstrahl.

## Lebenslektionen auf der Ebene der Chakras

**Erstes Chakra**

Reinheit. Verantwortlichkeit für die Benutzung und Pflege der physischen Gestalt und in der Welt der Gestalt. Praktisches Denken und Wohlstand.

**Zweites Chakra**

Richtiger Umgang mit Gefühlen und Emotionen. Umkehrbarkeit. Persönliche Identität und Identität in der Gesellschaft.

**Drittes Chakra**

Entwicklung und richtiger Gebrauch persönlicher Macht. Fähigkeit, den Frieden zu bewahren. Kontrolle über sich selbst. Umgang mit Energie und Einteilung der Energie. Zusammenarbeit und Führungsfähigkeiten. Untadeligkeit.

**Viertes Chakra**

Toleranz. Unterscheidungsfähigkeit und Urteilsfähigkeit. Gerechtigkeit. Wahrnehmung über die Dualität hinaus. Bedingungslosigkeit. Wahre Menschlichkeit.

**Fünftes Chakra**

Richtiger Gebrauch des Willens. Kreativität. Richtiger Gebrauch der Klangfrequenzen. Lernen, zwischen der Wahrnehmung der Unendlichkeit und der Zeit zu fließen.

**Sechstes Chakra**

Visionen und Intelligenz. Konzentration und Hingabe. Höhere Ordnung. Richtige mentale Projektion.

**Siebtes Chakra**

Erwachen der Beziehung zwischen Mensch und Gott. Akzeptanz der Bedeutungslosigkeit der eigenen Person; Sinn und Bedeutung liegen in der Existenz. Die Kraft der physischen Transmutation. Kosmische Einheit.

Kapitel 5

# Die Anatomie der Kraft

## Die Kraft hinter Emotionen

Liebe drückt sich auf den höchsten Ebenen der dimensionalen Aktivität als reiner Glanz, als ständige Bewegung und Erzeugung aus. Eben diese Eigenschaften manifestieren sich in den höheren Zentren des Menschen in Einheit mit Kraft und Intelligenz und repräsentieren so die Triebkraft hinter Manifestationen. In der niederen Triade liefert diese Energie als Kraft uns die Fähigkeit, zu erzeugen und zu vermehren. Auf diese Fähigkeit greifen wir durch unsere Emotionen ständig zurück. Emotionen erzeugen Energie und gebären Vielheit; sie vergrößern, vermehren und verstärken.

Wenn das Bewußtseinsatom den Gestaltaspekt des ersten Chakras aktiviert und sich durch das zweite und dritte Chakra bewegt, werden Emotionen als körperliche Gefühle spürbar, als Lust oder Schmerz, und werden mit Menschen und Dingen identifiziert, die in der äußeren Welt wahrgenommen wurden. Auf diese Art entstehen unterschiedliche Anziehungen und Abstoßungen.

Die Einstufung von Energie und Kraft als Emotion erzeugt eine gewisse Amplitude (Schwingungshöhe) und eine gewisse Schwingungslänge, also Wellen, die in die Kategorie harmonisch oder dissonant fallen können und immer eine Verbindung zwischen dem Sender und seinem Objekt darstellen. Auf diese Art sind Emotionen *die eigentliche treibende Kraft in Beziehungen* und sind als integraler Bestandteil des Lebens in allen drei niederen Chakras vorhanden. Ihr Aktivitätszentrum ist das zweite Chakra, auch wenn die Kraft aus dem dritten Chakra genommen wurde. Das Spiel der Emotionen ist ein wahrlich energetischer Tanz der Kräfte, in dem die Menschen oder Dinge, die von diesen Kräften bewegt werden, hin- und herschwanken, erregt werden, wieder besänftigt oder auseinandergetrieben werden.

Der Westen hat den Schwerpunkt auf Entwicklung und Verständnis für die lineare Aktivität des zweiten und des dritten Chakras gelegt und das Psychologie genannt; der Orient hat sich mit den spirituellen und paranormalen Eigenschaften des Nabels befaßt, weil dieser als Anhaftungspunkt für die Lagerung von Energie dient, die in der dritten Dimension als Kraft agiert. Nun liegt es an uns, die energetische Weisheit des Orients und die psychologischen Erkenntnisse westlichen technischen Denkens zu nutzen. Während es sich beim Nabel (auch der „Hara" genannt) im Grunde um ein Speicherzentrum handelt, einen Mittelpunkt für Lebenskraft, formen die Dynamiken des zweiten und dritten Chakras das Verhalten des Menschen vor allem in seiner Beziehung zum Karma.

Die Ausdruckskraft eines unerleuchteten Menschen basiert auf seinen Emotionen. Ein weiter entwickelter Mensch bedient sich des „Hara", der über die Intelligenz des Herzchakras zugänglich ist. Das Herz alleine ist nicht in der Lage, Materie zu beeinflussen. Bei bewußteren Menschen dient der „Hara" dazu, Materie zu formen, und das „Bindu" wirkt auf ätherische und höhere Substanzen ein, die eine wesentlich höhere Kreislauf- und Bestrahlungsaktivität entwickeln.

Höhere Liebe als unbedingt notwendiger Bestandteil der Alchemie geht von der Herzkammer aus und kennt *weder Anhaftungen noch Aufregung.* Es gibt eine Bewußtheit für Gegenseitigkeit, die man mit dem Ausdruck „Empathie" belegt hat. Weinen ist oft ein Zeichen dafür, daß Kraft vom Solarplexus in höhere energetische Frequenzen übergeht, die die Kräfte einschmelzen – ungefähr so, wie Eis zu Wasser wird, wenn es der Hitze ausgesetzt wird. Die Emotionen selbst werden zum Elixier der Liebe destilliert. Emotionen erzeugen Intensität oder „Schwung", die Kraft, die hinter dem Quantensprung des Bewußtseins steht. Emotionale Kraft kann ebenso heilen, wie sie zerstören kann.

Eine personalistische Struktur ist das Ergebnis emotionaler Kraft – das Ergebnis von Verlangen. Auf diese Art werden wir, was wir sind. Zuerst ist es also das, was unsere Eltern wollen, dann ist es das, was unsere Freunde wollen, dann ist es, was auch immer der Stil der Zeit festlegt. Nur selten ist es das, was wir selbst bewußt wollen. Für den Vorgang der spirituellen Entwicklung ist *Willen* nötig, die Essenz des Verlangens, weil dieser die Energie in die richtigen Bahnen leiten muß. Dieser Wille ist konzentriertes Verlangen, die Absichtlichkeit des dritten Chakras.

Wenn man sie in Willen und Streben übersetzt, häuft emotionale Kraft sich an und wird zu reinem Potential. Schüler und später Initiierte benutzen diese Tatsache, um so viel Schwung zu erzeugen, daß sie von einem Bewußtheitsniveau auf ein anderes überwechseln, die Route des Bewußtseinsatoms absichtlich verändern, den Vorgang der Bewußtwerdung an sich entzünden und schließlich eine ganze Anzahl von Handlungen durchführen können, den Aufbau ganzer Welten mit eingeschlossen.

Menschliche Emotionen decken das Gamma der menschlichen Schöpfung ab. Dichtere Emotionen mit mehr Kraft, wie beispielsweise Wut, erreichen zerstörerische Frequenzen, die so abgelenkt werden, daß sie sich als Groll, Abscheu, Verärgerung, Gereiztheit und leichte Abneigung darstellen, während sie gleichzeitig beträchtliche Unterbrechungen verursachen. Die Frequenzen dieser Emotionen gehören zu den unwillkürlichen Kräften, die Materie auf eine Art beeinflussen, die Dichte und Gewicht erhöht und in negativer Weise die Molekularstruktur der feineren Substanzen angreift. Immer wenn negative Emotionen freigesetzt werden, stärken und erhöhen sie die Produktion von „Anhaftungen".

Jedesmal, wenn ein unwissender und unvorsichtiger Mensch eine negative Emotion freisetzt, öffnet er die Tür zu den dunklen Kräften, in die diese Emotionen sich einklinken. Nur zu oft ist diese Schlacht zum Scheitern verurteilt und erzeugt einen Schwung, der nur noch mehr und gröbere Modalitäten anzieht. Außerdem zieht dieser Mensch oft Freunde, Partner und Umstände an, die seine eigene bewußte oder latente Negativität ebenfalls aufweisen, denn gleich und gleich gesellt sich gern. Dann wird das Drama des Karma aufgeführt, in mißtönenden Beziehungen, bei denen (1) die Partner sich genauso ausdrücken wie man selbst, oder (2) die Partner Menschen sind, auf die man diejenigen eigenen Eigenschaften projiziert hat, die man nicht haben will, oder (3) die Partner Gegenstücke darstellen, mit denen man sich selbst vollständiger machen will, wodurch es zu Abhängigkeiten oder wegen der gegensätzlichen Standpunkte zu Reibungen und Konkurrenz kommt.

Auf der anderen Seite der Waage türmt sich das ganze Sortiment an positiven, konstruktiven Emotionen auf, die die Waagschale nach oben bringen, beispielsweise Sympathie und Befriedigung. Diese Emotionen bauen sich zu Gipfeln der reinen Freude und Ekstase auf, zu Kräften, die den Sender eher erhöhen, als daß sie ihn noch fester an die Materie binden würden. Und da der Sender mit dem Objekt verbunden ist, haben alle Verbesserungen am Objekt Rückwirkungen auf den Sender. Diese Art von Emotionen unterstützt eine Molekularformation, die harmonisch ist und Wellen der Schönheit und Verfeinerung schafft, wie sie in den besten visuellen und musikalischen Ausdrucksformen aufgezeigt sind. Mit ihren konstruktiven Aspekten bringen sie das Licht, das der Materie innewohnt, dazu, sich auszuweiten, und fördern so die Erhebung, die Transmutation und den Segen.

Negative Emotionen senden mißtönende, langsamere Wellen aus. Die Atmung ist schnell und schwer, die Gesichszüge verzerren sich und ergeben Grimassen, und tierische Erscheinungsformen wie Reißzähne und Klauen, eine zusammengekrümmte Körperhaltung und zusammengekniffene Augen, denen der natürliche sanfte Glanz fehlt, manifestieren sich. Selbst wenn die einzelne Person in der Lage ist, diese Ausdrucksformen zu unterdrücken, wird ihre Aura aus schmutzig dunkelroten, braunen und grauen Ausstrahlungen bestehen, die typisch für die dichteren Molekulargebilde der niedersten, unerleuchteten Dimensionen sind. Positive Emotionen bringen den Körper zum Kribbeln, sie öffnen ihn, machen ihn aufnahmefähig und lassen ihn mit den leichten Frequenzen schwingen, die den Sender verschönern. Die Färbungen dieser Aura zeigen klare Tönungen. Je verfeinerter die Emotion, desto sanfter ist der Farbton – bis hin zu den Urtönen der Pastellfarben und der schillernden Farben.

Ein reifer Mensch wird mit seinen Angewohnheiten konfrontiert, mit den Verhaltensmustern, die er festgelegt hat, mit der Umgebung, die er geschaffen hat ... mit dem gesamten Sammelsurium, das seinen Egoismus unterstützt. Er wird einen ganz entschlossenen Sprung tun müssen, um in eine andere Modalität zu wechseln. Neue Muster müssen erzwungen werden, bis die Route feststeht. Das erste Hindernis auf dem Weg zu ehrlicher Selbsteinschätzung ist dein eigener sturer Egoismus, der steif und fest behauptet, daß er ja nichts dafür kann und sich auch nicht ändern kann, und der nur immer weiter Schuldzuweisungen verteilt und sich beschwert. Das Verständnis, das du in einer Therapie erlangen kannst, dient dazu, Energiemuster aufzubrechen, die dann in andere Kanäle gelenkt werden müssen.

Positive Emotionen zu erhalten und ihnen Ausdruck zu verleihen, ist noch nicht alles, aber es hilft doch zumindest, die Atmosphäre zu reinigen und die Bühne vorzubereiten, die den einzelnen Menschen umgibt und unterstützt, wenn er mit der schwierigen Aufgabe anfängt, sich selbst neu zu formen. Jedes der niederen Chakras erzeugt eine ganze Reihe positiver und negativer Emotionen: Lust und Bewahren (erstes Chakra), Haß und Zuneigung (zweites Chakra), Eifersucht und Selbstsicherheit (drittes Chakra), Mißtrauen und Vertrauen (viertes Chakra). Der Wiederaufbau der Persönlichkeit führt zum Aufbau des Charakters. Ein Charakter ohne Hintertürchen ist der Kern einer gesunden Persönlichkeit.

Die physische atomare Struktur, die du aus Kapitel 3 kennst, dreht sich um ein unsymmetrisches Spannungsfeld von Gegensätzen, die in der Intensität der Emotionen gedeihen, vor allem im abwechselnden Spiel positiver und negativer Emotionen. Das ist die Dynamik, die unserem Egoismus zugrunde liegt. Normale Beziehungen kann man als ein Spiel friedlich-gespannter Atmosphären beschreiben, in denen Personen in enger Bindung miteinander existieren, wobei aber jeder in sich unangetastet und vom anderen getrennt bleibt und am Spiel der hellen und dunklen Kräfte des anderen nicht teilnimmt. Das Prinzip, das über die Symmetrie herrscht – und zu dieser Gruppe gehört das Licht – arbeitet nach dem Prinzip der Übereinstimmung, innnerhalb dessen Harmonie und positive Emotionen prächtig gedeihen. Für egoistische Persönlichkeiten, die die Erregung des Konflikts suchen, erweist sich das meist als langweilig oder aufreizend.

## Psychologie und die Modalitäten

In früheren Zeiten waren die Menschen nicht so kompliziert wie heute. Die Dynamik, die dem Verhalten des Menschen anderen Menschen gegenüber zugrunde liegt, konnte leichter in funktionale und energetische Ausdrücke gekleidet und so verstanden werden, weil sie noch nicht dem Ansturm der verkopften Rationalisierung und der verkrüppelten emotionalen Bedürfnisse unterlag, die aufgerichtet wurden, um der Entwicklung des Individualismus Rechnung zu tragen. Im Laufe der Zeit, in der die Technik so wucherte, daß sic die Auffassung von persönlicher Macht zu neuen Größenordnungen aufblies (d. h. Technik und Maschinen ersetzen die menschliche Bewußtheit), wurden die Menschen immer stärker verwirrt und wissen nun kaum noch, welches die wahren Werte sind, die die kostbare Integrität der Realität aufrecht erhalten.

Das neunzehnte und das frühe zwanzigste Jahrhundert sahen das Aufkeimen einer neuen Wissenschaft, die die Mechanik des menschlichen Verhaltens freilegen würde. Wir schulden Intitiierten auf der planetarischen Ebene, wie Freud und Jung, weit mehr, als wir überhaupt wissen können. Sie hatten den Mut, auf sich gestellt dazustehen, sich dem ansteckenden Krankheitsherd der Unwissenheit zu stellen und ihn zu besiegen. Diese Unwissenheit bedeckte die menschliche Psyche, aber Jung und Freud enthüllten die Fundamente der menschlichen Dynamik, sowohl auf der biophysischen Ebene als auch auf der Ebene der archetypischen Funktionen, die uns mit der Ewigkeit verbinden. Ihre Arbeiten, so umfangreich sie auch sind, stellen nur einen Anfang dar. Die menschliche Anpassungsfähigkeit, gepaart mit der endlosen Schaffenskraft und dem Ideenreichtum unseres Egoismus, der immer versucht, sich selbst zu bewahren, hat dem Ganzen ein beträchtliches Maß an Unaufrichtigkeiten und Verstrickungen hinzugefügt, die vor fünfzig Jahren noch nicht in Erscheinung traten.

Psychologie ist sowohl eine Lebenskunst als auch eine Wissenschaft. Im Westen verschafft sie uns, zusammen mit der wohlfundierten Esoterikwissenschaft, eine unbedingt nötige Perspektive, mit deren Hilfe die Entwicklung des menschlichen Verhaltens verständlich wird. Man kann das parallel zu dem sehen, was die Meditation in alten Zeiten im Osten bereitgestellt hat.

Wir befinden uns heute im kritischen Stadium des Reifungsprozesses. Es ist meine Überzeugung, daß jetzt die Zeit gekommen ist, in der wir die Vorgänge umgestalten und die therapeutischen Techniken verstärken müssen, die die Vorväter der Psychologie uns überlassen haben. Diese Entwicklung kann nicht darin bestehen, daß wir einfach mit derselben Sache weitermachen. Anders ausgedrückt können weitere Theorien und Einblicke, wozu auch stichhaltige Erklärungen über die irrationalen Bestandteile des Bewußtseins gehören, uns nicht mehr Verständnis vermitteln, als wir schon haben, auch wenn sie eine natürliche Anziehungskraft auf den Intellekt ausüben.

Psychologie ist die Lehre von der Dynamik des Geistes und des Verstandes. In ihrem höchsten Korollarium ist Psychologie die Lehre vom Geist, der ja auch der Urbaustein der Schöpfung ist. Er versorgt uns mit dem unbedingt nötigen Training für den Gebrauch unserer natürlichen Fähigkeiten, vor allem unserer Erweiterung des konkreten Verstandes, mit dem wir ganzheitliche und vieldimensionale Konzepte und Ideationen (Abbilder der Idee in der Erscheinungswelt) erfassen. Die Psychologie hilft uns, Gruppenbildung, Vergesellschaftungen, Anerkennung und Beziehungen bewußt zu lernen, und sie lehrt uns dabei die Feinheiten der Kunst, Raum und Zeit sowie Polaritäten und die tiefliegenden Rhythmen des Kosmos in unserem Inneren und außerhalb unserer Person zu bilden, zu schaffen und in uns aufzunehmen. Sie kann uns bis zur Kausalität hin und darüber hinaus bringen, durch unsere eigene persönliche Geschichte hindurch und noch darüber hinaus. Ich hoffe, daß diese Seiten empirische Einsichten in die Dynamik der energetischen Beziehungen von Geist, Körper und Emotionen bieten, die alle unter einem zwar sehr realen, trotzdem aber undefinierbaren Bewußtseinsmittelpunkt arbeiten, der danach trachtet, sich mit ihnen zu verschmelzen.

Ein normales, unbewußtes menschliches Wesen ist ein Abbild abwechselnder Extreme: ein wahres *Inferno* der Begeisterung wechselt ab mit ungeheurer Depression. Der Osten hat diese zyklische Aktivität von Ursache und Wirkung „die Früchte des Karma" genannt und hat beobachtet, daß sie sich in sechs verschiedenen vom Menschen geschaffenen „Welten" manifestiert. Auf der Landkarte des tibetischen Buddhismus heißt sie „das Rad des Samsara". Dieses „Rad" ist Thema unzähliger Bücher und „Tankas" (die farbenfrohen Wandbehänge, für die die Tibeter bekannt sind) und repräsentiert die Welten (oder „Lokas"), die der Mensch sich schafft und an denen er teilnimmt, wenn sein Bewußtseinsatom innerhalb der drei niederen Zentren auf ein bestimmtes emotionales Ausdrucksmuster fixiert ist. Diese Welten beziehen sich weniger auf die physische Wiederverkörperung als auf den ständigen Kreislauf von Tod und Wiedergeburt innerhalb des Lebens selbst, der einen Teufelskreis bildet. Diese sechs Modalitäten liegen insofern innerhalb des dreidimensionalen Erfahrungsbereiches, als sie sich auf emotionale und astrale Verlangenswelten beziehen, die der Beziehungsdynamik zugrunde liegen. Die kreisförmige Bewegung des „Rades des Samsara“ könnte man wie folgt interpretieren.

Eine Person kann vorübergehend in einer Märchenwelt der Illusionen und Vorstellungen leben und diese Welt so lange wie möglich aufrecht erhalten. Das bedeutet, sie kann sie so lange aufrecht erhalten, wie ihr gesamter Schwingungsfrequenzbereich in der Lage ist, die höhere elektrische Spannung aufrecht zu erhalten, die ihr den Zugang zu den höheren astralen Ebenen der Realität verschafft. Die Persönlichkeitsstruktur des einzelnen ist auf dieser Ebene normalerweise rund um „gutes“ Verhalten im Gegensatz zum „schlechten“ Verhalten konzentriert. Das ist die Deva-Welt, die vom Äther-Element des Bewußtseins regiert wird.

Mit einem unsanften Erwachen kann der Mensch sich als nächstes in einem Zustand schwerer Benommenheit und Bewußtlosigkeit wiederfinden, aus dem er sich nicht zu befreien können scheint. Dieser Zustand ist das Ergebnis, wenn das Schwingungsniveau zusammenbricht, das der Mensch künstlich aufrecht erhalten hatte, mit geborgter Zeit und mit Energie, die er aus seinen guten Taten bekommen hatte. Hier fühlt er sich nun dumm und apathisch und verfällt leicht seinen niedersten Instinkten. Diese Welt heißt „die Welt des brutalen Bewußtseins“ und steht in Beziehung mit der Dynamik der dichtesten Niveaus der Elementarkräfte. Wenn der Mensch es schafft, sich selbst aufzuwecken und somit aus dieser Ebene zu erheben, erzeugt er ein entsprechend hohes Niveau an emotionaler Energie, das ihn auf die nächste Ebene des Rades katapultiert.

Die Welt der eifersüchtigen Götter erwartet ihn. Hier erzeugt gerade das Gefühl, leidenschaftliche Emotionen zu aktivieren, in ihm Gefühle von Eifersucht und Neid, Besitzgier und Raffgier, die eine intensive Neugier für andere Welten maskieren, vor allem für die Welten, die er hinter sich gelassen hat. Das Mißtrauen, das für dieses Stadium charakteristisch ist, ist der negative Ausdruck des Luftelementes des Bewußtseins. Es macht schließlich einer Art von Reue Platz, die die Bewußtheit des Menschen auf die nächste Ebene projiziert.

Nun wohnen übermächtiger Hunger und Angst in ihm. Seine Leidenschaften nehmen in dieser Realität, die „die Welt der hungrigen Geister“ genannt wird und in der der vorherrschende Bestandteil des Bewußtseins das Feuer ist, die Form glühender Begierde an. Das Feuer führt zu einer Art mäßiger Ernüchterung, einer sehr rudimentären Form der Bescheidenheit, die ein weiteres Realitätsniveau katalysiert.

Die menschliche Welt steht in der Terminologie des tibetischen Buddhismus für die Selbstgerechtigkeit des Egoismus. Der Mensch beginnt zu fühlen, daß er wirklich etwas ziemlich Besonderes und Einzigartiges ist und bläst sich auf, weil er ja so wichtig ist. Die negativen Aspekte des Erde-Bestandteils des Bewußtseins herrschen vor. Die Gefühle des Menschen sind nun von Arroganz und Intoleranz geprägt. Sein Verstand sieht sich von Zweifeln aller Art heimgesucht, die ihn in die sechste Welt mitnehmen.

Die Höllenwelt und all die Agressionen, deren ein menschliches Wesen fähig ist, sind für dieses Stadium der Realität charakteristisch. Es wird vom Wasserelement des Bewußtseins regiert, das genügend Schwung erzeugt, um schließlich mit dem genau entgegengesetzten Zustand Erleichterung zu bringen. Wieder einmal findet er sich im Märchenland seiner Träume und seiner religiösen Leidenschaft. Und auf diese Art macht er weiter, gefangen im Rad von Ursache und Wirkung – denn genau das ist die Bedeutung von „Samsara" – oder der täglichen Welt.

Es kann gut sein, daß ich hier das Leben eines Großteils der Menschheit dargestellt habe. Natürlich gibt es Türen, die aus diesem Rad hinausführen. Diese Türen sind die jeweils entgegengesetzten Eigenschaften der positiven Emotionen. Die buddhistische Philosophie lehrt uns, daß Gleichmut und Unparteilichkeit uns aus der Deva-Welt hinausführen. Untadeligkeit und Integrität führen uns aus der Welt des brutalen Bewußtseins. Wirkliche Großzügigkeit, Brüderlichkeit und Unterscheidungsfähigkeit zusammen mit dem Willen, zu arbeiten, führen uns aus der Welt der eifersüchtigen Götter. Unterscheidungsfähigkeit, Urteilsvermögen und wahre Wahrnehmungen führen aus der Welt der hungrigen Geister. Und Akzeptanz, Toleranz und Verständnis führen uns aus der so gefeierten menschlichen Welt.

Es wäre gut, wenn wir uns mit diesem Rad befassen und die tiefen Wahrheiten anwenden würden, die Buddha uns durch seine genaue Beobachtung der normalen Menschheit übermittelt hat. Die vor uns waren, hatten die Schlüssel. Die Schlüssel sind immer da gewesen, im höher entwickelten Menschenverstand.

## Der Egoismus der Persönlichkeit

Im Verlauf dieses ganzen Buches habe ich das Wort „Egoismus" benutzt, und wenn meine Leser meinen Schülern auch nur ein wenig ähnlich sind, werden die meisten nicht innegehalten haben, um sich zu fragen, was *Egoismus* eigentlich bedeutet. Wir wissen vielleicht, daß Egoismus falsche und doch eisern verteidigte Identität ist. Der tiefgehendere Punkt ist aber, *wie* dieser Egoismus sich zeigt, *warum* er überhaupt da ist, und wie es sich anfühlt, wenn man sich *nicht* egoistisch verhält? Was ermöglicht es manchen Menschen, dem Egoismus leichter zu entschlüpfen als andere? Liegen Gefahren darin, wenn man ohne den Egoismus der eigenen Persönlichkeit lebt?

Egoismus ist der Hauptgrund für negatives Karma, für Leiden und Bewußtlosigkeit. Das läßt vermuten, daß ohne Egoismus ein Impuls beginnen könnte, der dem Karma die Energie entzieht. Ohne Egoismus zu leben – und das ist für die meisten Menschen der Teil, vor dem sie Angst haben – bedeutet drastische Veränderungen an der Art, wie man sich selbst in der Welt ausdrückt. Man verliert dabei, zumindest in den Anfangsstadien, den Anreiz, die Stimulation und die Motivation für normale Beziehungen, vor allem für sexuelle. Die meisten Leute entscheiden sich dann auch tatsächlich dafür, lieber ihre Intensitäten und ihre Aufregungen, ihre Kämpfe und Machtspielchen, ihren gewaltbeladenen Sex und ihre emotionalen Vergnügungen beizubehalten.

Egoismus innerhalb der Persönlichkeit zeigt sich durch Vorlieben und Abneigungen innerhalb der Individualität. Es ist nicht so, daß diese Vorlieben und Abneigungen aus einer erleuchteten Individualität verschwinden würden, sondern eher so, daß sie aufhören, das Denken und das Verhalten zu beherrschen. Egoismus basiert auf Ungleichgewichten und Fehlfunktionen der drei niederen Zentren und dem resultierenden Mangel an Integration. Die Menschen sind heute oft aggressiv und nicht geerdet, aber nur allzu selbstherrlich und selbstgerecht.

Zwar muß jedes der drei niederen Chakras stabilisiert und in einen Zustand versetzt werden, der bewußtseinsproduktiv ist, aber der Knackpunkt des Problems liegt sowohl für Männer als auch für Frauen darin, daß das zweite Chakra vertieft und regeneriert werden muß. Mit Hilfe der Emotionen und hauptsächlich der positiven Emotionen besteht eine Chance, einen winzigkleinen Funken im Herzzentrum zu entzünden, der das korrekte Funktionieren aller drei niederen Zentren, die sich um die erzeugende Aktivität des zweiten drehen, katalysieren kann.

Der Egoismus der Persönlichkeit ist die falsche Persönlichkeit. Er bietet eine einfach zu erhaltende Identität und einen gewissen Sinn. Er zeigt sich aufgrund einiger der folgenden Gründe:

1. Sicherheit. Die Identität des Egoismus gibt dem Menschen eine Gestalt, durch die er sich sicher fühlen kann und einen Bezugspunkt hat. Dieser Bezugspunkt ist normalerweise von der Gesellschaft akzeptiert und gibt dem Menschen das Gefühl, geliebt zu sein und zu etwas dazu zu gehören, so daß er sich nicht alleine fühlt.
2. Aufmerksamkeit. Durch die Argumente des Egoismus nimmt man einen gewissen Raum ein. Dieser Raum beansprucht Zeit und stellt so Forderungen an die Umgebung, die erfüllt werden müssen. Die Art, in der man diese Forderungen serviert oder wie man sie „verkauft", ist der eigene individuelle Stil.
3. Schutz. Der Egoismus der Persönlichkeit erlaubt es dem Menschen, sich Schutzeinrichtungen (oft eine Mauer) gegen alles, was er als Eingriff oder als unbegründet betrachtet, aufzurichten. Der verborgene Schatz, der geschützt und verteidigt werden muß, ist die eigene, fühlende Natur. Sowohl extrem emotionale als auch gefühlskalte Menschen „fühlen" nicht auf der Herzebene der menschlichen Zuneigung.
4. Macht. Die Rechtfertigung des Egoismus sorgt für die Spannung und Intensität, die nötig sind, damit man sich selbst kontrollieren und unterdrücken kann, und damit man andere kontrollieren und unterdrücken kann. Auch das Gegenteil trifft zu.
5. Bequemlichkeit. Egoismus ist die Möglichkeit, wie man sein gewohnheitsmäßiges, routinemäßiges Verhalten beibehalten kann. Man muß den Dingen dann nicht tiefer auf den Grund gehen und sich nicht wirklich mit ihnen befassen. Es gibt immer ein griffbereites Verhaltensregelwerk.
6. Wichtigtuerei. Man fühlt sich bei seiner eigenen Wichtigtuerei ziemlich als etwas „Besonderes". Damit gibt man sich selbst mehr Bedeutung, vor allem dadurch, daß man reich, schön, mächtig oder der Sohn oder die Tochter von Sowieso ist.

7. Manipulation. Ah! Welch wunderbare Möglichkeit, von anderen Aufmerksamkeit und Zustimmung zu erhalten, indem man sich demütig und bescheiden, krank oder leidend gibt ... Auf diese Art werden die Menschen uns mögen und/oder sich um uns kümmern. Sogar das scheue kleine Mauerblümchen erhält so Aufmerksamkeit. Und was noch besser ist, das ist eine wundervolle Methode, wie man sich selbst manipulieren kann.
8. Gesellschaft. Man ist nie alleine. Der Kommentar, der da ständig im Kopf abläuft, ist immer dabei. Man sieht ständig auf sich selbst, spricht mit sich selbst oder denkt über sich selbst nach ... tatsächlich sind immer *zwei* da, und manchmal noch mehr!
9. Trost. Man kann sich immer ein besseres Gefühl verschaffen, indem man sich selbst leidtut, sich ruhigstellt, sich ein High verschafft, sich betrinkt und mit sich selbst sympathisiert, mit sich selbst auf den Trip geht. Und was das wichtigste ist, man kann sich selbst auf die Schulter klopfen. Außer einem selbst versteht einen sowieso keiner.

Im folgenden sind klischeehaft charakteristische Züge des menschlichen Egoismus aufgeführt. Ich möchte meine Leser dringend auffordern, sie mit Heiterkeit zu betrachten, denn *Ernsthaftigkeit* ist der Eckpfeiler des Egoismus. Auf die folgenden Arten können wir also Egoismus erkennen oder bemerken, daß wir ihn aufweisen:

1. Das Gefühl der Starrheit ist immer da. Im Körper manifestiert sich das oft in einem „Großgesicht-Syndrom". Man ist hinter einem ziemlich offensichtlichen Gesicht gefangen. Auch der Körper kann ziemlich steif werden. Man findet es schwierig, über sich selbst zu lachen, weil man sich selbst sehr ernst nimmt. Außerdem ist man außerstande, mehrere Dinge gleichzeitig zu tun.
2. Man fühlt sich „im Rampenlicht", entweder positiv oder negativ, weil man halt eine ganze Menge Raum einnimmt und die Zeit der Menschen in Anspruch nimmt.
3. Ständig läuft das eine oder andere „Drama" ab, das die Menschen auf vielerlei verschiedene Arten beschäftigt. Eine häufig gewählte Möglichkeit ist die, sich selbst und die Umgebung dadurch aufzuheizen, daß man Bedürfnisse und/oder Wichtigkeit erzeugt. Oft kontrolliert man andere (und haßt sie dafür) oder wird von anderen kontrolliert (und haßt sie ebenfalls). Die Schlagwörter heißen hier Tragödie, Gefahr und Leiden.

4. Irgendetwas beschäftigt einen immer oder lenkt einen ab. Meistens lenkt man sich ausreichend ab, daß man vergißt, zu fühlen. (Diese Eigenschaft selbst an sich zu bemerken, ist besonders schwierig.)
5. Irgendwo läuft immer gerade eine Schlacht oder ein Kampf ab. Alles ist immer kompliziert. Man kann weder direkt sein noch in zusammenhängenden Sätzen reden.
6. Ständig läuft eine Vorstellung, wird eine Rolle gespielt.
7. Man ist ständig in Sorge, andere könnten einen „durchschauen", und oft projiziert man diese Angst auf andere Menschen und Situationen.
8. Es ist immer jemand oder etwas anderes schuld. Vielleicht das Wetter, oder die Zeiten, der Zustand des Planeten, oder deine Frau oder Mutter.
9. Man hat immer gesellschaftlich anerkannte Ausreden oder Rechtfertigungen parat. Man tut immer, was „richtig" ist (wenn man ein braver Mensch ist) oder was „falsch" ist (wenn man ein unangepaßter Außenseiter oder ein Rebell ist).
10. Das eigene Verhalten drückt immer Extreme oder Auswüchse irgendeiner Art aus.
11. Man ist niemals still oder allein. Es ist immer jemand da, und wenn das einmal nicht klappen sollte, gibt es immer noch das ewige Geplapper im Kopf.
12. Man braucht ständig Nachhilfe irgendeiner Art, Notizen, Anweisungen, Unterricht usw. (das „Ohne-geht's-nicht" – Syndrom). Das manifestiert sich auch als Bedürfnis, vorauszuplanen und gut organisiert zu sein. Andererseits scheint man es niemals zu schaffen, sich zu organisieren.
13. Man kann nicht in der Gegenwart denken oder sein. Kontinuität wird aus der Vergangenheit oder in der Zukunft gesucht.
14. Man hat *Angst* oder kann einfach nicht man selbst *sein.*
15. Bevor man irgendetwas tut, wird man immer von den eigenen Meinungen heimgesucht, die immer wie ein Eimer kalten Wassers wirken.
16. Irgendwo gibt es immer einen Feind.
17. Man „investiert" in Menschen, Dinge und Situationen und beklagt sich dann über die Verpflichtungen und daß man an andere

und an die Situationen „angebunden" ist. Man spielt sich ständig auf. Auf der anderen Seite hat man ständig Angst, man könnte etwas oder jemanden verlieren.

18. Man muß, koste es, was es wolle, sein Image verteidigen.
19. Man wird von *Bedürfnissen* angetrieben, die alle sehr *dringend* sind.
20. Man absorbiert alles in sich selbst hinein und spricht ständig über sich selbst. Alles dreht sich um einen selbst.
21. Ständig ist jemand da, der einen beobachtet, selbst wenn es sich dabei um den Beobachter handelt, den man selbst geschaffen hat, um so an sich selbst zu arbeiten.

Der Egoismus bietet immer ein *immer*. Das Verhalten eines egoistischen Menschen ist polarisiert, ganze Gruppen von Eigenschaften stehen anderen Gruppen entgegen. Wo es ein „dummes" Ich gibt, gibt es auch ein „schlaues" Ich. Wo auch immer eine „stolze" Person auftritt, ist diese Person auch gleichzeitig „bescheiden". Wenn jemand sich selbst als sehr „liebend" empfindet, besteht die hohe Wahrscheinlichkeit, daß er auch sehr „hassend" sein kann. Wenn er „unsicher" ist, kann er auch „selbstsicher und stolz" sein. Und der „ehrgeizige" Mensch ist im Geheimen immer „feige". Und so weiter und so weiter ...

Bevor wir uns mit den Möglichkeiten befassen, wie man den festen Griff des eigenen Egoismus sprengen und die Eigenschaften der wahren Persönlichkeit erkennen kann, sollten wir noch die ganz besonderen Eigenschaften untersuchen, die Männer und Frauen jeweils aufgrund ihrer Zugehörigkeit zu einem bestimmten Geschlecht besitzen. Diese Eigenschaften führen zu *weiblichem Egoismus* und zu *männlichem Egoismus*, wobei das weniger unterschiedliche Charakterzüge sind als vielmehr Methoden, auf die Welt zu reagieren und sich seine eigene Hausmarke der Selbstbezogenheit zu schaffen.

## Männliche und weibliche Persönlichkeit

Die physische Polarität des Mannes ist positiv. Das bedeutet, daß das niederste Zentrum eine positive Ladung aufweist. Das zweite Zentrum enthält eine negative Polarität, während das dritte Zentrum sich wieder mit einer positiven, aktiven Ladung manifestiert. Die Polaritäten dieser drei Zentren liegen der Art zugrunde, auf die die männliche Psychologie sich in der Welt ausdrückt, wobei das Herzzentrum ein großes Problem darstellt, weil dort eine negativ geladene Persönlichkeit wohnt. Die oberen Zentren – soweit sie wirklich aktiviert sind, aber auch, wenn sie verzerrte niedere Kräfte ausdrücken – manifestieren sich auf der Halsebene positiv, am dritten Auge negativ und schließlich am obersten Zentrum, am Scheitel, wieder positiv. Die Ausdrücke „positive" und „negative" Polarität beziehen sich auf die Art, auf die diese Kräfte oder Energien auf das Verhalten einwirken, und zwar sowohl auf das psychologische als auch auf das spirituelle. Positiv bezieht sich dabei auf Modalitäten, mit denen etwas ausgedrückt wird, negativ dagegen enthüllt eher empfangende, nach innen blickende Vorgänge. Die negative Aktivität absorbiert und integriert in sich selbst, um so die Ausdrucksform in der nächsten Schicht zu beeinflussen. Diese Schichten zeigen konzentrisch (um den Körperkern herum) auf, was die Chakras in ihrer linearen Abfolge am Körper entlang ausgelöst haben. Wenn das zweite Chakra eines Mannes auf der Ebene des physischen Ausdrucks eine negative Ladung aufweist, so wird er in der nächsten Schicht, also in seinem emotionalen Körper, seine Emotionen aktiv ausdrücken. Das bedeutet, daß die Emotionalität des Mannes sich auf eine verletzlichere, mehr innen liegende Art manifestiert. Seine Gefühle sind auf dem emotionalen Körperniveau besonders intensiv, nicht auf dem physischen.

Wenn wir eine Frau betrachten, sehen wir, daß ihr physischer Körper eine negative Polarität ausdrückt. Dadurch wird es ihr möglich, die positive männliche Kraft in sich zu absorbieren, die die Atmosphäre für das Gefäß des Wesens schafft, das das Kind sein wird. Ihre positive emotionale Polarisierung auf der Ebene des zweiten Chakras verleiht ihr die Fähigkeit, Gefühle physisch und aktiv auszudrücken, die die weniger auffälligen emotionalen Reaktionen eines Mannes manchmal überwältigen können, so daß sie frustriert und verwirrt wird, was sich als Wut zeigt. Diese Wut löst beim Mann Reaktionen im Bereich der positiven Polarität am Solarplexus aus, die sich als übertriebene oder nervtötende Rationalität zeigt. Der Solarplexus einer Frau manifestiert sich negativ, was bedeutet, daß sie nicht in ebenso hohem Maße die Fähigkeit hat, in der Welt mit logischem und objektivem Denken umzugehen. Das ist eine weitere Quelle für Mißver-

## POLARITÄTEN
## BEIM MANN UND BEI DER FRAU

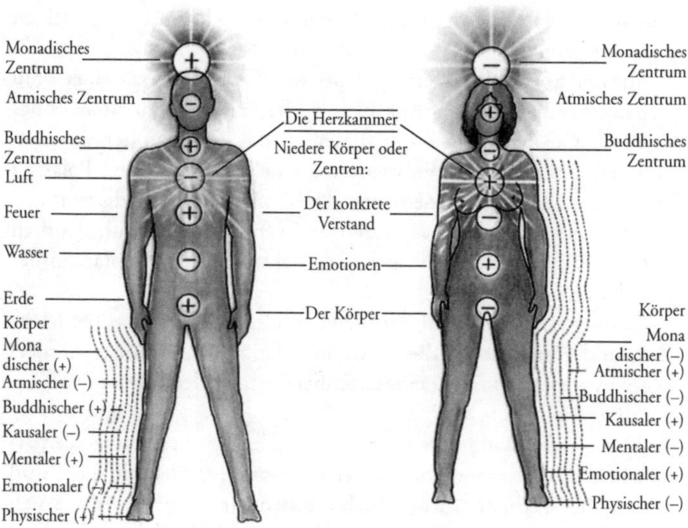


*– Abbildung 17 –*

ständnisse, die unnötige Streitereien und Wettbewerb zwischen den Geschlechtern provoziert. Der emotionale Körper einer Frau „weiß" dagegen eine ganze Menge mehr über sich selbst als der emotionale Körper eines Mannes. Das Herzzentrum einer Frau spiegelt sich mit seiner positiven Modalität im Geist der Frau als Intuition wider. Dadurch wird die Frau mit einem enormen Kraftwerk ausgestattet, das heilen kann und in die physischen Manifestationen um sie herum positive Kräfte einbringen kann, wenn es korrekt und zur richtigen Zeit angegangen wird.

Auf der Ebene der oberen Körper hat das Halschakra einer Frau Zugang zu einer höheren Anzahl an verfeinerten Modalitäten als das eines Mannes, während ihr drittes Auge, das Zentrum der Visionen und der höheren Intuition, wiederum eine kräftige positive Polarität besitzt. Ihr alleroberstes Zentrum, das sie mit dem monadischen Impuls verbindet, ist negativ geladen und verbindet sie damit deutlich mit dem absorbierenden Aspekt der elektronischen Empfängnisbereitschaft.

Es folgt eine Karte, auf der die Polaritäten der Chakras bei Männern und Frauen sowie die Polaritäten der Schichten (oder Körper) der Schwingungsaktivität eingezeichnet sind, die den physischen Körper umgeben. (Abb. 17)

Wenn wir uns mit diesen positiven und negativen Ladungen ernsthaft befassen, erlangen wir ein tiefes Verständnis für weibliches und männliches Verhalten, wozu auch die Bedürfnisse gehören, die sich in den Persönlichkeiten der Geschlechter unterschiedlich ausdrücken. Wenn wir uns zunächst die physische Modalität ansehen, können wir erkennen, daß Männer aus ihrem Inneren heraus physischer aufgebaut sind, und daß diese Körperlichkeit sich *konkret* auf der physischen, auf der mentalen und sogar auf der emotionalen Ebene ausdrücken wird. Diese Körperlichkeit bedeutet Greifbarkeit und Aktion. Der physische Pol einer Frau ist negativ, sie betont körperliche Ausdrucksformen von Natur aus nicht so sehr – es sei denn, sie sind von der *emotionalen* Dynamik motiviert, denn bei den Emotionen liegt ihr starker positiver Pol in den niederen Zentren. In der Welt sind Männer mit ihrer Kraft und Intellektualität deutlich obenauf, aber ihre Abhängigkeit von Frauen auf der Ebene der Emotionen und des Herzzentrums macht sie besonders verletzlich.

Es ist schwierig für Frauen, mit Männern in den Wettbewerb zu treten oder Verständnis für sie aufzubringen, wenn diese Männer dynamische lineare Modalitäten ausdrücken. Aufgrund dieser und anderer tief verwurzelter Unterschiede erlangen Frauen nur selten die Stabilität im Herzzentrum, mit der sie die Verbindung zum Bewußtsein herstellen könnten und verbleiben nur allzu oft auf dem Niveau der emotional eingefärbten Spiritualität. Wenn aber die Frauen ihre Herzebene nicht erreichen, wird die Entwicklung der Menschheit insgesamt mittelmäßig bleiben. Nur korrekt und positiv polarisierte Herzenergie kann die Alchemie der niederen Körper katalysieren. Damit ist den Frauen und der Menschheit die große Verantwortung auferlegt, dafür Sorge zu tragen, daß die Frauen so weit kommen. Aus diesem Grunde ist die Spiritualität bis jetzt in das Reich der verfeinerten Körper verwiesen worden und hat dort hauptsächlich verstandesmäßige Aktivität ausgedrückt. Auf dem verstandsmäßigen Niveau sind natürlich Männer dominierend und bringen dort die Gefahr eines Intellektualismus mit sich, dem die emotionale Tiefe fehlt.

Die Auswirkungen des perfekten Bewußtseins auf die physische Ausdrucksform des Mannes deuten auf die positive Ausbreitung in den Körper der Menschheit, wo sich die Energien des monadischen Strahles positiv manifestieren – was erklärt, warum es in der Vergangenheit viel mehr männliche Meister gegeben hat. Da aber in unseren Zeiten ein Bedarf nach Transmutation der Substanz selbst (also nach Herzaktivität) besteht, wird für die geerdete und aktive Spiritualität die größere Anzahl von Lehrern bei den Frauen selbst zu finden sein, die auf Therapien und auf die Bereiche der Erziehung, Politik, Wissenschaften und selbst Finanzwesen spirituellen Einfluß ausüben.

Das zusammengesetzte Bild von Mann und Frau in ihrer normalen Erscheinungsform ist von Torkom Saradayan in „Woman: The Torchbearer of the Future“ (Die Frau: die Fackelträgerin der Zukunft) sehr gut beschrieben worden. Der Geist der Frau drückt Sprache emotional aus. Sie sieht alles durch ihre Emotionen und identifiziert sich mit dem, was sie sieht. Daher stammt ihre besitzergreifende Haltung, die sich in Ausdrücken wie „*mein* Sohn“, „*mein* Ehemann“ und ähnlichen zeigt. Wenn sie ihre emotionalen Bindungen nicht entwickelt, wird sie egozentrisch, krankhaft und fordernd. Ihre Hauptwaffe besteht darin, an der instinkthaften Natur des Mannes anzugreifen und seine Körperlichkeit in dem Versuch, ihn zu kontrollieren, zu verdammen. Sie lenkt bewußt die Aufmerksamkeit auf sich. Unfähig, ihre Emotionen zu kontrollieren, projiziert sie sie ständig nach außen und lügt sich dann selbst etwas vor.

Das zusammengesetzte Bild des üblichen Mannes ist keinen Deut besser. Durch eine unbewußte Programmierung ist die Sprache des Mannes überwiegend konkret. Er weiß, wie er seinen Verstand einsetzen muß, ohne die emotionalen Störfaktoren, die die Rationalität der Frau trüben. Sein Verstand meistert lineare und geometrische Modalitäten und übersetzt Emotionen in Konzepte. Damit wird er zu einer gefühlskalten, gehirnmäßig kalkulierenden, distanzierten und unrealen Person. Er meint, er würde über die Realität nachdenken, wenn er tatsächlich die Realität durch seine Auffassungen über Realität ersetzt hat. Er greift die Emotionalität der Frau an und setzt sie herab, oder er erhebt die Frau auf ein unreales Podest (von dem sie unweigerlich irgendwann herunterfallen wird), um sie auf diese Weise zu erobern. Ständig setzt er seinen Verstand ein, um sie auszubeuten.

Die Bösartigkeit, die sich in Zusammenschlüssen von Menschen gleichen Geschlechts manifestiert, ist genauso gräßlich, denn sie fördert Mißtrauen, Zweifel, Wettbewerbsdenken und Besitzgier, Verfremdung, Alleinsein, Isolierung, falschen Schein und Oberflächlichkeit.

Die grundlegenden und lebenswichtigen Unterschiede zwischen den Geschlechtern sollen Gemeinschaft miteinander und Freundschaft füreinander unterstützen und wachsen lassen. Sobald jemand, egal ob Mann oder Frau, Zugang zu seinem Herzzentrum gefunden hat, hören die Persönlichkeitsunterschiede (also die psychologischen Polaritäten der niederen Körper) auf, einen zwingend dominanten Einfluß auszuüben. Beide Geschlechter werden dann im Geiste sowohl männlich als auch weiblich – zwei-in-einem – während die biophysische Ausdrucksform ihrer *Körper* weiterhin ihr Geschlecht ausstrahlt, und zwar in verfeinerter Perfektion. Ein erleuchteter Mann wird mit emotionaler Tiefe auf jemanden zugehen können; eine erleuchtete Frau wird klar und intelligent sein und Wichtiges von Unwichtigem unterscheiden können. Der Mittelpunkt der integrierten Aktivität ist das Herz, in das alle drei niederen Attribute mit aufgenommen wurden.

Die wichtigste Aufgabe, der wir uns weltweit gegenübersehen, ist es, die deutlich unterschiedlichen Eigenschaften und Fähigkeiten der beiden Geschlechter zu verstehen. Die nächste Aufgabe besteht dann darin, die Ungleichgewichte zu korrigieren, die von den fehlgeleiteten Eigenschaften des ersten und dritten Chakras geschaffen wurden, und die Verwirrung zu beseitigen, die sich auf der Ebene der chaotischen Kräfte des zweiten Zentrums dazugesellt. Die positiven männlichen Polaritäten des ersten und dritten Chakras drücken die negativen materialistischen Züge dieser Zentren aus, während das positiv geladene weibliche zweite Chakra die negativen Selbstverwöhnungen emotionaler Auswüchse verstärkt.

Weltweit sieht das Bild also wie folgt aus:

Erstes Chakra: Die positive Polarität drückt Dringlichkeit und Gewalt aus, und sie legt übermäßiges Gewicht auf körperliche Gefühle und selbstsüchtige Befriedigung sowie auf die Ausnutzung von Menschen und natürlichen Ressourcen. (Männer)

Die negative Polarität manifestiert sich in einem Mangel an Erdung, einer Leugnung des eigenen Körperbewußtseins, Angst, Unsicherheit, Mangel an persönlichem Rückgrat, Armut und Alter. (Frauen)

Zweites Chakra: Die positive Polarität findet ihren Ausdruck in emotionalen Manipulationen, in Irrationalität, verführerischem Verhalten und Anklammern, in Besitzergreifung und Schuldzuweisungen, und in den verschiedensten Spielarten emotionaler Auswüchse. (Frauen)

Die negative Polarität manifestiert sich in Gefühlskälte, trockener und brüchiger Oberflächlichkeit, einem Mangel an Wärme und an emotionaler Erwiderungsfähigkeit. (Männer)

Drittes Chakra: Die positive Polarität drückt sich durch Ehrgeiz und Machtbesessenheit, Ausnutzung und Manipulationen aus. (Männer)

Die negative Polarität manifestiert sich als Abhängigkeit von äußeren Autoritäten und an von außen kommender Disziplin, aber auch in Vermeidung genau dieser Dinge. Es existiert weder echte Selbstkenntnis noch die Fähigkeit, das Selbst zu kontrollieren. Die Angst vor der Macht nimmt überhand, gleichzeitig masochistische Anziehung zum Zustand des Dominiert-Werdens. (Frauen)

Der Zuckerguß auf diesem ziemlich sauren Kuchen ist das kleine Herzzentrum, das bei so wenig Rückhalt einerseits im Dämmerzustand befindliche Intelligenz manifestiert, andererseits verschwommenes, nebulöses Denken.

## Transzendenz

Wie sieht das nun aus, wenn man *nicht* im Egoismus gefangen ist? Was ermöglicht es manchen Menschen, sich leichter davon zu befreien, als anderen? Liegen Gefahren darin, wenn man ohne Egoismus leben will?

Nachdem wir Egoismus definiert haben als ein Konglomerat aus geschlechtsgebundener Polarisierung, kulturellen Trends der jeweiligen Zeit und manifestierten Chakra-Eigenschaften, sehen wir uns nun der fast menschenunmöglichen Aufgabe gegenüber, aus seinem Bannkreis zu treten ... wenn wir können. Mit „aus seinem Bannkreis treten" meine ich, daß man sich seiner selbst bewußt sein und die Kontrolle haben muß, ohne daß man deswegen davon besessen ist oder sich davon antreiben läßt. Einfacher ausgedrückt, wollen wir uns nicht von den Rechtfertigungen des Egoismus beeinflussen lassen – dann können wir von einer höheren Warte aus wahrnehmen und funktionieren, nämlich von einer Warte, die uns mit einschließt und wahrlich menschlich ist.

Die symbolische und grundlegende Ur-Schlacht zwischen Egoismus und Transzendenz ist eine Tatsache, die den Vorgang der Bewußtwerdung, der Transmutation und der Erlösung der Materie markiert. Sie wird zwischen den Geschlechtern ausgetragen. Sie wird zwischen Ost und West ausgetragen. Sie findet innerhalb des eigenen Selbst statt. Die einzige Hoffnung liegt darin, daß wir diesen Quantensprung in den allerinnersten Schlupfwinkeln des eigenen Selbst machen.

Das wahre „Ich" muß als Präsenz anwesend sein, nicht als ständiger Kommentator oder als dringendes Bedürfnis, sondern als seiner selbst bewußtes und aktives Bewußtsein. Diesen Zustand erreicht man nur allmählich. Es kann gelegentliche Erleichterung geben, wenn es gelingt, ganz kurz in eine köstliche Stille einzutauchen, die ungeheuer schön und erfüllend ist. Es kann längere Zeiträume geben, die man in einem Zustand veränderten Bewußtseins verbringt, einer Art von wundervollem Nirgendwo. Und doch kommen wir immer wieder zurück und merken, daß der Mechanismus, der die Persönlichkeit und deren Egoismus betreibt, immer noch intakt ist. In dem Maße, wie wir unsere Verhaftung mit diesem Mechanismus erkennen und den Standpunkt einer Präsenz innerhalb einer flexiblen Persönlichkeit akzeptieren, können wir leichter in die Stille eintreten und uns selbst nähren.

Es gibt keine Kontinuität außer der, die wir den Dingen verleihen. Zu den besten Zeiten werden wir feststellen, daß das „Ich“ das Ergebnis des Augenblicks ist und von den Bedürfnissen dieses Augenblicks diktiert wird. Der Zustand der Anwesenheit spiegelt die größere Anwesenheit in uns allen wider. Er ist unsere *wahre* Verbindung zur Menschheit. Nur wenn wir auf diese Weise genährt werden, können wir die entsprechende Ladung mit der erhältlichen Energie aufweisen, die wir brauchen, um irgend jemandem zu helfen. Sobald Körper, Geist und Emotionen in der selben Zeit-Raum-Ebene existieren, ist der Raum, der in das Jetzt hinübertritt, die Erfahrung, real zu sein, man selbst zu sein.

Wir müssen den Schwerpunkt von der Kontrolle durch den Verstand auf die Modalitäten des Herzens umverlegen, von Gedanken, Ideen und linearen Ausdrucksweisen hin zu konzentrischen Erfahrungswerten. Gleichzeitig müssen wir aber die Fähigkeit aufrechterhalten, die linearen Modalitäten des Funktionierens in der Welt zu benutzen, ebenso wie es bei der Persönlichkeit selbst der Fall ist.

Dieser Vorgang läuft zwar auf der Ebene der Einzelperson ab, aber es gibt da eine mächtige Kraft, die erzeugt wird, sobald zwei Menschen in einer Beziehung zueinanderkommen. Besonders stark ist diese Kraft, wenn Menschen der unterschiedlichen Geschlechter beteiligt sind. Aus ihr erwächst der Wahre Mensch der Zukunft.

## Die wahre Persönlichkeit

*Die wahre Persönlichkeit ist eine Funktion des Augenblicks. In ihrer Zusammenstellung stellt sie sich selbst neu zusammen, je nach veränderter Situation – sie ist niemals automatisch oder auf Angewohnheiten oder Routine beruhend. Sie ist auf der Persönlichkeit aufgebaut und benutzt diese als Bewußtsein an sich. Wir werden zur Präsenz.*

1. Der Orientierungspunkt wird auf den Zustand des Gegenwärtig-Seins als Erfahrung, weniger als Identität, verschoben.

2. Die Flexibilität ist enorm und gestattet es, in mehreren möglichen Modalitäten oder Identitäten zu fließen. Oft sieht man untypisches Verhalten.
3. Ohne festgesetzte Struktur ist die Spontaneität größer, wobei diese von Unvorhersehbarkeit geprägt ist und weniger von rationaler Einschätzung oder innerem Drang.
4. Die wahre Persönlichkeit lebt ohne konventionelle Sinnzuweisungen. Der Sinn liegt in der eigenen Existenz innerhalb des Lebens.
5. Die wahre Persönlichkeit ist ein Energiephänomen, von dem die höhere Intelligenz von Natur aus ausstrahlt. Außerdem und gleichzeitig drückt sie Lebenskraft aus und fühlt sich lebenssprühend und lebendig.
6. Sie kann loslassen. Sie genießt sich selbst ohne Anspannung. Sie strahlt ein Gefühl von Freude und Freiheit aus.
7. Sie fühlt sich ganz normal an. Sie hat keine Investitionen, die sie verteidigen oder beschützen muß. Sie handelt, lebt, denkt und spricht einfach.
8. Sie lacht über sich selbst und nimmt sich selbst nicht ernst. Sie spielt sich selbst und weiß, wie sie die Persönlichkeit bewußt einsetzen muß.
9. Sie reagiert mit Menschlichkeit auf Menschen und Situationen, wobei sie sich weder emotional verstrickt noch Gleichgültigkeit verstrahlt.
10. Sie liebt Abenteuer und Risiken, ohne deswegen unvorsichtig oder unbekümmert zu sein.
11. Sie ist bescheiden, ohne das nach außen kehren zu müssen. Sie mag sich selbst.
12. Sie akzeptiert Situationen, die sie nicht ändern kann, ohne Diskussionen oder Widerstand.

Wege zur wahren Persönlichkeit: Gegenmittel

1. Sich selbst spielen.
2. Jemand anderen spielen (wie beim Schauspielern).
3. Loslassen.
4. Die Angewohnheiten des eigenen Verhaltens ändern: anders gehen, sprechen, sitzen und andere (untypische) Dinge tun; verschiedene Geisteshaltungen und unterschiedliche Gesichtsausdrücke ausprobieren.

5. Über sich selbst lachen.
6. So tun, als ob man genau wüßte, was los ist, ohne Erklärungen zu fordern; aus diesem Wissen heraus handeln.

KAPITEL 6

# Beziehungsdynamik

## Karma und Beziehung

Der Beweggrund, der die eine Person zur anderen hinzieht, ist Einsamkeit, nicht Bewußtheit. Das Ideal der Beziehung erweckt das Verlangen, irgendwann Verständnis und Erfüllung zu finden. Die idealisierte Person befriedigt eine Sehnsucht, oft eine verzweifelte Hoffnung, die über der Angst vor dem Alleinsein liegt. Das ist der Grund, warum so viele Beziehungen in Kummer und Desillusionierung führen. Es gibt für einen anderen keine Möglichkeit, unsere Leere zu füllen oder für uns den Durst nach einer Erfahrung zu stillen, die uns nicht bestimmt ist.

Wir kommen aus denselben Gründen mit einem anderen Menschen zusammen, die uns auch am Leben halten, weil wir nämlich uns selbst beweisen wollen. Auf diese Art gründen Freundschaften, Feindschaften, Geschäftsbeziehungen, Liebesbeziehungen und sogar die Elternschaft alle auf einer gemeinsamen Dynamik: sie sind Spiegel. Unsere Beziehungen spiegeln all unsere Charakterzüge wider. Und doch bietet jede auch eine neue Hoffnung.

In der Welt manifestiert Liebe sich als physische, emotionale und mentale Anziehung und arbeitet im Rahmen zweier Aspekte desselben physikalischen Gesetzes der Polarität: 1) als psychologische Schnittstelle und als Kreislauf von Energien in normalen Beziehungen, und 2) als Austausch lebenswichtiger Flüssigkeiten und Substanzen in der Paarbeziehung. Die meisten Menschen treffen eine Unterscheidung zwischen normalen Beziehungen in der Welt und „Liebes-Beziehungen". Tatsächlich sind sie in ihrer Dynamik identisch. In diesem Buch wird der Unterschied so gesehen, daß er nur graduell und auf das Ausmaß des Ausstrahlungseinflusses bezogen ist. Offensichtlich ist die zweite Art stärker und erzeugt einen mächtigeren Einfluß auf unsere materielle Welt.

Beziehungen und vor allem die Liebesbeziehungen zwischen Mann und Frau sind der Inbegriff des „Salz in der Suppe", des Gewürz des Lebens. Wir müssen nur, egal in welchem Land der Erde, das Radio einschalten, um uns in den süßen Traum mit einzuklinken – die Unsicherheit und die Hoffnung, das Nachlaufen und das Erobern, das Vergnügen und die Hoffnung immer größerer Freuden ...! Er oder sie ist „immer" da. Er oder sie wird „deine Hand halten" – auf ewig! Alle Probleme schmelzen dahin, wenn wir unseren „Prinz Wunderhold" oder unsere Märchenprinzessin treffen. Das ist ein wundervoller Zustand voller Zauber ... und wir wünschen, er könnte ewig dauern. Selbst alte Leute lächeln und spinnen sich darüber ihre Phantasien ... Der Traum wurde niemals wirklich wahr. Er wird niemals wirklich wahr. Er ist der süßeste aller süßen Träume, er ist ein Traum, und viele von uns wissen das nur zu gut. Und doch beschließen wir, das zu vergessen. Wir beschließen, weiter zu träumen.

Dieses Kapitel befaßt sich zwar hauptsächlich mit der Dynamik der Beziehungen zwischen Mitgliedern der verschiedenen Geschlechter, aber diese Dynamik trifft ebenso auf jeden Menschen zu, der sich im „leela" der Schöpfung mit einem anderen Menschen einläßt. Der Kreislauf von Energien im Körper läuft bei beiden Geschlechtern identisch ab und ist von den genauen Umständen unabhängig.

Die orientalische esoterische Tradition teilt Energie in verschiedene Typen auf. Die Art, die den Kern sexueller Beziehungen bildet, ist eine Energie, die die chinesischen Taoisten „Ching" nennen und die indischen Tantriker „shakti"; ich nenne sie biophysische oder Lebensenergie. Diese spezielle Energieart wirkt als Kraft mit der Macht und der dichteren Konsistenz der Elemente. Sie unterscheidet sich beispielsweise sehr von den feineren Formen der Gnade, obwohl sie optimalerweise auch dorthin führt. Der Zweck spiritueller Arbeit ist es, aus dieser dichteren Substanz positive Aspekte abzuleiten und sie gleichzeitig in eine feinsinnigere Kraft weiterzuspinnen, die benutzt werden kann, um unseren Körper und unser Leben in Übereinstimmung mit den höheren Prinzipien ablaufen zu lassen.

In diesem Buch repräsentiert dieser Vorgang die Innere Alchemie, die für die Entwicklung des Bewußtseins nötig ist. Das bedeutet auch, daß man die Wirkungen untersucht, die unser Fehlmanagement auf Substanz und Kraft ausgeübt hat: auf unsere Beziehungen. Der wirklich bewußte Mensch fließt mit dem Leben und mit den Situationen, die das Leben uns bietet.

An diesem Punkt dieses Buches hast du vielleicht genau genug überprüft, wie du die drei niederen Zentren „verwaltest", um zu wissen, wie groß die Last deines Karma ist – mit anderen Worten, wie hoch der Grad deiner Bedürfnisse ist, deiner Faulheit, Dringlichkeit, Gleichgültigkeit und Ablehnung oder Vermeidung von Beziehungen im allgemeinen. Wir haben vielleicht sogar den Witz hinter den Problemen erkannt, die wir in Beziehungen antreffen, ganz egal, wie verschieden und einzigartig sie uns vorkommen mögen. Unsere Reaktionen sind standardmäßig und ziemlich roboterhaft. Vielleicht fällt uns auf, daß Beziehungs„probleme" immer dieselbe Grundlage haben: eine in sich festgefahrene Persönlichkeit kämpft gegen eine andere in sich festgefahrene Persönlichkeit. Unsere Beziehungen können die Hölle sein. Vielleicht sind sie auch eine Art von Tod.

Wir könnten also fragen: „Warum sind wir eigentlich zusammen?"

Untersuchen wir doch einmal einige der Gründe, die in meinen Arbeitsgruppen immer wieder angeführt werden:

1. *Ich kann ohne ihn (oder sie) nicht leben. Das Leben ist ohne ihn (oder sie) sinnlos.*

Diese Person ist nicht in der Lage gewesen, die Verantwortung für ihre Energien oder ihre Identität selbst zu tragen und hat den Sinn ihres/seines Lebens auf den Partner projiziert. Es wäre gut, die Seiten über die Besessenheiten des ersten und zweiten Chakras noch einmal zu lesen.

2. *Durch ihn (oder sie) fühle ich mich gut.*

Nur zu oft hört man diesen Satz aus der Perspektive physischer Abhängigkeit oder emotionaler Bedürftigkeit. In manchen Fällen liegt dem eine leicht sado-masochistische Dynamik zugrunde, die beide Partner in einem Spiel der Projektionen ermächtigt oder entmächtigt. Durch dieses Spiel bleibt das Melodrama interessant. Normalerweise ist unterschwellig eine Art energetischer Vampirismus vorhanden, mit narzißtischen Obertönen.

3. *Er (oder sie) ist ein guter Mann (oder eine gute Frau).*

Das kann die Grundlage für eine heilende Freundschaft sein, sich aber auch als „guter Vater" oder „gute Mutter" lesen lassen. Wenn jemand mit einer guten Vater- oder Mutterfigur verheiratet ist, hat man wahrscheinlich die Zustimmung der Gesellschaft, wenn nicht sogar der eigenen Eltern, erhalten. Diese Beziehungen gehen normalerweise mit einer geringen sexuellen Intensität einher und sind für die Personen, die mit diesem Blickwinkel an sie herangehen, ziemlich langweilig. Sie können für die Sicherheit eine gute Wahl gewesen sein, und um sich selbst davon abzuhalten, auf der Ebene der reifen Sexualität allzu tiefe Gefühle zu haben. Meistens geht da auch noch eine andere Projektion vor sich: Der andere Partner ist der „Gute", und man selbst ist schuldig, aber dankbar.

4. *Ich bin gerne mit ihm (ihr) zusammen.*

Bitte untersuche einmal, warum und zu welchem Zweck. Wenn du dabei merkst, daß du genauso gut auf eigenen Füßen stehen, dabei bewußt und unabhängig bleiben kannst, dann hat eure Beziehung eine Chance.

Und nun die „poetischeren" und „mystischeren" Gründe ...

5. *Das Schicksal hat uns zusammengebracht. Es ist einfach „passiert"!*

Die Dinge passieren nicht einfach so. Man sendet (normalerweise unbewußt) ständig Rufe aus, um das anzuziehen, was man möchte, was man meidet oder was man geworden ist – womit die drei Arten karmischer Beziehung beschrieben wären. Diese Aussage enthüllt auf der Seite der Person, die so denkt, ein gewisses Maß an Verantwortungslosigkeit.

6. *Er (oder sie) ist mein wahrer Seelengefährte (meine wahre Seelengefährtin) ... oder ... der Zwilling meiner Seele!*

Dein „wahrer" was?! Wenn diese Person dein Seelengefährte oder der Zwilling deiner Seele wäre, könntest du wahrscheinlich seine/ihre Nähe oder die elektrischen Spannungen, die bei einem solchen Zusammentreffen entstehen, gar nicht ertragen!

Der Zwilling deiner Seele ist ein Wesen, das zum selben unteilbaren Wesenskern gehört wie du selbst. Dieselbe Lebensquelle haucht beiden das Leben ein. Diese Wesen treffen sich nur *selten*, außer in Fällen wie denen von Franz von Assisi und der Heiligen Claire, oder von Teresa de Avila und Juan de la Cruz. Diese Treffen sind dann nie dazu gedacht, sie sexuell auszunutzen. Wenn und falls es ein Treffen gibt und dann auch noch ein *Erkennen* stattfindet, zu dem es bereits eines hohen Maßes an Bewußtsein bedarf, befinden die Wesen sich auf einer dermaßen erhöhten Ebene, daß sie an solche Dinge niemals auch nur denken würden. Das Treffen wird ausschließlich aus monadischen Gründen herbeigeführt und soll der Menschheit dienen. Mach dir darüber bitte keine weiteren Hirngespinste.

7. *Er (oder sie) ist so wunderschön!*

Das mag ja wahr sein, aber was tut diese Person damit? Es klingt nach Götzenverehrung. Für mich hat das den Anklang, als ob es da irgendwo ein Podest und etwas fehlgeleitete Verehrung gäbe.

8. *Ich liebe seine (oder ihre) „Energie“.*

Normalerweise ist damit sexuelle Energie gemeint. Daran ist zwar nichts Falsches, aber in den meisten Fällen ist es auch der einzige Beweggrund. Selbst wenn die beteiligte Person behauptet, sie liebe die „Herz“-Energie des anderen, handelt es sich meistens lediglich um projizierte sexuelle Anziehung, mit Schokoladensauce verziert und überzogen. Es ist ganz einfach sexuelle Ausnutzung.

9. *Ich weiß nicht ...*

Kein Kommentar.

Die Wahrheit über karmische Beziehungen – und unter diesen Begriff fallen normalerweise alle verschiedenen Arten von Beziehungen – ist, daß sie in dramatischer Weise Lektionen auf der Ebene der niederen Chakras abbilden, die der einzelne noch nicht gelernt hat. Eines Tages öffnet einer der Partner vielleicht die Augen für die Wahrheit, daß er nämlich Autorität, Macht, Befriedigung und alles mögliche andere aus sich hinaus projiziert, und wählt dann vielleicht den Ausweg daraus. Darin liegt auch die größte Prüfung, die sein eigenes höheres Bewußtsein ihm auferlegen kann: wie er das mit Integrität tut.

In den meisten Fällen gilt, daß „mit harten Bandagen gekämpft wird, sobald die Sache schwieriger wird“. Der Hauptgrund für Scheidungen ist die Entdeckung, daß bestimmte zwangsweise oder besessene Anziehungen bestehen, zu denen auch die pflichtbewußten gehören. Der Mensch wird mit seiner eigenen Häßlichkeit konfrontiert. Anstatt sich dieser Häßlichkeit in sich selbst zu stellen, kann er sie weiterhin nach außen projizieren, die Schuld seinem einst geliebten Partner zuschieben, ihn anschuldigen, beleidigen und kränken. In diesem Streit verläßt er dann den Partner, um eine andere, „bessere“ Person zu finden. Oft wird diese neue Person ihn mit demselben Dilemma konfrontieren, und er läßt sich wieder scheiden ... und heiratet wieder ... und wieder Scheidung ... *ad nauseam.* Und in Fällen, in denen er diese „bessere“ Person findet und diese seiner Meinung nach auch eine solche „bessere“ Person bleibt, liegt das normalerweise daran, daß diese „bessere“ Person keine Herausforderung darstellt. Man kann sie bequem ins „Heia-Bettchen“ bringen, wo sie dann „schön brav“ schläft.

Was ist nun aber mit dem Menschen, der es ernst meint und entdeckt, daß er sich jemandem verpflichtet hat, mit dem er nicht mehr „einen auf Spielkamerad machen“ kann? Der erste Schritt, den dieser Mensch unternehmen könnte, könnte so aussehen, daß er seinem Partner zu helfen versucht, ebenfalls zu erkennen, was da geschieht. Das muß man kunstvoll tun, vorsichtig, sensibel und mit einer ganzen Menge Geduld – damit schmiedet man dann auch die neue Form seines eigenen Charakters. Nachdem man sein Bestes getan hat – und das bedeutet, daß niemand gelitten hat, niemand sich selbst schuldig gefühlt hat und niemand der Sache ausgewichen ist, indem er sich nebenbei noch einen Liebhaber genommen hat – dann kann man sich, wenn es den Umständen entsprechend möglich ist, dafür entscheiden, sich zu trennen. Das kann nur passieren, wenn der Mensch nach seiner eigenen Einschätzung integriert gehandelt hat.

Es gibt viele gute Rechtfertigungen für einen Menschen, der das Leben im eigenen Heim unerträglich findet und Trost in einer Beziehung außerhalb seiner Ehe sucht. Die besten Rechtfertigungen beziehen sich meistens auf die unsichere Gesundheit des Partners, auf die angeblichen „Bedürfnisse“ der Kinder und auf die unsichere finanzielle Situation. Ich kann nicht anders, als zu sehen, wie der Mensch sich das alles schön hingebastelt hat. Seine Aufmerksamkeit abzulenken, sich selbst zu umschmeicheln und sich schließlich zwischen zwei Beziehungen aufzuteilen, ist nicht die Antwort. Ich rieche da irgendwo Feigheit, getarnt als Besorgnis, oder einfach als Angst vor dem Alleinsein. Ich bin erstaunt über die große Anzahl von Menschen, die in Ehen verfaulen, die nirgendwo mehr hinführen – weil die Menschen Angst haben, das Nest zu verlassen. Es gibt keine Möglichkeit, sich auf die eine oder andere Seite zu schlagen. Man ist genau da, wo man sein muß, und die Art, wie man damit umgeht, kann als Gradmesser für das Bewußtsein dienen.

Wenn die Karma-Lektion, die hier beteiligt ist, für den Menschen, der zurückgelassen wurde, noch nicht gelernt war, dann wird er oder sie zweifellos und sehr schnell eine andere Person finden, mit der er oder sie seine/ihre Neurose ausleben kann ... bis und falls er oder sie endlich aufwacht. Manche Menschen spielen die Opferrolle lieber ein wenig länger und schicken immer wieder Stacheln in das Fleisch des ehemaligen Partners. Solange diese Stacheln steckenbleiben, geht das Spiel immer weiter.

Die Lektionen des Karma müssen vom einzelnen Menschen selbst gelernt werden. Es kann keine Rede davon sein, daß man die Lektion ausschließlich mit einer bestimmten Person abschließen muß. Es gibt keine Entschuldigung dafür, daß man sich quält. Eine Lektion wird in das eigene Selbst integriert. Wenn der andere Mensch die Notwendigkeit, sich zu verändern, nicht erkennen kann, muß sein Partner diese Bedürfnisse mit jemand anderem ausleben. Auf derselben Grundlage entkommt auch niemand den Konsequenzen. Wenn man unter den derzeitigen Umständen nicht lernt, kommt die Lektion das nächste Mal unerwartet und mit mehr Nachdruck. Die Kraft, die vom Karma ausgeht, schwingt lediglich in Übereinstimmung zweier ähnlicher Vibrationen; die Lektion liegt im Umgang mit dieser Vibration und bindet niemanden an eine bestimmte andere Person.

Wir dürfen nicht vergessen, daß wir viele Menschen in unsere Emotionen mit einbezogen haben, als wir beispielsweise gelernt haben, mit den Kräften des zweiten Chakras umzugehen, weil wir unwissend oder begeistert waren oder unsere eigene Negativität gezeigt haben. Vor allem in der Jugend und in der Hitze des ersten Erwachsenseins ziehen wir Freunde und Liebhaber an und setzen dazu körperliche und emotionale Verführung ein – das Spiel macht uns Spaß und wir brechen Herzen, ohne darüber nachzudenken.

Die stärksten karmischen Bindungen scheinen allerdings geschaffen zu werden, während wir lernen, die Kräfte der persönlichen Macht des dritten Chakras handzuhaben. Wir befassen uns mit dem Spiel „wie kontrolliere ich“ und „wie mache ich jemanden zum Opfer“, oder wir verwickeln andere darin. Vor allem in den spanisch geprägten Kulturen, wo die Vorherrschaft der Männer über die Frauen die erwartete Norm ist, projizieren die Frauen die Autoritätsfigur und damit auch die gesamte Macht, mit der sie kontrolliert werden, auf ihre Männer. Die Männer projizieren die Rolle ihrer eigenen Mutter auf ihre Frauen und gehen dann normalerweise woanders hin, um dort die Liebhaberin zu finden, die sie in ihrer Ehefrau nicht finden können. Frauen, die plötzlich spirituell „aufwachen“ und nicht länger tolerieren können, was sie nun als „Unanständigkeit" der Sexualität betrachten, benutzen ihre neu definierte spirituelle Identität als Waffe, um sich einerseits zu rächen und anderseits der Situation zu entfliehen. Indem wir mit Gewalt umgehen, sie projizieren oder ihr entgegenstehen, führen wir jede Menge Ereignisse emotionaler und mentaler Verletzung herbei und durchleiden sie.

Dann gibt es da noch Karma durch Unterlassung – die Zeiten, zu denen wir uns nicht für uns selbst auf die Hinterfüße gestellt haben oder durch deren Korridore jene Verteidigungsaussage der Nazi-Kriegsverbrecher hallt: „Ich habe nur Befehle befolgt." Oder: „Ich habe nicht gewußt, was ich da tat." Wie viele Mütter schließen die Augen und lassen zu, daß ihre Männer ihre Kinder mißbrauchen? Oder was ist mit den Männern, verblendet von ihrer sexuellen Sucht, die das Flehen ihrer Kinder ignorieren? Wie viele Männer sehen nicht hin, wenn ihre Frau sie betrügt, weil sie es vorziehen, sich selbst etwas vorzulügen, anstatt sie zu verlieren. Es ist wichtig, daß man versteht: Wer sich davor drückt, eine bestimmte Tat durchzuführen, macht sich zum Mitschuldigen an dieser Tat.

Beantworte dir im stillen und ehrlich die folgenden Fragen:

1. Welche Gründe stehen hinter meinen Beziehungen? (Überprüfe alle Gründe und alle Arten von Beziehungen.)
2. Was habe ich in jeder meiner Beziehungen gelernt oder was lerne ich noch? Oder umgekehrt, vor welchen Lektionen drücke ich mich?
3. Auf welche Verträge habe ich mich eingelassen? Wie sehen die Bedingungen aus? Beachte bei dieser Gelegenheit, daß eine ganze Anzahl von Beziehungen zwischen Freunden und Liebhabern Vertragscharakter haben und bestimmten Bedingungen unterliegen. Überprüfe deinen Preis.
4. Was erzeugt in meinen Beziehungen Verwirrung und Verwicklungen? Was genau ist es, bei dem wir aneinandergeraten oder das Spannungen erzeugt ... in mir ... oder in anderen durch mich? (Anders ausgedrückt: Wie sehen andere dich?)
5. Welches sind die schwierigen Situationen oder Beziehungen in meinem Leben? (Überprüfe die Dynamiken, die dem zugrunde liegen, um so herauszufinden, warum bestimmte Beziehungen schwierig sind und wie du sie ändern könntest).

6. Welches sind die einfacheren Beziehungen in meinem Leben? (Genauso überprüfen wie bei 5.)
7. Wie sehen die negativen Verhaltensmuster in den schwierigen Beziehungen aus, die transmutiert werden müssen? Dazu werden auch Gewalt im physischen Sinne gehören, intensive kurzzeitige Beziehungen (die Emotionen auslösen) sowie Situationen, denen eine Geschichte von Zwang, Mangel an Kontrolle, Ärger, Verlassenheit, Aufgeben oder Nachgeben, energetischem Vampirismus, Machspielchen oder Drohungen zugrunde liegen, oder irgendeine Art von Furcht, Wut, Kontrolle oder Beherrschung.

Wenn wir uns selbst prüfen, sollte es keine Schuldzuweisungen geben. Es ist nicht mehr der Stil der Zeit, als Märtyrer zu leiden oder eine Verfolgungsjagd zu unterstützen. Wenn wir bei uns selbst oder bei anderen Charakterfehler erkennen, sollten wir diese mit einigem Abstand betrachten. Wenn Mitleid noch nicht möglich ist, müssen wir den Versuch der Bescheidenheit machen. Sich „schlecht" zu fühlen, ist nur ein anderes Gesicht des Egoismus.

Betrachte mit gleicher Unvoreingenommenheit auch die „guten" karmischen Anhaftungen. Die Gemeinschaft, die Hilfe, die Inspirationen, die du erhalten hast ... Im Grunde haben wir tödliche Angst davor, uns selbst (und die anderen) von diesen Anhaftungen zu befreien, denn wir glauben, daß die Liebe oder die Freundschaft auf dem Spiel steht, um die es bei dieser Beziehung ging. Wir halten uns nicht damit auf, darüber nachzudenken, daß wir vielleicht ein ganz anderes Wesen entdecken könnten, eine Realität, die mit der anderen nichts zu tun hat und die unsere Ganzheit inspiriert.

Wenn man sich in der Modalität der flexiblen Persönlichkeit befindet, braucht man sich gegenseitig nicht und muß auch nicht das Gefühl haben, gebraucht zu werden, das ein typisches Syndrom emotionaler Abhängigkeit darstellt. Die Fülle, die man entdeckt, wenn man mit einem anderen ganzen und befreiten Menschen zusammenkommt und in wechselseitige Beziehungen tritt, ist einfach großartig. Man kann gleichzeitig allein und zusammen sein. Die Freiheit und die Weite des Raums, die man dabei erfährt, sind das größte Geschenk der Liebe, das man machen oder erhalten kann. Um zu diesem Zustand zu gelangen, muß man seinen Mut zusammennehmen und das bedürftige Kind im eigenen Inneren, das immer noch nach Mama und Papa, nach Leitung, Trost, Schutz oder Macht ruft, enthüllen. Überlegen wir uns doch einmal, welchen Preis wir zahlen, um diese Dinge zu bekommen. Mit anderen Worten: warum wir uns selbst verkaufen und wie wir andere kaufen. Es folgt eine Tabelle, die unterschiedliche Arten von Beziehungen jeweils zeigt, wenn die Einheit mit der Frequenz eines bestimmten Zentrums mitschwingt.

VERSCHIEDENE ARTEN VON BEZIEHUNGEN

| | |
|---|---|
| Erstes Chakra | Zwanghafte Sexualität, tierischer Instinkt, körperliches Empfinden auf der Ebene der Haut. Physischer Sado-Masochismus. Sexuelle Ausnutzung. |
| | Lektion: Reinheit; Rituale und Sakramente. |
| Zweites Chakra | Psychologischer Sex, Erotizismus (Überbetonung des Erotischen) und Sinnlichkeit. Widerspiegelung und Projektion. Vater/Mutter-Eindrücke. Intensität und Identifikation. |
| | Lektion: Unterscheidungsfähigkeit und Weitsicht; Freude und die Fähigkeit, zu spielen. |
| Drittes Chakra | Machtspiele, Vorherrschaft, Bestrafung, Kontrolle und Manipulation. Anziehung an Symbole der Macht wie Geld und Politik. Ebene des verzauberten Glanzes und der Illusionen. |
| | Lektion: Innerer Abstand und Charakterstärke; Lebenskraft und Unabhängigkeit. |
| Viertes Chakra | Empathie und Sympathie. |
| | Lektion: zwischenmenschliche Treue und Synthese. |
| Fünftes Chakra | Gleichzeitigkeit und Umkehrbarkeit. |
| | Lektion: Wahrheit und Licht. |
| Sechstes Chakra | Vision und Intelligenz auf der Ebene des höheren mentalen Körpers. |
| Siebtes Chakra | Wahrer spiritueller Kontakt. |

## Häufige Beziehungsmuster

Beziehungen zwischen Personen, die auf der Ebene der niederen Zentren schwingen, schaffen Verhaltensmuster, die drei Typen zugehören: sexuelle Liebe, emotionale Liebe und konkurrierende Liebe. Diese Verhaltensmuster werden durch den Kreislauf von Energie auf bestimmten Bahnen innerhalb der drei niederen Zentren festgelegt, weil durch diesen Kreislauf die schweren oder negativen Eigenschaften der Zentren intensiviert werden.

Wenn zwei Personen in einer Beziehung gebunden sind, der eine der drei Ausdrucksformen karmischer Anziehung und Abstoßung zugrundeliegt, dann bringt jeder der Partner im entsprechenden Zentrum des anderen eine Saite zum Schwingen und bringt so die Lichtfilamente dazu, sich in kettenähnlicher Form buchstäblich zusammenzuschweißen. Diese Ketten dienen dazu, Auslösern ähnliche Reaktionen zu übertragen anstatt bewußte Reaktionen. Mit der Zeit kristallisiert sich das in Zwänge. Ich gebe einige Beispiele.

Ein Mann und eine Frau, die auf der Ebene der physischen Fleischlichkeit oder der *sexuellen Liebe* aneinander gebunden sind, werden die Erfahrung machen, daß sie sich ständig nach der Gegenwart des anderen sehnen oder an ihn denken müssen. Die waagerechte Verbindung leitet ihre sexuelle Kraft hauptsächlich innerhalb des ersten Zentrums vom einen zum anderen. Diese Art der Liebe wird oft auf einen Körperteil projiziert, wie es beispielsweise bei einem Fuß-Fetischisten der Fall ist. In manchen Kulturen stellt die Brust das Idol dar, oder die Pobacken, die Beine oder das Gesicht. Das Objekt, dem diese Art der Zuneigung gilt, ist normalerweise ein Teil der Anatomie, nicht aber die Person selbst. In vielen Fällen liegt noch nicht einmal diese Art der Zuneigung vor.

Der Kreislauf ist auf die gröbsten Ebenen der Erregung beschränkt. Der Geschlechtsakt ist zwar intensiv und leidenschaftlich, dauert aber nicht sehr lange, es sei denn, die Partner greifen auf Techniken zurück, die in diesem Stadium immer ohne Sensibilität oder Bewußtsein benutzt werden. Ohne Technik macht die Häufigkeit des Geschlechtsverkehrs dessen Kürze wett. Die mentale Erregung ist ungeheuer, oft liegt auf der hormonalen Ebene ein Ungleichgewicht vor, das die Erregung erhöht. Gespräche über Sex tragen noch zur Stimulation bestimmter Hautteile des Körpers bei, die man erogene Zonen nennt. Die primitiven Neigungen des Verstandes dienen dazu, das Bewußtseinsatom zu aktivieren und es dann außen und vorne zu halten, also auf der Ebene der lokalen Stimulation. Die körperlichen Gefühle werden noch mit pornographischen Abbildungen, ebensolcher Sprache, mit Musik, bestimmten Lebensmitteln oder Drogen verstärkt. Das ist der Sex der Massen und der Technokraten.

Es ist wichtig, zu verstehen, daß der Auslösemechanismus auf dem Niveau der niederen Chakras immer auch geistige Aktivität bedeutet, die sich auf die kollektiven unbewußten Gedankenformen einstimmt, anstatt auf die fühlende Heiligkeit des Organismus, wie die Natur es vorschreiben würde. Das körperliche Gefühl wird *innen* im Körper registriert, obwohl es tatsächlich außerhalb erzeugt wurde. Das fördert die Versklavung.

Wenn wir uns auf der Skala der Komplexität ein wenig nach oben bewegen, treffen wir auf die Erregung, die auf dem Niveau der *emotionalen Liebe* erzeugt wird. Freundschaft auf Vertrag fällt in diese Kategorie. Die eigenen Bedürfnisse werden nun auf die Persönlichkeit des anderen projiziert, anstatt auf seinen physischen Körper. So soll das innere Verlangen, sich beschützt und umsorgt zu fühlen, gestillt werden. Hier finden wir oft die Masse der Menschheit des Mittelstandes, also Menschen, deren strikt körperliche Bedürfnisse vielleicht nicht so wichtig sind. Normalerweise liegt eine Abtrennung vom eigentlichen Körper zugunsten der Emotionen vor, die man nicht hat hochkommen lassen, die man unterdrückt oder die man überbetont hat. Da die meisten emotionalen Bedürfnisse mental gestützt sind, findet man vorübergehende Befriedigung, wenn der andere mentalen Input in Form von Eiden, Versprechungen und ähnlichem macht. Sicherheit erreicht man mittels Statussymbolen oder mittels der physischen Anwesenheit des anderen. Solche Menschen können nichts alleine machen und können meist auch nicht getrennt voneinander leben. Im Falle von Ehepaaren kann das Zusammenleben eine Hölle der Angst, Unsicherheit, Eifersucht und Besitzergreifung bedeuten, die entweder innerhalb der Ehe erlebt wird oder in der Einheit „Paar" gegen Außenstehende.

Beispiele für diese Art der Beziehung gibt es genügend. Der Ehemann sorgt für Geld, Bequemlichkeit und greifbare Dinge, die emotionale Sicherheit bedeuten. Die Frau tut das ihre mit Essen – die übliche Methode, sich als gute Ehefrau zu beweisen. Zusammen sorgen sie also für ziemlich harmlose und gut gefüllte Bäuche, die ein etwas langweiliges Leben führen. Normalerweise werden eingebildete Gefahren aus der Außenwelt nicht nur zusammen identifiziert, sondern die beiden ergreifen auch füreinander dagegen Partei und bilden starke Allianzen voller Vorurteile und Fanatismus. Ihre Angewohnheiten unterstützen ihre Paranoia noch und geben ihr Nahrung. Die Intensität ihrer emotionalen Abhängigkeiten stärkt das Band zwischen ihnen noch. Diese Art von Bindung findet man oft in ideologischen oder spirituellen Gruppen und auch in Berufsverbänden.

Nahrung und Status ersetzen die sexuelle Genugtuung oft, aber nicht immer. In manchen Fällen kommt es zu echter sexueller Erregung, wenn einer der Partner mit den Gefühlen des anderen spielt. Es findet eine ganze Menge Manipulation statt. Eines der Lieblingsspiele ist „Fang-mich-wenn-du-kannst". Die Jagd führt zur Erregung. Die auslösenden Emotionen deuten normalerweise Gefahr an – so wird eine Art von Leiden ausgelöst, das wiederum eine rudimentäre Form der Zuneigung auslöst. Diese Zuneigung wird in Erregung übersetzt. Diese Drohung richtet sich zwar gegen das zweite Zentrum, trägt aber Obertöne des ersten Zentrums, in dem der Überlebensmechanismus sich auf Gewalt stützt.

Auf der dritten Ebene wird die *konkurrierende Liebe* durch ein System von Belohnung und Bestrafung gekennzeichnet. Ständiger Konflikt von Interessen und Meinungen verleiht dieser Ebene die Färbung von Widersacherei, Wettbewerb und mentaler Erpressung. Der andere wird durch reine Willenskraft überwältigt und erobert. Der ständige trotzige Widerstand erweckt sowohl beim Eroberer als auch beim Eroberten leidenschaftliche Intensität. Nach einem Kräftemessen des einen Willens gegen den anderen kann es passieren, daß der Sieger sich dem Opfer in der Absicht zuwendet, Frieden zu schließen, und dabei auf Ablehnung stößt. Das erregt ihn (oder sie) noch weiter zu mehr Wut und Empörung. Das kann sehr lange so gehen.

Es besteht immer die Hoffnung, daß der eine den „Wert" des anderen erkennen wird. In diesen Beziehungen wird sehr viel Wert darauf gelegt, recht zu haben und gut zu sein. Diese Besonderheit schwingt auch in der äußeren Welt mit, in der solche Menschen normalerweise

Macht und Prestige als Ersatz für die organische Erfüllung suchen, die ihr flüchtiges Miteinander-Schlafen nicht erzeugen kann. Solche Paare diskutieren viel und hacken ständig (oft allerdings nicht allzu ernsthaft) aufeinander herum – sie benutzen dabei Belohnung und Bestrafung als eine Methode, ihre Liebe füreinander auszudrücken.

Aus diesen Beziehungen gibt es so lange keinen Ausweg, bis einer der Partner den automatischen Mechanismus erkennt, dem ihre Leben unterliegen. Selbst wenn beide Partner sich ihrer Verhaltensmuster bewußt werden, ist es sehr schwierig, die einst geschaffenen Gedankenformen (oder Ketten) aufzulösen oder die Energien umzuleiten. Der Vorgang des Rückgängig-Machens ist schwierig und schmerzhaft und erfordert enormen Mut und Bescheidenheit, damit man seinem eigenen Selbst und den Projektionen, die sich gegenseitig absorbiert haben, gegenübertreten kann. Es hat keinen Sinn, dem anderen Menschen irgendwelche Schuld zuschieben zu wollen.

Die Partner müssen daran arbeiten, ihr Verhalten neu zu orientieren und so die Beziehung neu zu polarisieren, die überall die Zwietracht erkennen läßt und damit sehr reale und oft sogar greifbare negative Energiefelder rund um die Aura der beiden schafft. Der resultierende Verlust des sexuellen Interesses ist oft eine Konsequenz aus dem Verlust an Polarität zwsichen den Partnern, weil die Energien miteinander verschweißt werden.

Wir müssen unseren Sinn für Verschiedenheit und unseren Respekt für den persönlichen Freiraum aufrechterhalten, um so die natürliche Anziehung als Spiel der Energien zu erhalten. Selbst gute Menschen können auf den Abweg der Langeweile und Gereiztheit geraten, den die ständige Nähe schafft. Auch wenn die meisten Menschen etwas dagegen haben, empfehle ich aus ganzem Herzen getrennte Schlafzimmer für Paare. In Ermangelung getrennter Räume schlage ich vor, daß ein Paar eine Art von Ritual ausüben sollte, das die Partner immer wieder an ihre Verschiedenheit und ihre Individualität erinnert.

Es gibt nur wenige positive Wirkungen dieser Energiekreisläufe, wenn man von der illusorischen Befriedigung und der Selbstgefälligkeit absieht, die bei den Teilnehmern dieses Liebe-Haß-Wettbewerbes und dieser Ehrgeizigkeit vorherrschen und oft auch in Geschäftskreise, in die Bereiche der Kommunikation und der Erziehung eindringen. Nur zu oft sind die Menschen nur Marionetten des kollektiven Unterbewußten. Beziehungen auf einer der drei niederen Ebenen führen zu einem Verlust an Lebensenergie. Am ersten Zentrum ist der Verlust direkt und unmittelbar, weil es hier keinen erwähnenswerten Kreislauf gibt. Jeder der Partner ist hier in sich selbst in seine eigene Befriedigung eingeschlossen. Die Lebenskraft wird vergeudet und kehrt sofort in den kollektiven planetaren Sammelbehälter zurück, ohne mit positiven Eigenschaften aufgeladen zu werden. Ganz im Gegenteil, oft wird sie von den Gedankenformen der Menschen, die während des Geschlechtsverkehrs heraufbeschworen wurden, noch zusätzlich verschmutzt. Auf der Ebene des zweiten Zentrums erhält die Lebenskraft durch die emotionalen Eigenschaften der jeweils beteiligten Menschen eine gewisse Färbung.

Unglücklicherweise ist die Möglichkeit, daß die beteiligten Menschen positive Emotionen erzeugen und einen untadeligen ethischen Code aufstellen, der die Beziehung auf das Herzniveau anheben könnte, nur sehr gering. In der *Harmonie* – dieses Wort benutzen die Taoisten für Liebe – können wir eine ungeheuer große Neigung zueinander verspüren. Normalerweise geht das Hand in Hand mit einer klaren Bestandsaufnahme von Unterschiedlichkeiten, zu denen auch die Fehler des anderen gehören. Solche Beziehungen werden nicht durch Konflikt, Spannung oder Erregung charakterisiert, sondern verkörpern Freude, die richtige Einstellung, Ruhe, Bewußtheit und echte Herausforderungen im Gegensatz zur trotzigen Abwehr. Die beteiligten Parteien haben eine Chance, ihre einzelnen Identitäten zu behalten, während sie energetisch eine Vereinigung eingehen, die das höhere Bewußtsein katalysiert.

Es ist schwierig, die richtige Perspektive auch in einer Gesellschaft zu wahren, die das „Wir-Gefühl", die Konformität und das Mittelmaß zur Norm erhoben hat und in der der andere ein projiziertes Selbst ist. In Beziehungen, in denen höhere Mitschwingungsebenen existieren, ist die Modalität des Herzens in der Lage, zu wachsen und die gesamte biophysische und psychologische „Ausrüstung" zu nähren, ohne daß da eine Investition verteidigt oder eine ganz private Glückseligkeit beschützt werden müßte. Diese Resonanz, dieses Mitschwingen fließt über und breitet sich in die Umgebung und in die Wohnung aus, wo sie die Schaffenskraft und die berufliche Erfüllung fördert. Anstatt ständig zu sagen „*wir* wollen" oder „*wir* denken", sind gereifte Menschen in der Lage, sich direkt und individuell auszudrücken und dabei sich selbst und ihre Freiheit, sich zu entscheiden, anzuerkennen. Zueinander zu kommen soll nicht bedeuten, daß die Identitäten zusammenkleben müssen oder daß ständig die Schlacht ums Überleben geschlagen werden muß.

Anstatt daß mechanische oder emotionale kollektive Mechanismen filternd oder auslösend eingreifen, reagiert der Körper selbst, organisch und ganzheitlich, auf das Leben mit seinen individuellen Rhythmen und Kreisläufen der Aktivität und der Ruhe. Ein pulsierender, gesunder, von selbst erregter und synchronisierter Organismus reagiert auf Polaritäten und herausfordernde Unterschiede auf autonome Art und Weise, nur daß nun die Lebenskraft, die man ihn ihm spüren kann, von bewußter Intelligenz gelenkt wird, die auf bewußter Wahl und auf Angemessenheit basiert.

Das Bewußtsein ist nicht mehr für die Manipulationen kollektiver Gedankenformen anfällig, auch wenn es diese wahrnehmen und spüren kann. Das Verhalten ist nicht mehr zwanghaft. Ein offener und bewußter Mensch fühlt intensiv, aber er reagiert auf seine Umwelt nicht mehr mit blinden, einprogrammierten Reaktionen, sondern mit intelligenten, überlegten Handlungen. Ein solcher Mensch, der in seinem Körper entsprechend geerdet ist, kann dazu dienen, im Partner positive Modalitäten auszulösen – zu denen auch Umkehrungen alter Gewohnheiten gehören.

Für eine Frau ist die spirituelle Polarisierung sogar noch wichtiger. Die positive Polarität auf der Ebene des zweiten Zentrums dient als Verknüpfung zum positiven Pol am Herzen. Die Spiritualisierung der Beziehung, der innere Auftrieb durch die Energie des Mannes und die Inspiration durch die Kinder werden in Ausprägung und Ausmaß zum größten Teil durch das Bewußtsein der Frau bestimmt. Eine sehr positive Schwingung wird innerhalb des Herzchakra erzeugt, das spirituelles Bewußtsein buchstäblich gebären kann, weil es dieses katalysiert.

Viele Männer erreichen zwar auch alleine sehr viel, aber der Vorgang ist einfacher und schneller, wenn er durch weibliche Energie unterstützt und inspiriert wird. Ein normaler Mann kann seine Schwingungsfrequenz ohne diese Polarität nicht über das mentale Zentrum hinaus und in die höheren Zentren erheben. Ebensowenig kann er ohne den positiven Input des weiblichen Herzens die Transmutation seiner niederen Energie erreichen, die dann einen Einfluß auf die Transmutation auf der Ebene der Zellen haben soll.

Wenn eine Frau auf der Herzebene spirituell noch nicht erweckt ist, dann ist es egal, wie bewußt der Mann spirituell ist – die Energie wird meistens nicht bis zu der Stelle kommen, an der Transmutation stattfinden kann. Die höheren Energien des Mannes sind zwar notwendig und erfüllen den Zweck, die höhere Intuition der Frau auszulösen, müßten aber auch noch eine Öffnung auf der Ebene des Herzbewußtseins schaffen, damit die beiden als Paar die höheren Schwingungsfrequenzen erreichen können. Eine Frau löst diesen Quantensprung im Mann direkt aus, weil sie positive emotionale Nahrung zu bieten hat.

## Energiekreislauf in der Paarbeziehung

In sexuellen Beziehungen fließt Energie aus dem männlichen positiven Pol aus und tritt am weiblichen negativen Pol ein. Diese Energie vermehrt bei ihr sofort die emotionale positive Polarität am zweiten Zentrum. Wenn sie nicht gerade ein besonders schlapper Vertreter ihres Geschlechts ist, läßt sie die Energie direkt durch das erste oder zweite Zentrum wieder zurückfließen. Wenn es sich bei ihm um einen potenten Mann handelt, wird er diesen Kreislauf sexueller Kraft so lange aufrecht erhalten, wie sie diese Energie zurückfließen läßt. Die Art der Zuneigung zwischen ihnen gibt der sexuellen Bindung zwischen ihnen Nahrung, und diese Bindung ist die Basis für alle anderen Arten von Kreislauf einschließlich der höheren Kreisläufe – vor allem dann, wenn die Emotionen im positiven Bereich gehalten werden. Wenn die Emotionen oder andere Sekundärabsichten nicht konstruktiv sind, wird die Energie für eine der vielen Kombinationen genutzt, die für die Schaffung der drei niederen Verhaltensmodalitäten verantwortlich sind. Das Wechselspiel zwischen dem Fluß der Psyche und dem Fluß der Lebenskraft wird vom Grad der individuellen Integration der Persönlichkeit bestimmt.

In einer positiven sexuellen Beziehung kann der Kreislauf, dessen Ausmaß immer von der zugrundeliegenden Potenz abhängt, sich weiter ausbreiten und die anderen Passagen erschließen, die zwischen zusammengehörigen Zentren geschaffen wurden. Dabei gewinnt er immer mehr an Schwung und kann vor allem dann, wenn die Lichtaktivität vom Herzen auf ihn trifft, nach oben und noch weiter reisen, hin zur organischen und spirituellen Erfüllung.

Auch wenn nicht alle Beziehungen von sexueller Potenz genährt werden, können die Partner einer Beziehung gemeinsam eine Reise antreten, weil sie mit der gesammelten spirituellen Intensität beider Partner durch die Energiepassagen reisen, die zwischen den und innerhalb der verfeinerten Körper gebildet wurden. Auf diese Art können wir sehen, daß organische und spirituelle Erfüllung sich weder gegenseitig ausschließen noch voneinander abhängig sind. Tatsächlich passieren sie normalerweise getrennt voneinander. Um aber die Evolution der Materie positiv beeinflussen zu können, muß man sie als zwei Facetten desselben Phänomens sehen.

Wenn die Energie einer Beziehung zwischen Menschen entgegengesetzter Polaritäten die Herzebene erreicht, kann der Kreislauf der Lebensenergie nur aufrecht erhalten werden, wenn die negative Polarität am Herzen (in diesem Falle des Mannes) sich öffnet, um die Ladung auf dem physischen, dem emotionalen und dem mentalen Niveau aufzunehmen. Während der Mann damit in der Lage sein kann, einen physischen Schwung aufrecht zu erhalten, wird die Frau ihre stärker verfeinerte Befriedigung nicht erreichen, bevor der Mann diese positive Ladung nicht *auf allen Ebenen, einschließlich der Herzebene*, absorbiert hat. Wenn das fehlt, wird die Frau es intuitiv wahrnehmen, obwohl sie wahrscheinlich nicht immer in der Lage ist, es mit Worten zu interpretieren. Eine solche Beziehung ist spirituell dazu verurteilt, zu stagnieren, und verursacht Frustrationen auf den verschiedensten Ebenen.

Wenn ein Mann die Energie auf allen Ebenen empfängt, kann er zum höheren Bewußtsein aufsteigen, indem er sich selbst erlaubt, starke Verletzlichkeit zu erfahren. In diesem Falle wird er Respekt und Anerkennung für die Frau erwerben. Sein Sinn für das eigene Selbst wird eine tiefgreifende Umformung erfahren und weicher werden. Aber nicht jeder Mann ist für diese Art von tiefer, bescheiden machender Erfahrung geschaffen, die die männliche Persönlichkeit zertrümmert, und nur zu oft – vor allem in männlich orientierten Kulturen, in denen „Macho"-Verhalten betont wird – wird er versuchen, die Frau zu dominieren, indem er ihr seine aggressive Solarplexus-Modalität aufzwingt. Wenn es dem Mann entweder an physischer Potenz oder an spiritueller Reinheit mangelt, wird er in passive Unterwerfung verfallen und so allmählich den Respekt der Frau und sein eigenes Selbstwertgefühl verlieren. In manchen Fällen läßt der Aufprall der Herzenergie der Frau seine eigene Energie zusammenbrechen. Er kann dann sogar einschlafen (ganz buchstäblich!).

Ebenso wie die Frau sich auf der physischen Ebene dem Mann unterwirft, so unterwirft der Mann sich auf der Herzebene der Frau. Wahre Macht im spirituellen Sinne wird auf der Herzebene auf den Mann übertragen. Nun muß er sich zu seiner neuen Position der wahren Macht und Dominanz erheben. Eine spirituell erweckte Frau erkennt das mit Freuden. So werden „wahre" Männer und „wahre" Frauen geboren. Unglücklicherweise sehen wir stattdessen nur zu viele Männer, die unter dem Pantoffel stehen, Tyrannen, „Machos", aggressive und reizbare Frauen und frustrierte Kriecher.

In der Dynamik des Herzzentrums liegt das große Geheimnis, das den Kampf der Geschlechter für immer beendet: die Kunst, in der Verletzlichkeit Stärke zu erlangen. Wo Verehrung, Respekt und Mut anstelle von Schwäche, Wirklichkeitsflucht und Verunglimpfung kultiviert werden, gibt es wahres Glück und wahre Erfüllung. Diese Erfüllung ist nicht einfach sexuelle Befriedigung; sie schließt die psychologischen und spirituellen Gegenstücke des Energieaustauschs mit ein.

Mann und Frau sind so geschaffen, daß sie sich gegenseitig im perfekten Gleichgewicht ausbalancieren und zusammen einen macht- und kraftvollen Dynamo neutralisierter Kraft bilden. Es hängt von jedem einzelnen selbst ab, wie diese Kraft benutzt wird und ob sie die alchemistische Kammer erreicht, um dort von Feuer zu Licht transmutiert zu werden. Wenn die Frau ihre wahre Macht annimmt, kann der Mann sich wahrlich zu seiner Macht erheben. (Abb.18)

Um dir bei deiner Selbstdiagnose zu helfen, könntest du versuchen, mit den folgenden Fragen zu arbeiten, die am Zentrum für Innere Alchemie Teil des Projekts *Karma und Sexualität* sind:

1. Wie sieht mein Konzept der Weiblichkeit aus? Und der Männlichkeit? Was bedeutet es für mich, eine Frau (oder ein Mann) zu sein? Wie sehe ich die Rolle des anderen Geschlechts?

# SEXUELLE, EMOTIONALE UND KONKURRIERENDE LIEBE

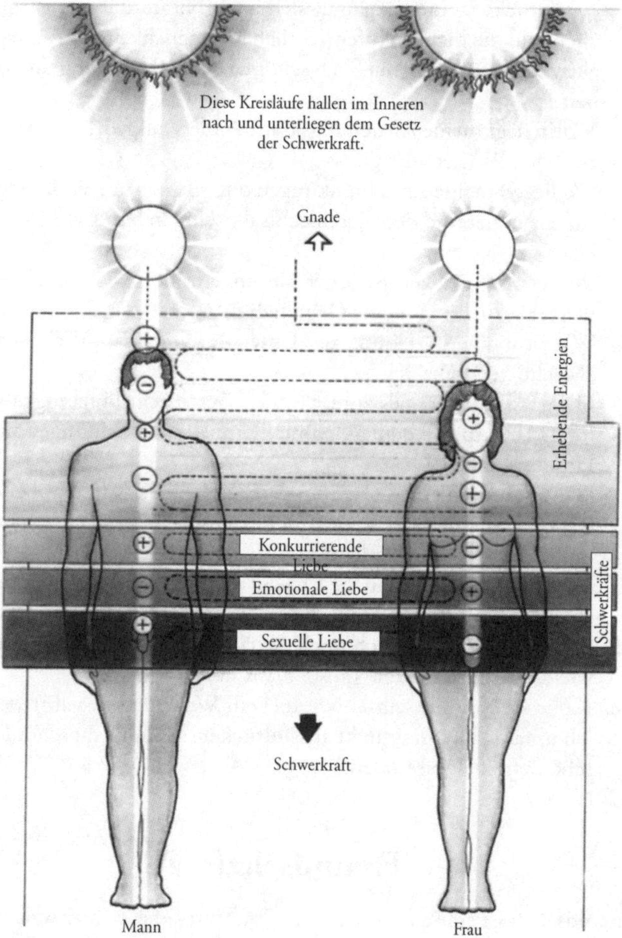


*– Abbildung 18 –*

2. Was erzeugt meine Sexualität? Anders ausgedrückt, was motiviert mich? Was „törnt mich an"?
3. Wie drückt meine Sexualität sich aus? (Nimm die offensichtlichen und die nicht so offensichtlichen Möglichkeiten in Alltagsaktivitäten auf, einschließlich schöpferischer Betätigung und Arbeit.)
4. Worin liegt meine Anziehungskraft? Anders ausgedrückt, womit ziehe ich Partner an?
5. Wo liegen meine Einschränkungen oder Begrenzungen in bezug auf Sexualität und den Geschlechtsakt? Und in bezug auf Intimität?
6. Wie erfahre ich Verlust (oder Gewinn) in der Art, wie ich von meiner sexuellen Energie Gebrauch mache?
7. Wie ist meine Beziehung zu „Unterwerfung"? Zu „Vertrauen"? „Macht"? „Potenz"?
8. Habe ich mich jemals zum gleichen Geschlecht hingezogen gefühlt? (Überprüfe deine Gefühle, Urteile und Meinungen über Homosexualität.)
9. Wie erfahre ich einen Orgasmus? (Erlaube dir selbst, darüber offen und ganz natürlich nachzudenken.) Habe ich schon einen multiplen Orgasmus erlebt?
10. Was mag und/oder brauche ich vom anderen Geschlecht am meisten? Und von Mitgliedern des gleichen Geschlechts?
11. Gibt es etwas, dessen ich mich „schäme"? (Denke darüber nach, wie du sexuelle Energie mißbraucht hast.)
12. Kann ich mit mir selbst als sexuellem Wesen leben, selbst wenn ich unfähig bin, das direkt auszudrücken? (Kannst du schöpferische Befriedigung finden?)

## Freundschaft

Freundschaft ist eine ganz besondere Erfahrung, die in ihrer wahrsten und höchsten Form immer die Aktivität des Herzzentrums auf den Plan ruft. Die Dynamik des energetischen Kreislaufes ist in einer Freundschaft hauptsächlich auf „den anderen Körper" orientiert. Dieses Anderer-Körper-Phänomen ist auch in sexuellen Beziehungen gegenwärtig, aber dort wird es in den Austausch der Lebenskraft mittels der Körperflüssigkeiten geleitet und unterstützt diesen Austausch.

Angehörige des gleichen Geschlechts lösen beeinander die mentale und emotionale Entwicklung aus. Wenn wie im Falle der spanischen und lateinamerikanischen Kulturen genügend Umarmungen und liebevoller Austausch stattfinden, kann das eine gesunde Körperaktivität auslösen, die im Grunde von Herzenergie genährt wird.

Freunde fühlen sich aus demselben Grund zueinander hingezogen wie Paare. Die Gründe können dabei von den niederen Chakras ausgehen (also Bedürfnis-Zwang-Ausnutzung), oder sie können durch ehrliche Bewunderung und Respekt verursacht werden. Im letzteren Falle dienen sie dazu, den inneren Mechanismus des einzelnen zu inspirieren und zu erheben und die spirituelle Entwicklung zu fördern.

Bei Freundschaften herrscht die Chakraaktivität nicht so vor, der Austausch findet hauptsächlich zwischen den Körperschichten statt. Wie im vorigen Kapitel beschrieben, ist die physische Polarität des männlichen Körpers von einer negativen emotionalen Polarität umgeben, die nicht nur als Chakra einen Aktivitätsmittelpunkt darstellt, sondern auch ein ganzes Netzwerk verfeinerter Körperenergie repräsentiert, das den Körper selbst umgibt und von Schicht zu Schicht durchdringt. Rund um diese zweite empfängnisbereite Ausdrucksform, die den männlichen Körper durchdringt, erscheint ein weiterer Mentalkörper mit positiver Polarisation. Für Frauen trifft der umgekehrte Fall zu.

Im Rahmen dieses Phänomens gibt es Platz für unzählige Kombinationen und Energieaustauschmuster, die auf der mentalen, der emotionalen und der spirituellen Ebene ungeheuer befriedigend und anspornend sein können. Ein emotional polarisierter Mensch kann von seiner Freundschaft mit einem anderen, mental polarisierten Menschen sehr profitieren; umgekehrt trifft das natürlich auch zu. Ein mental polarisierter Mensch kann durch seine Freundschaft mit einem spirituell polarisierten Menschen ungeheure Wachstumssprünge machen, wie es auch in der wahren Beziehung zwischen Lehrer und Schüler der Fall ist. Das erklärt, warum viele Freundschaften im Grunde viel mehr zu geben haben als konkurrierende sexuelle Beziehungen. Freundschaft drückt die Reinheit des Teilens aus und ist die erhebendste Ausdrucksform der Liebe. Sie ist eine wahrlich heilige Bindung zwischen zwei Seelen, ohne die Verstrickungen und Verpflichtungen normaler Beziehungen.

Nur zu oft wird sexueller Hunger oder sexuelle Unterdrückung auf die Freundschaft projiziert und gibt dort unterschwelligen Phantasien und Illusionen, Desillusionierungen und Frustrationen Nahrung. Das ist der Mechanismus, der den Erwartungen und Ansprüchen zugrunde liegt, die die altruistische Natur der wahren Freundschaft verseuchen. Es ist wohl unnötig zu erwähnen, daß eine Beziehung sowohl sexueller als auch freundschaftlicher Natur sein kann, obwohl man beim näheren Hinsehen bemerken wird, daß sie mehr in die eine oder die andere Richtung geht. In den meisten freundschaftlichen sexuellen Beziehungen gibt es nur wenig wirklich tiefgehende sexuelle Aktivität.

Kapitel 7

# Der orgasmische Puls des Lebens

Geistige Aktivität mittels des Bewußtseinsatoms projiziert elektrische, lineare Ladung. Materie oder Substanz gibt magnetische, konzentrische Kraftfelder ab. Wenn der Geist auf Materie projiziert wird, erhält man einen Nukleus oder *Schöpfungspunkt*. Dabei handelt es sich um eine Art Materieatom, das als Mittelpunkt einer Manifestation dient. Wenn zwei solche Schöpfungspunkte in einer Beziehung in Wechselwirkung treten, entsteht dabei der Effekt, daß elektrische Erleuchtung und magnetische Oszillationen vervielfacht werden. Sexuelle Vorgänge zwischen Menschen mit entgegengesetzter Polarität verstärken dieses Phänomen beträchtlich, weil es Leben und Geburten vervielfacht, also die Formen, in denen das Leben sich ausdrückt. (Abb. 19 + 20)

Im Falle des menschlichen Geschlechtsaktes entscheiden die unbewußten Absichten der Partner über die Art der Schöpfung, die im Augenblick des Orgasmus energetisiert wird.

Über das Thema „menschlicher Orgasmus" gibt es einen gewaltigen Umfang an Literatur. Moderne Forschungen über Sexualverhalten und alte Texte der Taoisten, Hindus und der tibetischen Tantriker sind heutzutage recht populär. Erstere Quellen neigen dazu, stärker technisch orientiert zu sein und beschreiben oft in unpersönlicher Form die reine Mechanik. Die letztgenannten Quellen sind mehr am Menschen orientiert, aber für den modernen Verstand viel zu kompliziert und zeitraubend.

Wie der einzelne Mensch seinen eigenen Körper wahrnimmt und wie er seinen Verstand einsetzt, ist von größter Wichtigkeit. In diesem Buch liegt das Augenmerk darauf, unsere Ideen über die Vitalität der Sexualität und die Erfahrung des Orgasmus[7] neu zu formulieren. Wir scheinen die Fähigkeit verloren zu haben, an den sinnlichen Aktivitäten des Körpers wirklich tief und ganz teilzuhaben. Diese Sensibilität kann der einzelne wiedererlangen, wenn innere Gesundheit und Spannkraft der Körperorgane und besonders des Nervensystems (das dringend repariert werden muß) erreicht sind und der Geist so trainiert ist, daß er zusammen mit dem Körper teilhaben kann.

Ein Orgasmus ist ein Naturereignis. Orgasmen passieren auf allen Ebenen der Schöpfung, vom atomaren Teilchen bis zum Sonnensystem. Sie passieren im physischen Körper ständig, ob wir uns dessen nun bewußt sind oder nicht. Größerer sexueller Genuß und optimaler Einsatz des Orgasmus sind die natürlichen Konsequenzen *bewußten Lebens* innerhalb von Materie. Die Bewußtheit, die an dieser schöpferischen Kraft teilhat, tranzendiert den Mechanismus des rationalen Verstandes bei weitem.

Ein Kind, dem man erlaubt, seinen Körper spontan zu erfahren, ist zwar noch nicht selbst-bewußt, aber es lebt in einer gewissen Bewußtheit der orgasmischen Aktivität, die sich als Freude, Glück, Vitalität manifestiert. Orgasmus beinhaltet Pulsieren und Fließen, das natürliche Überschäumen eines Lebens im Fleisch. Die Natur wirkt zwischen Menschen unabhängig von Alter oder Geschlecht, sie spielt mit den Polaritäten, und zwar nicht nur auf der Ebene des physischen Körpers, sondern auch zwischen den Schichten, die ihn umgeben. Verstand und Geist sollen mit dem Körper zusammen teilnehmen, ihn aber nicht ersetzen oder seinen Rhythmen im Wege stehen. Jede Zelle in unseren Körpern befindet sich von Natur aus im Stadium des Orgasmus.

Wenn ein Mensch, dessen Bewußtsein nach außen konzentriert ist, körperliche Gefühle spürt, enträtselt er diese mit einer von mehreren Methoden. Anstatt daß das Gefühl natürlich gespürt wird, wird es von dem gedanklichen Vorgang eingefärbt, der daran beteiligt ist. Meistens wird das Gefühl von sexuellen Obertönen eingefärbt. Sex wird zur Besessenheit, zu einem unstillbaren Verlangen, einer geheimen Sucht, einer gefährlichen Erregung oder einem Fluch, in dessen Angesicht wir anscheinend keine Kontrolle ausüben können. Das muß aber nicht so sein. Sexualität ist das normale geistig-körperliche Gefühl des Lebens; ihre Ausdrucksform ist keinesfalls vorher festgelegt. Wenn ein zentrierter Mensch körperliche Gefühle spürt, wird er sie als Ausdruck des natürlichen Gesetzes vom schöpferischen Kreislauf anerkennen. Er kann sogar die Position eines Menschen annehmen, der von diesem mächtigen, wertvollen Leben, das durch ihn hindurchgeht, profitiert. Als Hüter kann er große Freude daran haben, daß er das Leben direkt erfahren kann. Er weiß dann, daß seine Aktivität nicht von einem Ort außerhalb seines eigenen Selbst kommt. Sein

# DER SCHÖPFUNGSVORGANG
# I

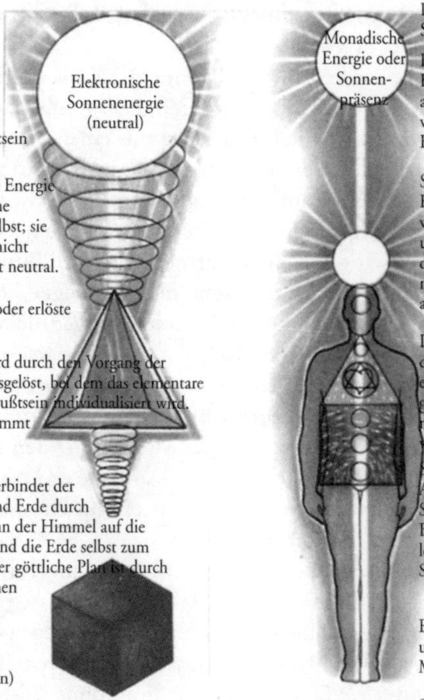


*– Abbildung 19 –*

Bewußtseinsatom, das in der Herzkammer bereitliegt, nimmt Aktivität aus dem Verwaltungszentrum der permanenten Atome wahr, ohne daß dazwischen irgendwelche Vermittler lägen, die die Wahrnehmung in Kategorien einsortieren. Er ist sich selbst genug, was nicht bedeutet, daß er das Leben weniger verehrt, das sich überall um ihn herum und außerhalb seines Ich ausdrückt. Er weiß, daß alles Leben Eins ist. Er weiß das, weil er es *lebt*.

Es ist kindlich, zu denken, man könne die Fülle des Lebens im Körper nicht ohne einen Partner erfahren. Falls und wenn ein Partner gebraucht wird, wird die Natur selbst uns einen bringen. Wenn wir uns daran erinnern, daß wir, um auf das anziehend zu wirken, was wir anziehen wollen, auf der selben Frequenz schwingen müssen, können wir aufhören, uns wie besessen mit dem Glauben zu beschäftigen, daß wir ohne einen Partner keine Erfüllung oder Erleuchtung erreichen können und auch nicht anfangen können, das beste zu sein, das wir sein können. Anders ausgedrückt: hör auf, deine Ängste auch noch zu unterstützen. Sobald wir uns selbst an einer Stelle befinden, an der eine Transmutation stattfinden kann, *brauchen* wir den anderen nicht mehr zur Herbeiführung. Das bedeutet: wenn alle Bedürftigkeit vorbei ist, dann ist den Bedürfnissen von der Natur entsprochen worden – so sagte es Arthur Janov[8], mein erster Lehrer, schon vor Jahren, als er von emotionalen Bedürfnissen und der Urerfahrung sprach.

Der erste Schritt besteht darin, sich der Energie im Körper bewußt zu werden und sie einfach da *sein* zu lassen. Wir müssen überhaupt nichts damit tun. Sie *ist* einfach. Wir lernen, ihre Gegenwart zu genießen und uns an ihren Bewegungen zu freuen, ihrem Tanz, ihren Kreisläufen in uns. Wenn wir das nicht tun können, ist selbst mit dem perfekten Partner ein Orgasmus im erfülltesten Sinne nicht möglich. Um am Orgasmus teilnehmen zu können, müssen wir zunächst innerhalb des Orgasmus als passive und ehrfürchtige Zeugen zugegen sein. Der Orgasmus ist die eigentliche Essenz der inneren kosmischen Explosion/Implosion und katalysiert die endlosen Kreisläufe von Zerstörung und Schöpfung.

Wenn wir Angst vor der Intensität haben, sei es vor der der Sinne oder der der Emotionen, wird ein Orgasmus nicht als Segen gesehen, sondern eher als reine Qual, gegen die man sich wappnen muß, koste

# DER SCHÖPFUNGSVORGANG
# II

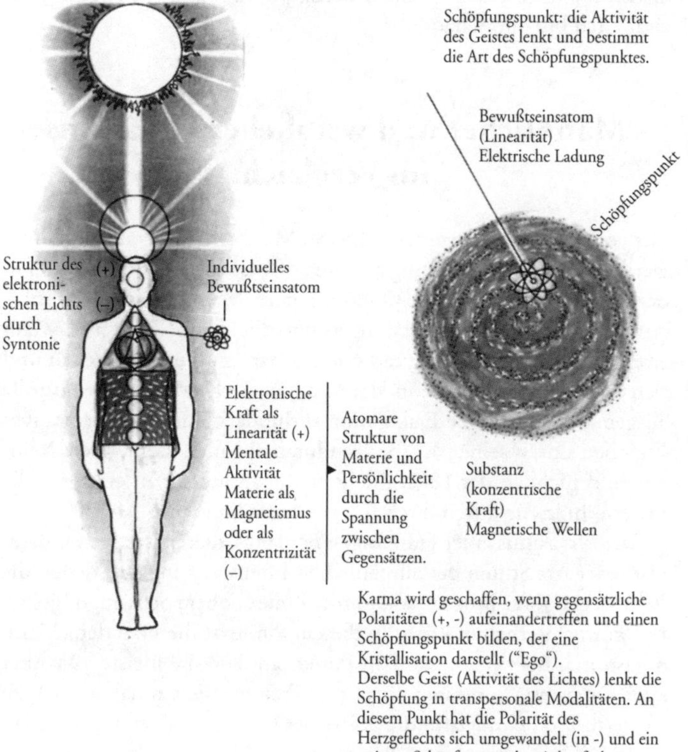


Karma wird geschaffen, wenn gegensätzliche Polaritäten (+, -) aufeinandertreffen und einen Schöpfungspunkt bilden, der eine Kristallisation darstellt ("Ego").
Derselbe Geist (Aktivität des Lichtes) lenkt die Schöpfung in transpersonale Modalitäten. An diesem Punkt hat die Polarität des Herzgeflechts sich umgewandelt (in -) und ein weiterer Schöpfungspunkt wird aufgebaut, sobald Kontakt mit der elektronischen Substanz (+) stattfindet. Der neue Schöpfungspunkt arbeitet nach den Gesetzen der Syntonie.
Orgasmische Aktivität auf Zell- und auf Energieebene ist die Teilnahme solcher Schöpfungen an den verschiedenen Lebensniveaus.

*– Abbildung 20 –*

es, was es wolle. Nur eine flexible Persönlichkeitsstruktur, die bereits begonnen hat, mit dem Leben als Bewegung und mit Energiephänomenen in Beziehung zu treten, kann bereit und aufmerksam bleiben, zentriert und teilhabend. Wenn ein Orgasmus auftritt, *gibt* es kein Zentrum, keine Gestalt, keinen Bezugspunkt. Er ist reine Konzentrizität, „Ich bin" im Chaos.

## Männlicher und weiblicher Orgasmus im Vergleich

Die verschiedenen Orgasmen, die von Männern und Frauen erfahren werden, stehen in Beziehung zu deren offensichtlicher Polarisation in der Materie. Der physische Orgasmus eines Mannes folgt einer linearen Modalität, die sich rasch steigert und direkt zum Ziel führt. Wenn er ein bestimmtes Dachniveau erreicht hat, muß er überfließen und sich erleichtern – es sei denn, der Mann hat sich so weit zur Kontrolle ausgebildet, daß er die Ejakulation verhindern und die aufgestauten Energien durch seinen Körper hindurch abbauen kann. Viele Männer sind nicht in der Lage, die hohen Spannungen zu ertragen, die Frauen ihrerseits durch ihren Körper leiten können.

Der Orgasmus einer Frau folgt einer langsameren, stetigeren Bahn mit einer Art Stufen der allmählichen Intensivierung, auf denen die Frau wegen ihrer inneren Anatomie immer höhere Schwingungsebenen aufrecht erhalten kann. In diesem Sinne ist die Frau dem Mann orgasmisch überlegen. An dem Punkt, an dem die meisten Männer zum Orgasmus kommen, fängt eine Frau gerade einmal an, sich zu steigern. Wo beim Mann die Spitze des Orgasmus liegt, ist eine Frau erst bei einem Drittel ihres Potentials angelangt.

Idealerweise lernt ein Mann, seinen Orgasmus zu kontrollieren, während er die Frau dabei begleitet, ihr Potential zu erreichen. Dadurch wird in ihm immer höhere Energie freigesetzt. Damit das stattfinden kann, muß ein gewisses Maß an Technik erlernt werden – eine Technik, die den psychischen Zustand der Partner und das Niveau des gegenseitigen Respekts, das beide erreicht haben müssen, begleitet, nicht aber zu ersetzen versucht.

Sowohl Männer als auch Frauen können von der Betonung der Orgasmusspitze wegkommen und lernen, die sexuelle Erfahrung zu stärker verfeinerten Modalitäten zu verlängern, sobald beide Partner Erfahrung damit haben, höhere Schwingungsebenen in sich selbst aufrecht zu erhalten. Anstatt sich dem Spannungsabbau und dem Überfließen hinzugeben (meistens, weil man nicht mehr widerstehen kann), muß man lernen, die Energien zu halten und sie weiterhin im Kreislauf fließen zu lassen. Die dichten Energieströme werden so geleitet, daß sie Kreisläufe zwischen den Partnern bilden. Von diesem Plateau aus, das bereits hoch ist, wird dann ein neues, noch höheres Ansteigen eingeleitet. Man kann dazu eine Analogie zu seiner eigenen Beziehung zur Welt ziehen. Intensität aufrecht zu erhalten und verfeinerte Frequenzen in neue Kanäle zu leiten, ist die Wissenschaft aller Beziehungen.

Frauen fallen Praktiken, die ein Halten des Plateaus erfordern, leichter. Männer finden sich wieder einmal mit einer gedanklichen Falle konfrontiert. Die Kontrolle wird zwar vom Verstand gelenkt, aber Ejakulationskontrolle und Samenzurückhaltung ohne physisches Bewußtsein können extrem gefährlich sein. Die Kunst liegt daran, daß man das tun kann, während man mit dem Körper zusammenarbeitet. Energie kann durch die mikrokosmische Umlaufbahn zirkulieren (später folgt eine Beschreibung dieser Praktik sowohl für Männer als auch für Frauen) und in das Blut zurückkehren. Dadurch beschleunigt sie die Funktion des Sauerstoffs (des Lichtes), der höhere Bewußtseinszustände ermöglichen wird.

Der normale, natürliche und ideale Zustand für Beziehungen auf sexueller Ebene ist eine entspannte, bewußte, miteinander-schöpferische Aktivität. Die besten Liebhaber sind Menschen, die ihr eigenes Inneres kennen und bewußt an der Bewegung der Energie teilhaben können, die über die Gipfel und Täler hinwegfließen können, die die Gipfel sanft, aber stetig verstärken und die Täler sanft, aber bestimmt heben können. Das ist das Tao, die endlose Bewegung, die durch Aktivität und Ruhe das Leben darstellt.

Für Homosexuelle sind die üblichen Wege der Befriedigung normalerweise analer oder oraler Sex – keine dieser Praktiken erzeugt in den inneren Organen oder in den energetischen Körpern wirklich ein gesundes Gleichgewicht. Bei männlichen Homosexuellen provoziert die Hyperaktivierung des emotionalen Körpers, also der Schicht, neben der die Energien sich in ihrem Versuch, einen Kreislauf aufzubauen, bewegen, eine besessene und zwanghafte Emotionalität. Die übertriebene Aktivierung des positiven Pols am Basischakra verletzt die berührungsempfindlichen Kreisläufe und verstärkt beim männlichen Homosexuellen das ohnehin schon intensive Bedürnis nach Hautkontakt und Sinnlichkeit. Dazu kommt, daß das Lebensenergie-Lager am Steißbein, das beim Analverkehr stimuliert wird, geplündert wird und so den männlichen Homosexuellen seiner Lebensessenz beraubt – einer der Hauptgründe für den Zusammenbruch des Immunsystems. (Abb. 21)

Oralverkehr ist zwar weit verbreitet, stellt aber eine Gefahr da, wenn er als Ersatz für normalen Geschlechtsverkehr verwendet wird. Menschen, die Oralverkehr praktizieren, riskieren unabhängig davon, ob es sich bei ihnen nun um Lesben, Schwule oder Heterosexuelle handelt, den Raubbau an den empfindlichen Frequenzen des Halszentrums, die höhere ätherische Kontakte ermöglichen. Da Energie immer vom Höheren zum Niedrigeren verläuft, überstimulieren die intensiveren Frequenzen des höheren Zentrums oft die niederen Zentren.

Wenn zwei negative Polaritäten sich auf der physischen Ebene treffen, ergibt sich eine positive (männliche) Ladung, die sich ihren Ausdruck auf dem physischen und emotionalen Niveau von Frauen sucht. Viele Lesben sind zwanghaft aggressiv. Ihr Verhalten wird dadurch gekennzeichnet, daß sie Wettbewerbssinn, Wut, Mißtrauen, Isolation und eine allgemeine Rauheit zur Schau stellen, die mit kultureller Verfeinerung oder mit Bildung nichts zu tun hat.

Vom technischen Standpunkt aus schlagen die Taoisten vor, Homosexuelle sollten sich in Meditationen üben, die sie mit der gegensätzlichen Polarität aufladen. Im Falle von Frauen würde das die bewußte Absorption der Feuer-Energie von der Sonne bedeuten. Männer müssen die Ladung von der Oberfläche der Erde selbst zu erlangen versuchen. Sowohl Männer als auch Frauen müssen dabei ihre tieferen Körperkreisläufe öffnen, so daß sie die heilenden Eigenschaften der entgegengesetzten Polarität, die ihre Partner nicht besitzen, in ihre Körper hinein und durch ihre Körper hindurch filtern können.

Die Motivation für homosexuelles Verhalten ist in der Psychologie des einzelnen zu suchen. Ich habe vor allem in den Tagen, als ich meine Praxis in New York hatte, viele Homosexuelle getroffen, die

# REFLEXZONEN DER SCHEIDE

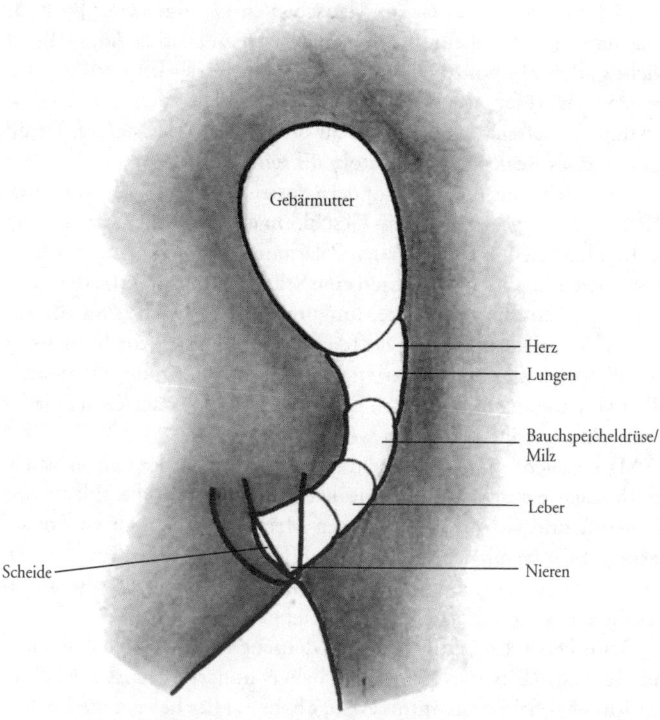


Übertriebene Selbstbefriedigung verursacht eine Schwäche der Nieren und der Harnblase, hohen Blutdruck, das Zurückhalten von Flüßigkeit, unregelmäßige Menstruation und zahlreiche andere Probleme.
Die klitorale Aktivität stimuliert *nur* die Nieren und die Harnblase, führt zur Zurückhaltung von Flüßigkeiten und zum entsprechenden Übergewicht

*– Abbildung 21 –*

sich aus Gewohnheit und aus praktischen Gründen in die Homosexualität geflüchtet hatten. In manchen Fällen führt der Gedanke an mögliche Intimität mit einem Menschen entgegengesetzter Polarität (was natürlich ungeheure Kräfte katalysiert) zu größter Angst. Es ist wichtig, daß Homosexuelle ihre Gedanken, Begierden und Motivationen überprüfen, wenn sie sich, wie jeder andere auch, von der Last des Karma befreien wollen. Nur zu oft fühlt er oder sie sich fremd und wird als Reaktion nur zu stolz auf seine Vorlieben.

Es ist nicht nur möglich, sondern zutiefst nährend, sich auf einen Partner von entgegengesetztem Geschlecht einzustimmen, um an dem sanften Energiefluß zwischen den Polaritäten teilzunehmen. Im Osten ist das seit Tausenden von Jahren eine Selbstheilungspraktik, die selbst Mahatma Gandhi anwendete, um zum Gleichgewicht und zur Lebenskraft zurückzufinden. Die Tempelritter, die sich zur Keuschheit verpflichtet hatten, praktizierten ebenfalls eine Form der nicht-sexuellen Vereinigung miteinander. Dieses Austauschniveau kann in jeder Entwicklungsstufe praktiziert werden.

Man braucht *keinen* Partner, um sexuelle Energie kreisen zu lassen. Es ist sogar einfacher, diesen idealen Kreislauf ohne die ablenkende Erregung und Wärme eines anderen Menschen einzurichten. Sobald sexuelle Energie mit der eigenen Bewußtheit einmal identifiziert wurde, kann der Mensch die männlichen und weiblichen Pole, die im eigentlichen Körper existieren, ins Gleichgewicht bringen.

Der erhebendste Fluß wird von Menschen erreicht, die den äußeren Sexualtrieb bereits gemeistert haben und ein gewisses Maß an spiritiueller Selbsterkenntnis erlangt haben. Hier bewegt die Energie sich nicht nach außen zu den Sinnen, sondern nach innen an die Wurzeln der Zentren, wo sie den inneren Mann oder die innere Frau sucht. „Innerer Mann“ oder „innere Frau“ bedeutet, daß man auf dem Weg über die Verbindungen zwischen den Zentren zu jener höheren Vereinigung zwischen dem niederen sexuellen Pol am Basischakra und dem Herzzentrum gelangt.

Nur wenn ein Mensch in der Modalität des Herzens verwurzelt ist, kann er Energie direkt von der universellen, alles durchdringenden und ihn umgebenden Lebenskraft absorbieren. Es wird nicht empfohlen, das zu versuchen, wenn man nicht vorher Wissen über seinen persönlichen Körper gesammelt hat, die Ganzkörper-Energiezirkulation bewußt aufrechterhalten kann und die flexible Persönlichkeits-Charakterstruktur stabilisiert hat. Es ist höchst wahrscheinlich, daß die höheren Energien die niederen Persönlichkeitsmerkmale verschlimmern oder noch größere Illusionen schaffen, wenn die Bewußtheit nicht auf dem Niveau des wahren Selbst-Bewußtseins gehalten werden kann. Genau deswegen, um also ein Gegengewicht zum weitverbreiteten Mißbrauch höherer Energien zu schaffen, die in persönlichkeitsbezogene Modalitäten gelenkt werden, wurde dieses Buch geschrieben.

## Energieaustausch und das Schaffen der Flamme

Mit den Informationen aus uralten Quellen hat Torkom Saradayan Texte veröffentlicht, die Licht auf die esoterischen Untertöne des Austauschs von sexueller Energie werfen. Der Mann spritzt im Augenblick des Orgasmus mittels seiner Sekretionen Kraft in die Frau ein. Eine Frau verfeinert und reproduziert diese Kraft durch höhere Emotionen und schickt sie als Freude und Vitalität an den Mann zurück. Wenn sie spirituell noch nicht weit genug entwickelt ist, ist diese Kraft durch personenbezogene Züge emotional befrachtet. Wenn sie durch das Herzzentrum an den Mann zurückgeht, öffnet die Möglichkeit der Transmutation für beide neue Dimensionen.

Der Orgasmus zieht schöpferische Kräfte an und drückt sie auch aus. Es wurde beobachtet, daß die Vitalaura beider Partner und die ätherischen Zentren der Frau (selbst ohne Eisprung) sich im Orgasmus vereinen und dadurch einen elektromagnetischen Kern für die Aufnahme der silbernen Schnur von einem unteilbaren Wesenskern bilden. Der orgasmische Impuls erzeugt eine derart intensive Energie, daß eine gewissen Stabilität auf der Ebene der niederen Körper nötig ist, weil sie als Erdung wirken muß, bevor die Menschen solche schöpferischen Kräfte für sich einsetzen und erhalten können. Wenn beide Partner entsprechend vorbereitet und *da* sind, kann diese Energie ihr Bewußtsein zu höheren Zuständen mit voller Bewußtheit tragen.

Der Einfluß beider Bewußtseinsatome, die sich im Herzbereich zu einem zusammenfinden, ist ungeheuer. Die Wahrnehmung findet durch die höheren Zentren statt und eröffnet Möglichkeiten, die ein normaler Orgasmus, der in den niederen Schwingungsbereich absteigt, nicht eröffnen kann. Zwei normale Menschen, selbst wenn sie beide zufällig gleichzeitig zum Orgasmus kommen sollten, befinden sich in getrennten Welten der Phantasie, der Manipulation und der Begierde.

Ein Orgasmus ist nur der Anfang einer transzendentalen Vereinigung. Wir scheinen die Möglichkeit und damit auch das entsprechende Wissen verloren zu haben, daß zwei Einzelmenschen die Reise durch die höheren Wahrnehmungen zusammen machen können. Wenn das Paar zusammenbleiben und physisch verschmelzen kann, öffnet sich der gesamte Leitstrahl des Bewußtseins.

In normalen Beziehungen besteht die Neigung, sich direkt nach dem Orgasmus wieder in Einzelwesen zu trennen, einen Imbiß einzunehmen, eine Zigarette zu rauchen oder einzuschlafen – alles, nur nicht sich der Bewußtheit des eigenen Selbst stellen, oder, was noch beängstigender ist, nur nicht sich den Tiefen des Lebens stellen, oder der Leere, die durch den Mangel an Teilnahme der beiden Menschen entstanden ist.

Im Orgasmus sind die Menschen eingeladen, sich dem Leben zu ergeben, und *nicht sich gegenseitig.* Wenn man einen Orgasmus in einer spannungsfreien, entspannten Umgebung der Stille passieren läßt, erinnert die innere Erregung an die Rhythmen, die der Schöpfung eigen sind. Bei solchen Zusammentreffen wird eine kleine *Flamme* erzeugt. Diese Flamme heilt und nährt das Nervensystem, reinigt den emotionalen Körper von Mißtönen und öffnet blockierte Durchgänge und elektrische Kreisläufe. Sie verzehrt all die negativen Elemente, die in beiden Partnern und in deren Umgebung vorhanden sind und säubert so auch tatsächlich einen gewissen Freiraum von unerwünschten Gedankenformen.

Diese Flamme ist nicht dasselbe wie der elektromagnetische Kern. Der Kern wird von verfeinerter Materie gebildet und tritt mit physischen atomaren Mustern in Verbindung. Die Flamme ist ein Lichterzeugnis und kann nur in Syntonie geschaffen werden, wenn in jedem Menschen bereits Bewußtsein vorliegt. Diese Flamme wird durch die Vereinigung positiver und negativer Energie innerhalb beider Partner geschaffen und stellt die Haupt-„Zutat“ für die Transmutation dar. Der erhöhte Anteil an Licht in der Materie katalysiert das Hervorgehen einer Materie mit neuen Eigenschaften aus der alten. Dieses Phänomen macht das Verschmelzen der Herzen aus, das die *alchemistische Ehe* genannt wird.

Die ideale Ehe betont nicht die sexuelle Vereinigung, sondern die lebensnotwendige Einheit und ein gegenseitiges Ehren, und sie repräsentiert das Aufeinander-Einstimmen der zwei Bewußtseins, der zwei Höheren Selbst. Dazu gehört die Vereinigung auf der physischen Ebene, die Verschmelzung der emotionalen Körper, die Synchronisierung auf der Ebene von Geist und Verstand und die Überlappung der zwei Seelen. Die Ehe vereinigt durch das Medium eines Partners das niedere Selbst mit dem Höheren Selbst. Die Hilfe, die durch die Anwesenheit des anderen geboten wird, ist indirekt und keine Einmischung in die Psyche des anderen. Einen Partner zu haben, bedeutet *größere Verantwortung*, nicht geringere. Das sollten die Menschen verstehen und sich besser auf den zusätzlichen Einfluß von Kräften, Energien, Verhaltensmustern und belastenden Umständen vorbereiten, den eine Beziehung naturgemäß für den einzelnen Menschen mit sich bringt.

Der Ansturm von Schuldzuweisungen, Anschuldigungen und Demütigungen, der oft das Ergebnis fehlgeleiteter Erwartungen ist, markiert den Tod der Beziehung, noch bevor die Gelegenheit zur Bewußtwerdung sich bietet. Nur wenn wir uns selbst lieben, haben wir etwas Schönes und Würdiges, das wir uns gegenseitig darbieten können. Der andere soll uns eine Inspiration sein, ein Symbol und kein Ersatz für den Kontakt mit dem allerinnersten Selbst. Wenn die Energie, die ein Paar zusammen erzeugt hat, keinen anderen Ausdruck finden kann als im Partner, dann ist die Wahrscheinlichkeit sehr hoch, daß daraus Stagnation und Unfrieden entstehen.

*Der andere ist nur eine Tür zum Selbst.* Sei dankbar, respektiere ihn und halte ihn in Ehren – aber ehre das eigene Selbst.

## Vorschläge für sexuelle Beziehungen

Disziplin ist eine innere Haltung, die auf Untadeligkeit und auf dem Wissen um den Rhythmus des Lebens beruht. Wenn ein Mensch sich selbst auf diese Art kennt, macht er naturgemäß auch wirtschaftlichen Gebrauch von kostbaren Energien und Zeiteinteilungen. Die hier gebrachten Vorschläge richten sich nach dem gesunden Menschenverstand und wurden von Torkom Saradayan aus urältesten Zeiten herübergeholt. Ich habe einige abgeändert und mehrere hinzugefügt. Jeder einzelne Mensch soll seine eigenen Regeln anwenden, die auf seinem eigenen natürlichen Rhythmus beruhen.

Für die Weisen früherer Zeitalter war Sex ein Zusammentreffen der Sakramente, eine Meditation, ein Treffen mit dem Unendlichen. Sex war kein Bedürfnis, das auf Dringlichkeit beruhte. Man befaßte sich mit der zyklischen Aktivität der Natur.

Den sexuellen Rhythmus kann man nicht durch Auflagen vorschreiben. Er entsteht durch gegenseitiges, bewußtes Einverständnis. Wenn Geschlechtsverkehr in bestimmtem Zyklen ablaufen soll, einigt man sich darüber besser im voraus. Die meisten Quellen stimmen darüber überein, daß Geschlechtsverkehr in extremer Verfassung, unter Drogeneinfluß, bei intensiven Wetterbedingungen, bei Müdigkeit oder Langeweile und nach reichhaltigen Mahlzeiten unterbleiben sollte.

Man hat beobachtet, daß beim Mann die höchste sexuelle Kraft im Frühjahr auftritt. Das bedeutet, daß wir zu anderen Jahreszeiten nicht dasselbe Maß an Inspiration erwarten sollten.

Duschen sollte man vor und nicht nach dem Geschlechtsverkehr, damit die feinen Körperenergien genug Zeit haben, in den Körperkomplex absorbiert zu werden.

Es ist besser, während der Menstruation keinen Geschlechtsverkehr zu haben. Während dieser Zeit unterliegt die Frau starken astralen und zerfallserzeugenden Mondeinflüssen. Sie kann einen Mann negativ beeinflussen und die negativen Seiten seiner Leidenschaften katalysieren. Die Weisen alter Zeiten haben immer empfohlen, daß Frauen in dieser Zeit getrennt schlafen und sich bewußt selbst in positive Ausdrucksmodalitäten hineinlenken sollen.

Die romantischen Vorstellungen, die sich um den Vollmond ranken, sind größtenteils emotionaler Luxus. Sexuelle Beziehungen sind zwei Tage vor dem Vollmond und bis zwei Tage danach am besten zu meiden – wiederum wegen des Einflusses, den die stark aufgeladene astrale Atmosphäre auf die Menschheit hat. Polizeistatistiken aus São Paulo (Brasilien) sagen aus, daß bei Vollmond die meisten Sexualverbrechen begangen werden.

Auf oralen Sex sollte man am besten keinen besonderen Wert legen. In jüngerer Zeit belegen Forschungen, daß viele Männer wahrscheinlich die Sensibilität auf der Ebene ihres Sexualorgans verloren haben. Sinnliches Vergnügen wird stattdessen mit extremen und übermäßig vergeistigten Mitteln registriert. Andererseits haben Frauen die Fähigkeit verloren, in ihrem Inneren zu fühlen. Sie bleiben lieber auf dem Niveau der Klitorisstimulation stehen, anstatt zu lernen, wie sie die anfängliche Stimulation auf die hintersten Abschnitte der Scheidenwände übertragen und dort vertiefen können.

Pornographie und Stimulantien werden nachgefragt, weil sie das nach außen gerichtete geistige Beschäftigtsein des Mannes befriedigen. Alle Schulen für spirituelles Wissen verbieten die Benutzung solcher Mittel, die aus offensichtlichen Gründen die Menge und die Art der elementaren Gedankenformen fördern, die einer verfeinerten Sensibilität und echter gegenseitiger Wertschätzung im Wege stehen.

Masturbation ist in den Anfangsstadien der sexuellen Ausbildung eine übliche Methode, sich der erzeugten Energiemuster bewußt zu werden. Sie war niemals so gedacht, daß man sie als Ersatz für den Geschlechtsakt, zum Abbau von Spannungen oder als Mittel gegen Langeweile einsetzen sollte.

Sexuelle Energie ist ein Brennstoff, mit dessen Hilfe wir transformieren, transmutieren und Dinge in eine andere Form bringen. Sie muß weise verwendet werden. Man muß Perioden mit völliger Abstinenz schaffen, um so die Heiligkeit der erzeugten Substanz und die erhebende Funktion, der die sexuelle Energie dient, zu regenerieren und zu erhalten.

Die Ehe bietet einen natürlichen Schutz. Wenn einer der Partner sexuelle Beziehungen mit jemand anderem als seinem Partner unterhält, unterbricht er die feinen Energiebrücken, die Verknüpfungen zu dem früheren Partner. Wenn der Partner medial begabt ist, kann er sogar spüren, wann und mit wem das passiert. Diese Verknüpfungen werden auf der Ebene der Chakras in der Horizontalen geschlagen, um Kräfte weiter und Energien im Kreis zu leiten. Wenn diese Verknüpfungen durch außereheliche Beziehungen abgebrochen werden, ist es nicht immer möglich, sie wieder aufzubauen. Die abgebrochenen Verknüpfungen ziehen nun Kräfte oder Energien ab, die sich auf der astralen Ebene mit unheilvollen Kräften verbinden, die niederen

Zentren zu stark stimulieren und die oberen Zentren angreifen. Ständiger Partnerwechsel oder sexuelle Zügellosigkeit haben aus dem einfachen Grunde nie die Zustimmung der esoterischen Schulen gefunden, weil ein Loyalitätsbruch auch die Verknüpfungen abbricht. Horizontale magnetische Verknüpfungen innerhalb von Paaren können selbst nach dem Tod eines der beiden Partner weiterbestehen und schaffen für den noch lebenden Partner, der einen neuen Gefährten sucht, Schmerz und Verwirrung.

Teilnehmer an meinen Arbeitsgruppen werfen oft das Thema der Polygamie in überlieferten Stammessystemen auf. In solchen Kulturen, in denen ein Mann legalerweise mit mehreren Frauen oder eine Frau mit mehreren Männern verheiratet sein kann, ist genau das Naturgesetz dieses Ortes oder dieser Zeit. Idealerweise herrscht zwischen allen Beteiligten eine harmonische und respektvolle Übereinstimmung, wenn nicht sogar ein tiefer Einklang. So wird eine spirituelle Einheit geschaffen. Diese *Einheit* ist das Mittel des spirituellen Erwachens – nicht die einzelnen Beziehungen innerhalb dieser Einheit.

In unserer westlichen Kultur gibt es oft „offene" Ehen, in denen einer oder beide Partner zustimmen, eine außereheliche Beziehung einzugehen. An diesem Punkt hört die Sexualität in der Ehe auf, als Gefäß für Energietransformationen zu wirken – aus der Beziehung wird eine Freundschaft, wie schön oder praktisch das auch immer sein mag. Die chemischen Vorgänge, die das Elixier für sexuelle Transmutationen erzeugen, sind auf konzentrierten Kräften aufgebaut, die nur in einer individuellen und sich selbst verpflichteten bewußten Einheit erzeugt werden können. In seltenen Fällen, wenn es sich bei der Beziehung mit dem legalen Partner nicht um eine sexuelle Beziehung handelt, kann das auch außerhalb der Ehe mit einem anderen Menschen geschehen. Wir leben nicht in alten Zeiten und müssen uns der Essenz hinter vielen alten Praktiken bewußt sein, um die unserer Zeit entsprechende Anwendung zu finden.

## Rituelle Vereinigung

Im folgenden Abschnitt werden einige Rituale vorgeschlagen, die solchen Paaren als Inspiration dienen sollen, die das Geheimnis der geheiligten Beziehung zwischen den Geschlechtern wiederherstellen wollen.

Legt einen Tag fest und bereitet euch vorher auf die Zeit und den Ort vor, auf die Atmosphäre, die Musik und was immer ihr sonst noch wollt. Trefft euch, wenn ihr beide ausgeruht und aufnahmebereit seid. Eure Umgebung sollte die Reinheit eurer Absichten widerspiegeln.

Ihr solltet euch beide vorbereiten, indem ihr einige Zeit alleine und im Umgang mit euch selbst verbringt. Auf diese Weise schafft ihr die richtige Spannung oder Polarität, um euch dann mit dem anderen zu treffen. Ihr solltet euch in einem geistigen Zustand der Erwartung befinden. Ihr trefft euch ja mit eurem Gegenstück: der Gott, der sich mit seiner Göttin vereint, der Himmel, der auf die Erde trifft, das Wasser, das sich mit dem Feuer vereint.

Verwechselt Erwartung nicht mit einer Erwartungshaltung oder mit Streß. Das Wort Erwartung beschreibt ein geduldiges, glühendes Warten ... wie das Warten auf die Großartigkeit des Tagesanbruches nach einer langen durchwachten Nacht. Künstliche Hilfsmittel zur Stimulation solltet ihr nicht haben. Versucht, so wenig Gegenstände wie möglich um euch zu haben, wenn ihr beschlossen habt, daß ihr euch nach Art der Tantriker gegenseitig füttern wollt. Das bedeutet, daß ihr euch auf kleine Schüsseln mit Reis oder Obst beschränken solltet, die mehr ein symbolisches Zeichen darstellen und nicht zum Vollfressen gedacht sind; bei Wein genügen kleine Gläser statt einer ganzen Flasche. Ihr wollt bewußt bleiben und ganz da sein, mit maximaler Energie und Lebenskraft.

Wählt eure Musik sinnlich, aber nicht aufdringlich. Die Beleuchtung soll ausreichen, um das Gesicht des anderen sehen zu können, der ohne Scham in bescheidener Glorie und enthüllt dasteht, verletzlich und doch stark, ein Individuum und doch sich des anderen bewußt, der Teil des eigenen Selbst ist. Sprecht wenig, wenn überhaupt.

Nun seid ihr bereit, euch in meditativem Nachdenken gegenüber zu sitzen. Im hinduistischen Tantra, das deutlich ehrfürchtiger ist als andere esoterische sexuelle Lehrmeinungen, würden die Partner sich ein ganzes Jahr lang so, also ohne körperlichen Kontakt, treffen, bevor sie sich berühren dürften. (In unseren Zeiten wäre das unmöglich!) In allen Traditionen werden die Emotionen verfeinert. Der andere wird niemals als Objekt betrachtet. Er oder sie ist ein Bote von Gott, die andere Hälfte des eigenen Selbst.

Seht euch nun an und spürt die Gegenwart des anderen mit dem ganzen Körper. Ihr könnt zusammen summen oder chanten, um durch die Resonanz die Schwingungsaktivität eurer Organismen zu intensivieren, die ja sehr empfindlich eingestellt sein müssen, um die feinen Abstufungen in der Bewegung und der Zirkulation der Energien in euch und durch euch zu entdecken und nun auch den Einfluß der entgegengesetzten Polarität zu spüren, die euch stimuliert, euch erregt, euch ruft.

Tut das immer noch, ohne euch zu berühren, und wenn die visuelle Stimulation zu ablenkend wird und ihr nicht mehr fühlen könnt, wie ihr den anderen spürt, dann schließt die Augen, bis ihr wieder Verbindung mit euch selbst habt. Dieses Stadium kann zehn Minuten oder länger dauern.

Nun könnt ihr euch die Hände geben oder die Fingerspitzen aufeinander legen, um die feinen Ströme der Elektrizität auf den ätherischen Ebenen zu erwecken. Besondere Kraft liegt in der Technik, eure Energien durch eure Atmung miteinander zu koordinieren. Experimentiert mit verschiedenen Kombinationen. So kann der eine einatmen, während der Partner ausatmet, so daß ein Fluß zwischen dem Herzen und dem dritten Auge geschaffen wird. Wenn die Frau ausatmet, visualisiert sie sich ein Fließen von ihrem Herzen zu ihrem Mann, der mit seinem Herzen absorbiert und beim Ausatmen einen Strom von seinem dritten Auge zu ihr schickt. Vielleicht wollt ihr das mit geschlossenen Augen versuchen, um euch so für den Aufprall des sichtbaren Zusammentreffens im nächsten Stadium vorzubereiten. Laßt den Energien genug Zeit, zusammenzufließen und den Gipfel zu erreichen, bevor ihr zum nächsten Stadium übergeht.

Schaut eurem Partner stetig in das linke Auge und erlaubt den Projektionen und Grimassen, die dort auftauchen, vorbeizuziehen. Bleibt auf euer Herzzentrum konzentriert und von dort ausgehend aufmerksam. Manche Menschen ziehen es vor, auf den Punkt zwischen den Augen am Nasenrücken zu sehen. Die Augen bleiben sanft und aufnahmefähig, niemals starren sie aggressiv, fordernd oder eindringlich.

An dieser Stelle wollt ihr eure Augen vielleicht wieder schließen, diesmal allerdings, um euch sanft mit dem Energiefeld eures oder eurer Geliebten zu vereinen, wobei ihr euch immer in der alchemistischen Ausrichtung gegenseitig anerkennt. Verweilt eine Zeitlang in dieser sanften Vereinigung. In manchen Fällen werden die Körper auch mit einem Umhang oder Tuch bedeckt, um auch die biophysischen Energien innerhalb der Aura des Partners einzuschließen.

Behandelt das Küssen als das geheiligte Vorspiel, das es ja auch ist – in dem Wissen, daß auch Speichel eine Lebensflüssigkeit ist, die die Lebenskraft enthält und weitergibt. Achtet ganz besonders auf die elektrischen Ströme, die erzeugt werden, wenn ihr euren Partner auf den Mund oder am Körper küßt. Jeder segne die Körperteile des anderen, nicht als Fetischismus, sondern als Anerkennung. Um die Energien zu verteilen und die Empfindungen tief in das Gewebe einzuarbeiten, wollt ihr euch vielleicht gegenseitig am ganzen Körper massieren (wenn ihr das nicht schon getan habt), bevor ihr euch körperlich vereinigt.

Sobald ihr vereinigt seid, solltet ihr eine Zeitlang in entspannter Erwartung verweilen, die Energien im Kreis laufen lassen und euch von Zeit zu Zeit nur so viel bewegen, daß größerer Schwung erzeugt wird, aber noch kein Orgasmus erreicht wird. Atmet die ganze Zeit tief und in vollen Zügen weiter. Macht Pausen, in denen ihr absorbiert, den Kreislauf aufrecht erhaltet und integriert. Wechselt zwischen Bewegung und Bewegungslosigkeit ab. Verlängert den Augenblick des Orgasmus so weit wie möglich. Bleibt bewußt und achtet darauf, wie ihr selbst euch spürt, wie ihr Gefühl und Wahrnehmung erfahrt. Erkennt die ganze Zeit die Gegenwart des anderen und das Geheimnis des Lebensflusses durch euch hindurch an. Nehmt euch die Zeit, euren eigenen Tanz der Energien zu schaffen.

Du mußt zu dem Verständnis kommen, daß die Kraft, die du aus deinem eigenen Körper absorbierst, auch die Kraft ist, die bei dir bleibt. Die vitalisierende Wirkung, die die Energie des anderen in dir ausübt, dient nur dazu, deine eigene Energie auszulösen und aufzuwekken; wenn du sie nicht mit Intelligenz benutzt, wird sie sich abnutzen und dich ausgebrannt zurücklassen. Die Initiierung in die inneren Geheimnisse der Natur wird durch die Frau gegeben, aber sie kann nicht stattfinden, wenn nicht männliche Energie als Katalysator mit dazugegeben wird.

Paare werden bei der körperlichen Liebe neue Türen aufstoßen und Quantensprünge für Gefühle und Bewußtheit machen. Der Kampf der Geschlechter spiegelt den Impuls des Lebens wider. Man darf diese Schlacht nicht antreten, wenn man Wettbewerb und Eroberung im Sinne hat, statt im Geist der Jagd zu handeln, bei dem Anmut und Geschicklichkeit zusammenarbeiten. Übe, deine Energien am Herzen und im Bereich des „Hara" zu sammeln – das sind die naturgegebenen Speicherplätze für Kraft.

Die Liebe ist ein Geheimnis, das nicht gelehrt werden kann. Sie kann nur erlebt werden, wenn man mutig genug ist. Du kannst nur dann glücklich in Liebe leben, wenn du in Harmonie mit den Prinzipien des Lebens stehst. Es gibt keine größere Liebe als das Leben. Wenn die sexuelle Kraft bewahrt und transformiert wurde, dient die Meditation dazu, männliche und weibliche Pole ins Gleichgewicht zu bringen, die in jedem von uns existieren und ihren Höhepunkt im spontanen inneren Orgasmus finden. Dieser Orgasmus als die Fülle des Lebens ist das natürliche Ergebnis aus dem Bewußtsein, und er ist das Geburtsrecht eines jeden menschlichen Wesens.

## Kapitel 8
# Der Weg der Liebe und des Lebens

Auf sehr individuelle Weise besteht unser Körper aus denselben Stoffen wie der jedes anderen Menschen. Die grundlegende Molekularstruktur ist in uns allen identisch, ebenso die Fähigkeit und das Bedürfnis zu emotionalen Bindungen und geistiger Stimulierung. Das bedeutet, daß die drei niederen Körper aus derselben Substanz, derselben Gußform bestehen. Auch einige unserer Brüder im Tierreich teilen diese körperlichen Merkmale mit uns.

Was also unterscheidet uns von anderen Ausdrucksformen des Lebens? Unsere Fähigkeit, im kreativen Prozeß der strahlenden Erleuchtung Wissen und Liebe zu erlangen: der Weg des Herzens. Jesus, der größte Fürsprecher der Sprache des Herzens, hat diesen Weg beispielhaft verkörpert: in erster Linie Gott zu lieben und den anderen so zu lieben wie uns selbst – in Demut, Respekt und Zusammenarbeit.

Doch wie sieht diese „Liebe" aus? Ganz sicher ist es nicht dieser emotionale Zuckerguß, den wir für Liebe halten, die blinde Hingabe, die projizierte Furcht und Unersättlichkeit, die Sehnsucht nach jemandem „da oben", der uns errettet, weil wir schwachen Geistes, ängstlich und passiv sind!

Energetisch gesehen ist die Liebe eine Substanz, die vom Herzzentrum ausgeht. Wenn sich die Flamme im Herzen wahrhaft entzündet, das Feuer zu Licht wird und seine Kraft mit dem Urstrudel intelligenter Aktivität verbündet, verwandeln sich die richtungweisenden Prozesse im Kopfzentrum in Weisheit. Intelligenz, erleuchtet durch die empfindungsfähige Bewußtheit des Ganzen, ist daher der Schlüssel – der absolut einzige Schlüssel – zur Entwicklung eines Bewußtseins. Das geschieht ganz natürlich während eines Lebens, das im Körper und auf der Erde erfüllt gelebt wird.

Der erste Teil dieses Spiritualisierungsvorganges vollzieht sich in der unteren Kammer des Herzens im Zuge der Aufzehrung des Karma (das heißt, während die Bindung sowohl an das „gute" als auch an das „schlechte" Karma aufgelöst wird). Dieser Verbrennungsvorgang verläuft in Übereinstimmung mit den Phasen, in denen wir das Leben in uns selbst ehren und in unserem Körper Flexibilität, emotionale Stabilität und größeres Verständnis integrieren. Der Egoismus löst sich auf, und das Herz öffnet sich. Es dauert allerdings lange und fällt schwer, das zu leben, was wir gelernt haben, und unsere Aktivitäten und Beziehungen in der Welt neu auszurichten.

Während dieser Phase fallen die Betroffenen häufig in das kollektive Unterbewußtsein der niederen Chakras. In dem Maße, wie wir die Herrschaft über diese Impulse erlangen, sammeln wir die Kraft, die unseren Charakter aufbaut, jenen Kausalkörper, der unsere Energien in den nachfolgenden Phasen leitet. Diese enge Verknüpfung schwingt im Bereich des Herzzentrums mit.

Die zweite Wachstumsphase besteht darin, innerhalb dieser neu erworbenen Verhaltensmuster eine gewisse Stabilität aufzubauen. An diesem Punkt kommt unsere Fähigkeit zum Einsatz, das Licht in der Herzkammer zu verbreiten – das bedeutet, alles, was wir berühren, in Gold zu verwandeln. Auf diese Weise strahlen wir eine Frequenz aus, die eine völlig neue Substanz hervorruft. Diese Substanz wird von den Buddhisten „Boddhisattva“ genannt und könnte auch als „erleuchtetes Ausstrahlen des guten Willens“ bezeichnet werden. Die wahre Aufgabe des Herzen als einer alchemistischen Kammer geht über die Transmutation der Substanz der persönlichen Welt und des Körpers hinaus und besteht darin, die Substanz der Welt als Ganzes zu verwandeln beziehungsweise zu beeinflussen.

Das ist die wahre Aufgabe der Liebe. Sie ist keineswegs nur ein Gefühl, das der persönlichen Befriedigung dient, sondern vielmehr ein Geisteszustand in des Wortes tiefster Bedeutung. Die Liebe umfaßt alle Fähigkeiten des Menschen, die dem intelligenten, richtungweisenden Prinzip unterworfen sind, um das es sich beim Geist im Grunde handelt. Das „Königreich des Himmels“ meint nicht nur das Innenleben des Menschen, sofern dieses auf der Ebene der niederen Chakras (mit dem Nabel als Brennpunkt) auf gesunde Weise funktioniert – es ist überall, wo der Mensch ist, weil er *ist.* Die Liebe ist der Prozeß, ist der Bewußtseinszustand und die strahlende Erleuchtung des gesamten Organismus.

Wir brauchen zwar ein Kommunikationssystem, das alle Menschen verstehen können, aber im Zustand der Liebe erlangen Worte eine völlig andere Schwingung und übermitteln eine viel umfassendere, ganzheitliche Sicht der Dinge. Die Sprache des Herzens ist die Stille, ohne dabei an Vergangenheit oder Zukunft zu denken. Wahre Stille meint die Fähigkeit, sich der Vorgänge des Lebens ganz und gar bewußt zu sein – ästhetisch ebenso wie lyrisch. Die Dichtkunst, die Figur des Christus-Selbst und die Bilder von Engeln inspirieren und erheben uns und versetzen uns vorübergehend in eine Welt der Stille und der Schönheit. Das aktiviert eine Schwingungsfrequenz innerhalb des Menschen, die der seines eigenen Herzens ähnelt. Zumindest einen Augenblick lang ist er Teil einer subtilen Alchemie.

Die Dichtkunst entstammt jedoch dem bewußten und unbewußten Reservoir menschlicher Emotionalität mit ihren offensichtlichen Vor- und Nachteilen. Wenn wir die Dynamik der emotionalen Verhaltensweisen von ihren impulsiven Veränderungen erretten würden, könnten wir feststellen, daß Emotionen Ausstrahlungen (der Bewegung von Energien) enthalten, die durch das diffizile Gewebe des Nervensystems, das die Energie verstärkt, ausgelöst werden.

Zu Beginn haben wir gelernt, die unbewußte Aktivität unseres Nervensystems zu kontrollieren, die zu den unaufhörlichen Projektionen von Gefühlen führt. Dabei bleibt die Fähigkeit, Energie zu erzeugen und zu entsenden, intakt. Wir lernen, die emotionale Energie zu kontrollieren und zu sammeln, um sie uns nutzbar zu machen und sie anderen, „höheren" Möglichkeiten zuzuführen. Der emotionale Körper wird dabei Mittel zum Zweck.

Wir müssen uns die Fähigkeit bewahren, bewußt emotional zu reagieren. Viele aufrichtig Suchende haben diese Fähigkeit verloren, weil sie oftmals in ihren eigenen Beziehungen durch gewöhnliche Emotionalität tief verletzt wurden und nun abgestumpft sind. Viele flüchten sich in Asketentum und Vereinzelung, weil sie nicht in der Lage sind, normale Zuneigung zu schenken und auszuhalten. Wir können Gefühlskälte oder Isolation nicht entschuldigen. Zum Schenken gehört auch, das anzunehmen, was der andere uns geben kann. Das ist die Kunst der Beziehung.

Die natürliche, menschliche, persönliche Liebe ist eine Grundvoraussetzung für unser Wachstum. Häufig fehlt die Liebe in ihrer Form als brüderliche Verbundenheit, und dadurch beraubt sich der Betroffene des authentischen Gefühls, von anderen geschätzt zu werden. Zur Liebe gehört auch, gemeinsam die kleinen Schritte des Alltags zu gehen und einander zu helfen. Damit das wirklich funktioniert, muß

Liebe verschenkt werden. Gefühle sind die Lektionen, die wir durch die Liebe lernen. „Schämt euch nicht, wenn ihr weinen müßt", pflege ich zu meinen Schülern zu sagen. Niemand ist vollkommen. Und weil wir das nicht sind, können wir einander beistehen, wenn die Natur wie selbstverständlich ihren Tribut von uns verlangt.

Unser Herz ist das Organ, durch das wir das höhere Leben wahrnehmen und aktiv daran teilnehmen können; dafür muß es jedoch optimal funktionieren. Wie die Saiten eines Streichinstruments muß unser Resonanzvermögen sowohl fest gespannt als auch flexibel sein, um der Tonleiter an Regenbogentönen gerecht zu werden, auf der die Melodien des Lebens geschrieben sind. Die Transmutation ist sowohl eine Wissenschaft als auch eine Kunst und ist ohne Liebe nicht möglich.

## Die Suche nach Vereinigung

Unsere Beziehungen auf der menschlich-organischen Ebene entsprechen der Anziehung, die zwischen dem niederen und dem Höheren Selbst besteht. Die Vereinigung, nach der wir uns außerhalb unseres Selbst mit einem anderen Menschen sehnen, symbolisiert die Vereinigung, die wir mit unserem eigenen unteilbaren Wesenskern anstreben. Vollendung und Erfüllung können nur auf den höchsten Ebenen unseres Seins auftreten.

Mit Ausnahme äußerst seltener und besonderer Umstände, bei denen die biologische, psychologische und kausale Modalität des Individuums bereits voll entwickelt ist, kann der Mensch diese erhabene Vereinigung nicht allein mit seinem Selbst erreichen. Er braucht eine Beziehung zu der entgegengesetzten Polarität, dem entgegengesetzten elektromagnetischen Feld, das ihn auf diese Unio Mystica, die höchste alchemistische Ehe mit dem Selbst, vorbereitet. Aus diesem innewohnenden Bedürfnis heraus entstehen Freundschaften und Liebesaffären, eben jene psychologischen Interaktionen auf allen Ebenen, die den Weg bereiten und uns näher zu uns selbst und zu Gott bringen. Der Egoismus der Persönlichkeit wehrt sich vehement dagegen, weil er seine Identität wahren will – eine Identität, die erst zerstört werden muß, nur um dann gereinigt und durch den Kontakt mit der Quelle verwandelt wieder aufzutauchen.

Sex drückt im Grunde Dualität aus: Materie und Geist, das Weibliche und das Männliche, das Negative und das Positive, Mutter und Vater. Die uranfängliche sexuelle Anziehungskraft strebt danach, Mann und Frau, den Menschen und seine Seele, den Menschen und Gott und letzten Endes den Menschen und das Universum verschmelzen zu lassen. Jede Verschmelzung zeigt sich an der Geburt eines Nachkommens, sei es das Kind einer Spezies, die Geburt beziehungsweise Erschaffung von Bewußtsein (dem kausalen Selbst), der „Anthropos" oder schließlich der universelle Mensch.

Durch unseren Intellekt erzeugen wir sowohl die Kraft, die uns zum entgegengesetzten Pol treibt, als auch die Kraft, die uns davon abhalten will. Somit schaffen wir eine künstliche Erregung beziehungsweise Spannung. Ohne diese Erregung scheint der normale Mensch nicht in der Lage zu sein, Anziehungskraft zu verspüren. Es ist, als ob wir zu der natürlichen Anziehung und dem Anreiz, sich einer Herausforderung zu stellen, keinen Draht mehr hätten. Die normale sexuelle Anziehungskraft wurzelt in der Angst vor dem Alleinsein, die immer dann entsteht, wenn sich die Persönlichkeit des Individuums der Größe und Majestät des Universums stellt.

## Charakter und Bewußtsein

Der Charakter ist das Ergebnis einer flexiblen Persönlichkeit, die sich energetischer Komplexe, auch Archetypen genannt, bedient. Archetypen stöpseln sich in die unteilbaren Energien ein; indem sie sich mit ihnen verbinden, gewinnen wir Fähigkeiten, die wir entsprechend einsetzen können. Damit wir dazu in der Lage sind, müssen wir uns selbst kennen und auf jeden Fall die Fähigkeit besitzen, unsere niederen Instinkte zu leiten. Aufgrund der Losgelöstheit und Anpassungsfähigkeit einer flexiblen Persönlichkeit können wir uns von Archetypen befreien, die nicht zu unserer sonstigen Wesensart passen. Wir können zu einem achtsamen Schauspieler auf der Bühne des Lebens werden. Das soll nicht heißen, daß wir auf irgendeine Weise unehrlich sein sollen, aber wir können einem individuellen Verhaltensmuster, das energetische Kraft enthält, Bewußtsein verleihen.

Zu den klassischen Archetypen gehört das Pantheon der Götter und Göttinnen aus West und Ost. Sie übermitteln Kräfte, die in jeder individuellen Wesenheit bereits latent existieren. Diese Gestalten gewähren uns Zugang zu Energien, die wir anschließend zum persönlichen und zum transzendenten Gebrauch nutzen können.

Das Bewußtsein findet erfolgreich und willentlich Zugang zu Archetypen, wenn die flexible Persönlichkeit eine solide Basis hat, auf der sie sich in der Welt ausdrücken kann. Diese solide Basis nennt man Charakter. Der Charakter sollte stark sein, gleichzeitig jedoch so flexibel, daß er jeder nur möglichen Spannung standhält. Ein Archetypus ist eine Art von Energiesammler, der den Charakter des Suchenden nährt und animiert, vorausgesetzt, dieser baut auf einer flexiblen Persönlichkeit auf.

Wenn sich Gott im Manne manifestiert, wird dieser die nachfolgenden Eigenschaften auf die einzigartige Weise seiner Trans-Individualität ausdrücken: Führungsqualitäten, Aufrichtigkeit, intellektueller Scharfsinn, Vornehmheit, Kreativität, Großmut, ein Gefühl für wahre Gerechtigkeit, Integrität und Untadeligkeit. Jede dieser von Natur aus maskulinen Eigenschaften bezieht sich auf ein inneres Bewußtsein, das die Welt mehrdimensional und konzentrisch wahrnimmt. Diese Eigenschaften verkörpern eine innere Veranlagung und Absicht, die nichts mit dem zu tun hat, was als äußere Manifestation erscheint.

Wenn Gott sich in der Frau manifestiert, dann wird sie auf eine Weise, wie nur sie es kann, die Attribute ihres Geschlechts zum Ausdruck bringen: Güte und Vergebung, Geduld, Großzügigkeit, Weisheit, emotionale Kontrolle, Wirtschaftlichkeit und Pragmatismus, Einfachheit und die Freude am Leben. Das soll nicht bedeuten, daß sie sich wie ein passives Mauerblümchen zu verhalten hat; schließlich heißt Frausein auch Muttersein. Diese Mütterlichkeit ist psychologisch und spirituell, ein Ausströmen ihrer Natur, weder symbolisch noch emotional. Es ist eine strahlende Erleuchtung, die heilt, anregt, inspiriert und die Welt erhellt. Frauen müssen das zutiefst verstehen. Nur durch dieses Verständnis können sie heilen und in Würde dem Manne helfen, er selbst zu werden und unsere Welt zu leiten.

## Der individuelle Weg des Mannes zum Bewußtsein

Ob ein Mann in einer Beziehung oder allein lebt, ob er schwarz oder weiß ist, Indio oder Asiate, ob er einen Weg der Hingabe oder des Wissens, der Wissenschaft oder des aktiven Dienstes an der Menschheit geht, er wird einer ganz bestimmten Spur folgen, um sein Bewußtsein zu entwickeln und aufzubauen.

Der natürliche Evolutionsweg des Mannes beginnt mit seiner Fähigkeit, auf gesunde, starke, maßvolle und praktische Weise in seinem Körper zu leben. Weiter geht es, indem er sich mit seinen urteilsfähigen, vorurteilslosen analytischen Fähigkeiten auf seinem zweiten positiven Pol auf der Höhe des Solarplexus verbindet und sich der größten Herausforderung stellt, die es gibt: der Konfrontation mit der Neigung seines Verstandes, ihn in falscher Sicherheit zu wiegen.

Wenn sich der Mann erfolgreich von den Etikettierungen des konkreten Verstandes löst, bewegt er sich zu den positiven Modalitäten des Halszentrums beziehungsweise der Buddhi-Ebene. Dadurch bekommt er Zugang zum universellen Geist und Wissen, und das befreit ihn von den niederen Kräften. An diesem Punkt stehen ihm die monadischen Impulse zur Verfügung. Sein Weg ist geebnet.

Da es extrem heikel ist, die kraftvollen Illusionen auszuschalten, die vom konkreten Verstand erschaffen werden, finden nur wenige Männer allein zu ihrer Buddhi-Ebene. Wenn ihnen das gelingt, fehlt ihnen häufig die emotionale Kraft, die für die heutigen spirituellen Bedürfnisse so wichtig ist. Ohne diese emotionale Flexibilität wirkt der Mann daher schroff und kalt, distanziert und autoritär.

Um zu diesem Zustand der Androgynität zu gelangen, der durch die Verschmelzung mit seinem eigenen Herzen entsteht, spielt die Mutterfigur im Leben des Mannes eine entscheidende Rolle. Manche Männer erhalten diesen Input durch ihre fleischliche Mutter, die meisten jedoch durch die Frau in ihrem Leben. Ohne diese emotionale Basis ist der Sprung vom Bewußtsein auf der Ebene des Solarplexus zum dritten Auge praktisch unmöglich. Durch den Einfluß einer Frau wird die zellulare Transmutation aktiviert, die emotionale Fleischlichkeit des zweiten Chakras ausgelöst und das Herzzentrum katalysiert. Auf diese Weise findet der Mann übergangsweise ein Gleichgewicht auf der Ebene des Halszentrums. Von dort kann er den Stabilisierungsprozeß am dritten Auge einläuten.

Obwohl es für Männer wie Frauen ein langer und gewundener Weg ist, gibt es keinen direkteren Zugang zu wahrer Transzendenz als den Pfad der Beziehungen zum anderen Geschlecht. Über den Weg des Herzens machen Beziehungen Männer zu den Visionären ihres eigenen atmischen Zentrums. Der Weg des Mannes mag möglicherweise der schwierigere sein, er ist aber auch der herrlichste, wenn der Sohn mit dem Vater in der Quelle eins wird.

## Der individuelle Weg der Frau zum Bewußtsein

Wir wissen bereits, daß die Stärke der Frau gleichzeitig ihre Schwäche ist: ihr emotionales Wesen. Wenn sie in der Lage ist, sich selbst durch das gefühlte Wissen ihrer selbst als Individuum und Teil der Welt angemessen zu definieren, kann sie sich mühelos das ungeheure Potential zunutze machen, das ihrem Herzzentrum innewohnt. Dadurch erlangt sie Zugang zu der vollen Aktivierung ihres positiv polarisierten dritten Auges beziehungsweise ihres atmischen Bewußtseins und findet somit zur Erleuchtung. Einer Frau fällt das allein viel leichter als einem Mann.

Die Frau steht der größten Schwierigkeit dann gegenüber, wenn sie nicht in der Lage ist, ihre persönliche Identität zu finden – etwas, was in der männlich dominierten Gesellschaft unserer Tage nicht einfach ist. Nur durch ihre Emotionen kann sie den Individualisierungsprozeß einläuten, einschließlich der Kontrolle und Herrschaft über ihren Körper und der Freude und Befriedigung darüber, Materie zu sein. Dieser Teil des Lernvorgangs kann durch eine Beziehung zu dem richtigen Mann, der sie ehrt und ihr die Augen für sich selbst öffnet, erleichtert werden. Aber diese Beziehung, entweder innerhalb einer Partnerschaft oder in der Welt im allgemeinen, birgt die zusätzlichen Gefahren und Verwirrungen des mentalen Komplexes in sich.

Der Weg der Frau führt von den Emotionen zur Intuition des Herzen. Dort erblüht ihre geistige Aktivität, umgeht die Gefahren des konkreten Verstandes und findet die Große Mutter, die immer schon in ihr war. (Abb. 22)

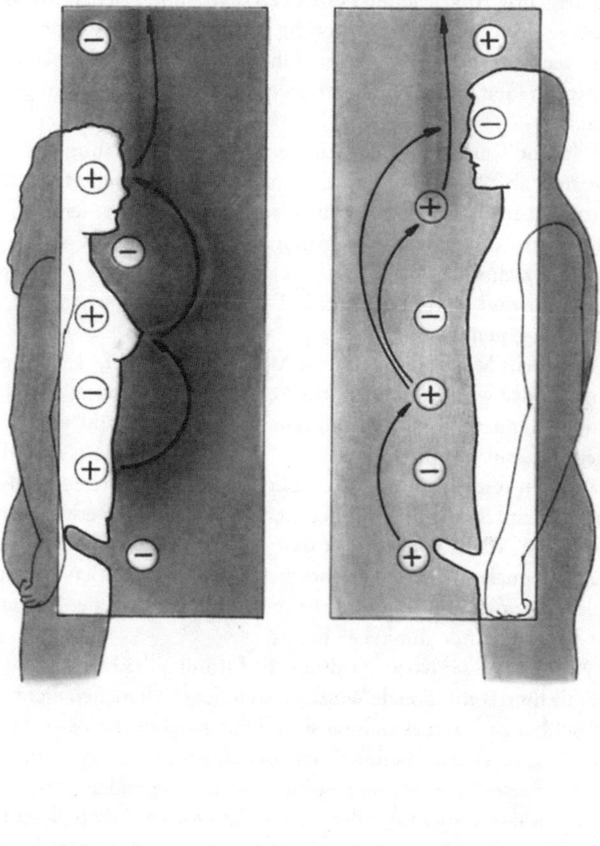


*– Abbildung 22 –*

# Alleinsein

Trotz der Freiheit, die Menschen in erleuchteteren Beziehungen genießen, kommt einmal die Zeit, in der jeder der Partner allein sein muß (und das tritt für gewöhnlich zu unterschiedlichen Zeiten auf, was die ganze Angelegenheit erschwert). Wenn in solchen Beziehungen eine emotionale Unterströmung der Abhängigkeit existiert, dann kann das zu ernsten Problemen führen. Bei Paaren, die bereits ein Muster an Freiräumen etabliert haben, ist dieses Problem weniger gravierend.

Seltsamerweise hängt das Alleinsein von der Öffnung des Herzzentrums ab. Wenn dies geschieht, stellt der Betroffene fest, daß er emotional nicht länger wie früher auf seinen Partner, seine Kinder, seine Eltern und Freunde reagieren kann. Er wirkt auf andere und sogar auf sich selbst lieblos, bis die neuen Modalitäten des Herzens anerkannt und integriert werden. Diesem Problem sehen sich viele Lernende gegenüber.

Wenn ein Mensch mit echtem Mitgefühl versucht, den Anforderungen oder wirklichen Bedürfnissen seiner Umgebung gerecht zu werden, gerät er in große Konflikte mit seinem Gefühl wachsender Integrität und Glaubwürdigkeit. Es ist am besten, wenn man dieses Phänomen respektiert und akzeptiert und den Menschen zuläßt, zu dem man anscheinend geworden ist. Der Bedeutungsverlust, den der Betroffene erfährt, während er das weiße Feuer des Herzens durchläuft, ist quälend. Mystiker sprechen von der „dunklen Nacht der Seele", die auch ohne die zusätzliche Last der emotionalen Erwartungen seiner Freunde dunkel genug ist.

Während dieser Krise, die durch die Öffnung des Herzens entsteht und die für das emotionale Wesen gewöhnlicher Menschen nicht nachvollziehbar ist, kann es zu intensiven Phasen des grundlosen Weinens kommen. Am besten bereitet sich ein Schüler des Lichtes darauf vor, indem er seine eigenen inneren Prozesse und die anderer respektiert.

Außerdem versucht sich der frühere Egoismus während dieser Phase häufig an einer Rückkehr. Er schleicht sich gewissermaßen durch die Hintertür herein. Der Betroffene sollte sich dann wie ein Beobachter verhalten, wie ein ausgeglichenes Licht in der ozeanischen Matrix, die sich nach und nach entfaltet.

Wir müssen unbedingt begreifen, was alles zu diesem Prozeß der Bewußtseinswerdung gehört. Ein gewisses Maß an Desillusionierung ist zwar unumgänglich, aber diese Desillusionierung ist nur die Erkenntnis unseres mangelnden Bewußtseins und der roboterhaften Existenz, die wir geführt haben. Sie dient dem Zweck, uns für die Suche wachzurütteln und den Überlebensinstinkt in Richtung der Vollkommenheit zu lenken. Die Reise zum Bewußtsein ist nichts für Menschen, die vor der Wirklichkeit zu fliehen versuchen, nichts für Intellektuelle oder Zwangsneurotiker. Es ist eine lange und anstrengende Reise.

Zuerst ist man angetan von der Vorstellung des Lichtes. Der Einstieg wird von derselben Dynamik aus Projektionen gekennzeichnet, in der man früher lebte, nur daß diese Projektionen jetzt „edler" sind und inspirieren. Das ist ein vorübergehender Zustand, den jeder wahrhaft bewußte Lehrer dazu nützen kann, das Streben des Suchenden zu intensivieren und seine Entschlossenheit zu stärken, Höheres zu erreichen.

Die Sufis[9] haben diese Methode perfektioniert, indem sie willkürlich ein Ideal projizieren und sich dann um dieses Ideal bemühen. Die Initiationen bestehen darin, mit diesem inneren Ideal zu kommunizieren und letztendlich mit ihm zu verschmelzen, zu diesem Ideal zu werden und es anschließend zu transzendieren, sich ihm zu stellen und es als Mensch in den letzten Phasen der Erleuchtung aufzulösen. Dieser kunstvolle Vorgang aus Gedankenprojektion und Autosuggestion ist gefährlich, wenn er von einem normalen Menschen unternommen wird, der allzu begierig nach etwas sucht, das ihm als Zuflucht dienen kann. Der wahre Mystiker ist sehr erdverhaftet, lebt in seinem Körper und mit der Natur. Er entwickelt seinen Verstand, um damit zu spielen und sein Wahrnehmungsvermögen auszubilden, um gemeinsam mit dem Göttlichen in sich schöpferisch tätig zu werden.

An dieser innewohnenden Göttlichkeit (die wir den „Lichtsamen" nennen) arbeitet der Sufi auf der Ebene des Herzens. Sobald sich das Herz öffnet, folgt der Rest von allein. Das Herz ist der Spiegel, in dem sich all unsere Gefühle, all unser Tun, ja überhaupt alles widerspiegelt. Der Suchende negiert absichtlich alles, was nicht aus Licht ist, und nimmt sich mit großer Entschlossenheit vor, das Positive zu verstärken. Er erfährt die Realität unmittelbar, indem er seinen Egoismus systematisch auflöst und gleichzeitig sein Ideal hochhält.

Die Herzkammer ist das Zentrum des Universums für den Menschen wie für den Fötus, der um das Herz herum wächst, das organische Zentrum des menschlichen Lebens. Das Licht im Herzen bewußt zu aktivieren ist für den Sufi ebenso wie für den Buddhisten und den Christen das Mittel, durch das genug Spannung und Schwung erzeugt wird, um die Instinkte des niederen Selbst bloßzulegen und zu besiegen. Die Selbstdisziplin ist zwar das Kennzeichen jedes ernsthaften Aspiranten, die Strenge seiner Entschlossenheit wird für den Sufi allerdings durch Tanz, Spiel und Festefeiern gemäßigt. Außerdem auch durch die Kultivierung intensiver positiver Emotionen, die genug Energie erzeugen, um die Unreinheiten des Selbst zu vernichten. Dieses niedere Selbst wohnt für die Sufis im Solarplexus, einem Zentrum, das am empfangenden Ende willentlicher Herz-Energien steht. Als ständige disziplinarische Übung zirkuliert der Sufi-Mystiker seine Energien zum dritten Auge, von wo er sie in Form eines Lichtstrahles, der die personalistischen Kristallisationen auflösen soll, auf seinen Solarplexus projiziert.

Der Sufi-Weg ist aggressiv und extrovertiert, höchst dramatisch und doch innerlich schlicht. Der buddhistische Weg ist introvertiert und in gewisser Weise asketisch. Der christliche Weg ist emotional verletzlich und direkt. Welchen Weg man auch wählt, es gibt nur eine einzige Wahrheit. In der Kammer des Herzens gibt es viele Wohnungen ... und dort wird das Alleinsein zum Alles-Einssein.

## Die Macht der Vergebung

Normalerweise halten wir Vergebung für etwas Passives, für ziemlich fade und irgendwie langweilig. In Wirklichkeit erfordert Vergebung ein beträchtliches Maß an Energie und gibt unglaublich hohe Spannungen von elektronischer Kraft in das System ab, Energien, die in Gedankenformen gefangen oder in verschiedenen Bereichen des Körpers isoliert waren. Die Macht hinter der Kraft der Vergebung ist die Macht des Unteilbaren, das durch den Kausalknotenpunkt kanalisiert wird.

In der Zeit, in der wir das Kausalselbst aufbauen (in der also unser Selbstbewußtsein wächst), erhöht sich auch der Bestand an Licht im

Zentrum des Herzens und zieht die Seelen-Substanz zu sich, die aus den umgewandelten Elementarformen entsteht. Dieses „Juwel" (beziehungsweise diese „Sonne") führt ein Eigenleben. Es entwickelt eine Stimme, eine Berührung, einen Atem. Als Christus-Selbst wird es uns immer vertrauter.

Die esoterischen Traditionen haben die Kommunikation mit diesem Innenleben in unterschiedlichen Ansätzen stets befürwortet. Je nachdem spricht man von „Seele", „Gewissen" oder „Engel", um nur einige zu nennen. Das ist auch das Ideal der Sufi-Mystik. Es dient dazu, die elektronische Spannung zu absorbieren und zu unserem Nutzen einzusetzen. In einigen Fällen sieht man sie als Sonnenengel, der in der Funktion unseres Höheren Selbst agiert, bis wir in der Lage sind, in unserer Schwingungsstärke so zu wachsen, daß wir diese Funktion selbst übernehmen können.

Die Gestalt unseres Höheren Selbst wird überaus real und fungiert als Verknüpfung zwischen dem normalen Selbst und dem Höheren Selbst. Solange wir nicht in der Lage sind, den Druck der Absoluten Wahrheit auszuhalten, begnügen wir uns mit der köstlichen Nähe zu dem süßen Trost und der Inspiration durch dieses Licht in uns. Es mag merkwürdig klingen, aber das Alleinsein wird in Phasen kunstvollen Selbstbetrugs erlangt.

Ein wichtiger Schritt in Richtung der Erkenntnis des Christus-Selbst in uns ist der Akt der Selbstvergebung. Hier kommunizieren wir tatsächlich mit dem Höheren Selbst, und wir spüren, wie es uns durch strahlende Erleuchtung antwortet. Dieser Schritt markiert den definitiven Eintritt des Bewußtseinsatoms in die Kammer des Herzens. Er dient dazu, unser Verhalten von der horizontalen zur vertikalen Modalität neu zu konfigurieren und beeinflußt unsere Körperchemie, unseren emotionalen Umgang und unseren geistigen Ausblick. Tränen sind häufig äußeres Merkmal eines ungeheuren Weichwerdens im Inneren.

Selbstvergebung basiert auf einem tiefen und auf Erfahrung beruhenden Wissen um das Gesetz. Dieses Gesetz ist die einigende Kraft von Leben und Wahrheit: das Gesetz des Einen, der Liebe. Alle Paragraphen dieses Gesetzes erkennen an, daß das Leben (und dazu gehören auch wir) im Grunde eins ist. Wir begreifen diese Wahrheit zuerst intellektuell. Uns wird klar, wenn Gott in uns ist, dann sind wir eins mit ihm. Ganz behutsam können wir bekräftigen: „Ich bin Gott." Das kann allerdings zu Konflikten führen, wenn man gleichzeitig an der Auflösung des Egoismus arbeitet.

Hier läßt sich die Analogie vom Herzen als dem inneren Kind ziehen – das Kind, welches „das Königreich Gottes" erben wird. Diese kindliche Qualität besteht aus Unschuld und Reinheit, wird aber leicht mit dem fordernden, verwöhnten, dickköpfigen und irgendwie verzogenen Gör verwechselt, das die Macht des Herzens durch eine Monopolstellung über unsere Emotionen an sich reißen will. Wir müssen eine klare Unterscheidung treffen zwischen Unschuld und Verletzlichkeit sowie zwischen Nachsicht und Manipulation. Alle „Kinder" werden stärker und dominanter, wenn wir zwischen diesen Dingen nicht zu unterscheiden vermögen. Das erste Kind muß einfach zugelassen werden. Das zweite braucht unsere entschlossene, wenn auch liebevolle Zuwendung, wie wir sie unseren eigenen Kindern angedeihen lassen würden, die ebenfalls Selbstdisziplin ohne Gewalt lernen müssen. In dieser frühen Phase ist es schwierig, unserem körperlichen und emotionalen Selbst Liebe und Aufmerksamkeit zu schenken, wo wir doch die meiste Zeit auf das verzogene Gör in uns wütend sind. Wir schreiten auf dem schmalen Grat zwischen Wut, Schuldgefühlen und wahrhaft erleuchteter Führung.

In dieser Zeit der Wut und Angst oder während der Selbstbestrafung beziehungsweise Verleugnung, der wir uns unter dem Deckmäntelchen der Arbeit an uns selbst unterziehen, ist es besonders wichtig, das Prinzip der Liebe anzuwenden. Daraus erwächst wahres Verstehen und Vergebung. Als Christus-Selbst gelingt uns das am besten, indem wir akzeptieren, daß wir wirklich geliebt werden – immer.

Wenn ein Kind zur Welt kommt, trägt es die genetische Programmierung seiner Eltern in sich, die seine mentale und emotionale Struktur bestimmt. Die grundlegende psychologische Arbeit besteht nun darin, diese Eindrücke zu sichten und unsere Veranlagungen zu erkennen, damit diese alten Programmierungen unsere Energien nicht ablenken. Im nächsten Abschnitt werde ich Übungen vorstellen, mit denen einige dieser Mechanismen aktiviert werden können, um sie anschließend neu zu programmieren.

Ich schlage die folgende Übung zur vertikalen Ausrichtung der Inneren Alchemie und zum Schutz vor: Unterziehe die Aktivitäten des Tages einer kritischen Prüfung, am besten nachts. Du kannst um Vergebung bitten (und sie erhalten) für alle unbewußten, selbstsüchtigen Akte oder Wutanfälle, die du während des Tages hattest. Du solltest diese Vorfälle unvoreingenommen prüfen, aber mit Klarheit und positiver Grundeinstellung. Auf diese Weise können wir alte, nutzlose Gedankenformen entkräften und Raum für die Zukunft schaffen.

Wenn der konkrete Verstand, der als Wächter des Kindes fungiert, mit dem Bewußtsein zusammenarbeitet, öffnet er sich, um die höheren Schwingungen wahrer Vergebung zu empfangen. Die Übungen zum „Rhythmus der Vergebung“[10] durchschneiden mit Hilfe des Dynamits der aktivierten kleinen Strudel des Unterbewußten alle Verhaftungen und Gedankenmuster des Unbewußten und alle Kraftfelder, die auf uns projiziert sein mögen.

Im Christentum heißt es: „Durch die Gnade Gottes wurde Dir vergeben.“ Viele von uns haben den ungeheuren Frieden, das Licht beziehungsweise den Strom erlebt, der sich über uns zu ergießen scheint, wenn wir uns gestatten, diese Aussage zu glauben und zu akzeptieren. In diesen Momenten öffnen wir unsere Türen, löschen die Programme in unserem Computer und verbinden uns mit dem Christus in uns. Wenn wir uns an unsere Kindergebete erinnern, erleben wir vielleicht die Momente von damals neu, Augenblicke der Gnade und der Schönheit. Dieselben Energien, die wir über und um uns projizierten, kehrten aufgeladen und verstärkt zurück, um uns zu trösten. Die Gestalten von Engeln, von Jesus und Maria, von Heiligen oder anderen Figuren oder Symbolen verkörpern erzengelhafte Erleuchtung und die Höhere Ordnung. Wir wissen jetzt, daß es sich dabei in Wirklichkeit um Spiegel handelt, um Reflexionen unserer selbst.

Durch die Mittel der Inneren Alchemie schaffen wir eine neue Spezies, schmieden wir eine neue körperliche Substanz, die formbar, durchscheinend, vielseitig und stark ist – stark genug, um sich mit der höheren Spannung des Christus in uns zu verbinden. Bei dieser Substanz handelt es sich um Bewußtsein, verankert in körperlichem Ausdruck: der neue Körper des Menschen. Jedesmal, wenn wir ein solch vollkommenes Gefäß erschaffen, segnet und verwandelt seine katalysierende Ausstrahlung alles um sich herum, wie es der Meister tat, wenn er Liebe verkörperte.

Kapitel 9

# Himmel und Erde umfassen

## Zentrieren und Ausrichten

Heutzutage werden alte Gedankenformen aufgelöst, und dieser Trend führt ehemals unvereinbare Elemente zusammen. Das Operationszentrum für diese Dynamik liegt in den niederen Zentren. Durch die Macht des Organisierens und Integrierens verschmilzt die daraus entstehende Kraft die großen Gegensatzpaare, um eine neue Ordnung zu schaffen. Dieser Mechanismus ist stärker als der Tod und verleiht dem gesamten Prozeß der Spiritualisierung neuen Schwung. Er ist die Essenz der Alchemie.

Die nachfolgenden Übungen können latente Ängste und Befürchtungen, alte Wunden oder Impulse hochbringen, die direkt mit Gedankenformen aus den niederen Zentren in Verbindung stehen. Das kann den natürlichen Energiefluß bei der Suche nach spirituellem Ausdruck behindern. Wenn wir das Auftauchen von Energien und Kräften spüren, die wir bislang in Schach gehalten haben, löst das psychologische und bio-physikalische Reaktionen aus. Dabei dürfen wir die Intensität der negativen Reaktionen, die wir produzieren, nicht mit der Ur-Matrix der Kraft verwechseln.

Um Bewußtheit zu praktizieren, sind wir gefordert, achtsam und im Herzen zentriert zu bleiben. Es gibt nichts zu tun. Das eigene Sein ist durchtränkt mit der Vollkommenheit des Lebens. Der Kontakt zur Ur-Matrix verleiht Vitalität. Unser anhaltendes Bewußtsein im Herzen verfeinert die Vielfalt zu Intelligenz und Liebe, die ihren kreativen Einsatz in der Welt finden. In diesem Augenblick wird durch das Zentrieren Ausrichtung ausgelöst. Wir machen uns die linearen Modalitäten zunutze, um uns bewußt mit der konzentrischen Kraft zu verbinden und sie zu leiten.

# Grundübung: Den alchemistischen Kreislauf erschaffen

**Erster Schritt:** Projizierte Energien wieder absorbieren oder in sie eintreten. Sich erden.

Schließe deine Augen. Wenn du das tust, mach dir bewußt, daß du das Bewußtseinsatom in dein Inneres ziehst. Richte deine Aufmerksamkeit auf dieses Behältnis, deinen physischen Körper, achte auf seine Konturen und wie er die Haut ausfüllt. Achte insbesondere darauf, den gesamten physischen Raum auszufüllen, vor allem Beine und Füße. Mach dir klar, daß dein Körper die Erde ist. Erde dich in dem Gefühl deines Körpers, spüre die Sicherheit und die Fruchtbarkeit der Erde in dir.

**Zweiter Schritt:** Erstelle eine Bestandsaufnahme der Elemente der Erde in deinem Inneren und verteile gleichmäßig Bewußtheit in dem Gefäß deines Körpers.

Aktiviere mit Hilfe der Macht deiner Aufmerksamkeit deine sensorischen Fähigkeiten und stelle dir vor, daß deine normalen äußeren Sinne jetzt als innere Sensoren arbeiten. Spüre das Gewicht deines physischen Körpers und verteile es gleichmäßig. Achte darauf, wo er am schwersten ist und wo am leichtesten. Das vermittelt dir eine Vorstellung davon, welche Teile deines Körpers von normaler Dichte sind und in welchen Körperteilen Bewußtheit fehlt.

Prüfe genau deinen gesamten Körper aus dem Inneren heraus und achte auf die zarte Vielschichtigkeit der verschiedenen Elemente, die sich in dir bewegen. (Wenn man den Schwerpunkt auf diesen Teil der Übung legt, kann man Ungleichgewichtszustände selbst diagnostizieren und sie anschließend ausgleichen.)

Mache dir wieder deinen ganzen Körper bewußt. Betrachte ihn jedoch diesmal so, als ob er eine Mutter wäre – Mutter Erde. Lerne, das Geschenk des Lebens zu schätzen. Sage bewußt Dank für die kostbare Substanz, die dich aufgenommen hat und dir all ihre Mittel zur Verfügung stellt, damit du damit ein Bewußtsein entwickeln kannst.

Spüre den physischen Organismus und tausche dich mit seinen feinen Pulsschlägen aus. Achte darauf, wie sich das Pulsieren im Bekkenbereich von dem in der Magengegend, im Brustkorb, in deinen Wangen unterscheidet ... Freue dich an der inneren Orchestrierung der Elemente in dir. Füge jetzt das Gefühl des Atems hinzu. Verstärke das Schritt für Schritt, atme immer tiefer und gleichzeitig entspannter. Sei eins mit dem gesamten körperlichen Komplex. Das gibt dir Widerstandsfähigkeit, Sicherheit und das grundlegende Rohmaterial von Substanz und Kraft, das du zur Entwicklung eines Bewußtseins heranziehen kannst.

**Dritter Schritt:** Die Lichtpunkte entzünden; das Verbinden mit den elektrischen Eigenschaften der Materie.

Stimme dich jetzt auf die Lichtpunkte innerhalb der Atomstruktur des physischen Körpers ein. Stelle dir vor und spüre mit Hilfe der Erinnerung an frühere Gefühle, wie diese Punkte auf die zunehmende elektrische Aufladung reagieren, sobald du dich auf sie konzentrierst. Prüfe erneut den gesamten Körper, diesmal von den Füßen aufwärts. Achte besonders auf deine Gefühle, wenn ein Bereich nach dem anderen aufleuchtet. Fange bei den Füßen an und arbeite dich die Beine hoch. Lege an den Knien eine Pause ein, dann im Beckengürtel. Tritt ein in den Bereich der Sexualorgane, der Eingeweide und anderer innerer Organe, Knochen, Muskeln ... jeder Bereich reagiert auf die erhöhte Elektrizität. Schließe auch die Haut mit ein. Sobald du zum Hals kommst, gehe durch die Arme zu den Händen hinunter. Kehre dann zurück und arbeite dich bis zum Scheitel hinauf.

Nähere dich dem Gehirn als Ganzem. Hülle die drei Teile des Gehirns gleichermaßen in ein schwachgoldenes Glühen ein. Milliarden von Lichtpunkten funkeln. Nimm dir einen Augenblick Zeit, damit sich diese Bewegung durch das Rückgrat und die Nervenfasern ausbreiten und den gesamten Körper aufladen kann.

Erfahre deinen gesamten Körper als eine große, glühende, vibrierende Lichtgestalt ... elektrisch lebendig. Spüre gleichzeitig die magnetischen Eigenschaften der Elemente des Körpers, ihre Dichte und ihr Gewicht, ihre Stofflichkeit und Flüssigkeit – alles reagiert auf die Lichtfrequenzen im Inneren. Laß die leuchtenden Eigenschaften des Lichtes zu und nimm an ihnen teil, während sie die Substanz erhellen und den Schwingungsrhythmus der Materie beschleunigen.

Erfahre dich als eine herrliche, leuchtende, mit Energie aufgeladene Lichtgestalt und gleichzeitig als einen lebendigen, pulsierenden Körper aus dichter Materie, der dir Sicherheit und Festigkeit verleiht, als Form. Erweitere die Aktivitäten des Lichtes, dann kehre in den

Normalzustand zurück, ruhe dich einige Sekunden lang aus und wiederhole den Zyklus: dehne dich aus, ziehe dich zurück, ruhe dich aus ... Das dient dazu, die Lichtstruktur zu trainieren und die elementare Materie zu reinigen, ihr mehr Flexibilität zu geben und sich auf überaus reale Weise mit der Intelligenz in den Zellen anzufreunden.

**Vierter Schritt:** Kontakt zur inneren Sonne. Sich zentrieren.

Denke nach und tausche dich mit dem inneren Mikrokosmos aus der Perspektive eines neutralen Beobachters aus. Bewundere die Milliarden Sterne, Planeten, Sonnen und Monde, die Strömungen von Ebbe und Flut, die Strudel, die sich spiralförmig im System drehen. Finde den zentralen Brennpunkt der lebenspendenden Aktivität, die innere Sonne auf der Ebene des Herzzentrums in der Mitte des oberen Brustkorbs.[11] Stelle sicher, daß all deine Sinne zum Einsatz kommen. Verlaß dich nicht nur auf deine Sehkraft; der wichtigste Sinn ist jetzt das Gefühl.

An dieser Stelle kannst du eine weitere Bestandsaufnahme der Schichten innerhalb des Körpers erstellen. Achte auf die körperlichen, die emotionalen und die mentalen Komplexe und darauf, wie sie miteinander agieren. Bringe dir bei, diese Komplexe voneinander zu unterscheiden. Beobachte, wie sie zusammen, getrennt und dann wieder zusammen funktionieren.

Mache dir insbesondere bewußt, wie deine eigenen Emotionen auf den gesamten Organismus wirken. Entscheide dich jetzt, Freude, Glück und vor allem Dankbarkeit für die Pracht der Schöpfung zu empfinden. Dein eigenes Gefühl der Dankbarkeit wird die strahlende Erleuchtung des Herzens intensivieren und sie immer heller und weiter scheinen lassen. Verstärke das noch, indem du die Strahlen visualisierst und spürst, wie sie von dieser inneren Sonne ausgehen, in alle Richtungen und überall um dich herum.

Lege einige Sekunden oder einige Minuten lang eine Pause ein ... freue dich an dem Gefühl der Fülle, der Vollkommenheit des inneren Lebens. Konzentriere dich dann nach innen auf den Kern dieser größeren Kugel, die in konzentrischen Kreisen in das Herz der Schöpfung zu reisen scheint. Finde dich wieder inmitten des Zentrums eines riesigen Feldes aus orgasmischer Lichtaktivität, scheinbar endlos und herrlich. Freue dich an dem goldenen Strahlen, in Fülle und im Alles-eins-sein.

Wenn du von deiner Traumreise in die Formlosigkeit zurückkommst, baue eine Kommunikation mit der inneren Sonne auf, eine tiefe Intimität mit deinem eigenen kausalen Selbst, deinem Christus-Selbst. Spüre, wie du von ihm geliebt wirst und wie du es liebst, im unendlichem Raum und doch mit einem Gefühl der inneren Zentriertheit. Jetzt kannst du die innere Stimme in dir hören, die bekräftigt: „Ich Bin."

Wiederhole im stillen: „Ich Bin" ... „Ich Bin" ... „Ich Bin" ... Spüre das „Sein im Ich-Bin" ... Und spüre dieses „Ich" ... dieses „Ich", bei dem es sich nicht um das gewöhnliche „Ich" handelt, das du kennst. Es ist tiefer, wahrhaftiger ... Freue dich sowohl an der Nähe zum unendlichen Raum als auch an der Nähe zum Christus-Selbst ... (Bleibe in diesem Zustand, solange du willst.)

**Fünfter Schritt:** Ausrichten. Die Position im Körper und auf dem Planeten einnehmen.

Erweitere nun deine Bewußtheit, ausgehend von der Herzkammer, und schließe den ganzen Körper mit ein. Achte auf den Lichtstrahl, der vom Kopf zum Steißbein reist und aus beiden Beinen heraus in die Erde unter dir eindringt. Das vermittelt dir ein Gefühl von Linearität innerhalb der Mehrdimensionalität. Mache dir klar, daß das Herz wahrhaft das Zentrum der Aktivität ist, sowohl für die elementare Kraft als auch für die elektronischen Energien. (Wenn du magst, kannst du hier eine Pause einlegen und die Mechanismen von Kraft und Energie beobachten, die das Leben auf- und absteigen lassen.)

Richte jetzt deine Aufmerksamkeit nach oben. Sorge dafür, daß du die Bewußtheit für den Körper als Mittel des Erdens aufrechterhälst, als solide Basis mit den Wurzeln in der Erde.[12] Wenn du nach oben siehst, spüre, wie der elektrische Kreislauf in dir, einschließlich der Lichtpunkte, mit beschleunigter Frequenzstärke darauf reagiert. Richte dich nach oben durch den Strahl aus, der jetzt wie ein Funke des Lebens erscheint. Diese Aufwärtsbewegung korrespondiert mit der erhöhten Schwingungsfrequenz auf der Ebene des Lichtkörpers (der aus Milliarden von Lichtpunkten zusammengesetzt ist) und führt zu immer größerer Spannung. Richte deine Bewußtheit weiter nach oben aus, so hoch wie möglich.

Beobachte, wie der Strahl aus diesem erhöhten Ort auftaucht, verankert unten in deinem eigenen Herzen. Mach dir jetzt klar, daß da eine enorme Kugel mit konzentrischen Lichtbällen existiert, die diese herrliche und noch größere Sonnenquelle, die du bist, umkreist.

**Sechster Schritt:** das Verbinden mit den elektronischen Energien.

Diese größere Sonne ist ein Außenposten der unteilbaren Energien. Sie wird auch die göttliche Gegenwart oder das große „Ich Bin" genannt. Begib dich direkt in ihre Mitte, wie du es bei deinem Herzen getan hast. Gestatte dir, solange dort zu verweilen, wie es dir möglich ist. Nimm wiederum teil an der konzentrischen Unendlichkeit: eine Unendlichkeit innen, eine Unendlichkeit außen ...

Nimm bei deiner Rückkehr die lineare Perspektive an und denke an den Boden unter dir. Stelle dir vor, daß dein Körper direkt mit dieser großen Sonne, nämlich dir selbst, verbunden ist. Richte die Freude, die du angesichts der Tatsache verspürst, daß du Teil dieser Pracht bist, hinein in deinen physischen Körper. Spüre die Gleichzeitigkeit deiner Existenz im Körper und innerhalb dieses Zentrums des Lebens. Spüre die Wahrheit hinter der Affirmation: „Ich Bin" (hier auf dieser Erde, in diesem Körper), was „Ich Bin" in unendlicher Ewigkeit. „'Ich bin, der ich Bin.'" Initiiere den alchemistischen Kreislauf, der dein Bewußtsein sowohl mit der Erde als auch mit den Himmeln verbindet. Die göttliche Gegenwart über dir ist eine Sonnenpräsenz, identisch der Präsenz innerhalb deines Herzens. Halte beide Gefühlsempfindungen zur gleichen Zeit aufrecht, die über dir und die in dir.

Visualisiere die Verbindung durch den Lichtstrahl, der jetzt zu einer großen Lichtröhre anschwillt, einem gigantischen Zylinder, der von oben kommt und den Körper umfängt und unter ihm weiterläuft wie ein Reagenzglas im Labor. Mache dir das Gefühl des Schutzes klar, das die elektronische Substanz deinem physischen Körper gibt, ohne dabei die Verbindung zu dem höheren Außenposten zu verlieren. Akzeptiere es, und erfreue dich daran. Es ist real. Es ist eine direkte Emanation höherer Energien und entspricht außerdem der nunmehr beschleunigten Schwingungsebene im Körper. Solange dein physisches Selbst harmonisch ist und in Abstimmung mit dem Licht vibriert, bist du in der Lage, dieses Schutzschild aufrechtzuerhalten.

Du kannst diesen Teil der Übung ausbauen, um die verschiedenen Farbschattierungen wahrzunehmen, die sich ständig aufladen und auf das physische Selbst einwirken.

**Siebter Schritt:** Himmel und Erde. Hier und Jetzt.

Bewahre dir die Bewußtheit von der Quelle des Lebens über dir und dem Ursprung der elementaren Kräfte unter dir, die sich in dir treffen und sich durch dich ausdrücken. Verweile ganz im gegenwärtigen Moment in deinem Körper. Spüre deine Zentriertheit im Hier und Jetzt und deine Ausrichtung mit der kosmischen Quelle. Durch diese Übung wird der Projektionsmechanismus, der durch horizontale Aktivitäten Verwicklungen erschafft, letzten Endes seiner Energie beraubt.

Als menschliche Wesen, die den Lichtsamen in sich tragen, besitzen wir einen ungeheuren Reichtum an Macht, den wir leider nur unbewußt und zerstörerisch einsetzen. Diese Basisübung läßt uns unsere Verbindung mit der Quelle bewußt werden. Sie flößt uns auch tiefen Respekt vor der Substanz unseres Körpers ein, indem sie uns an unsere Verbindung mit den Elementen erinnert. Mit Hilfe von Visualisierung und Gefühl aktivieren wir die inneren Sinne und bekräftigen unsere Entscheidung, uns mit dem Licht zu identifizieren, nicht mit der niederen menschlichen Schöpfung. *Dieses Licht ist keineswegs unvereinbar mit der Materie; es ist vielmehr das Herz der Materie.* Die niedere menschliche Schöpfung verkörpert dagegen die Häßlichkeit von *unter*bewußter beziehungsweise *un*bewußter Astralaktivität. Anstatt unseren Körper als Diener zu betrachten, ihn zu ehren und ihn gut zu versorgen, treiben wir ihn zu Exzessen. Auf emotionaler und mentaler Ebene identifizieren wir uns mit kollektiven Gedankenformen, anstatt uns auf den universellen Geist einzustimmen. Dabei verlieren wir die Bewußtheit für die unteilbare Quelle, die uns als leise Stimme in Erinnerung ruft: „Ich Bin“ ...

Jede Tat, jeder Gedanke und jedes Gefühl verkündet unsere Göttlichkeit. Die elementare Intelligenz folgt unseren Befehlen. Wenn wir unsere Quelle erkennen und bekräftigen, daß wir mit dem Licht, das im Herzen zentriert ist, vereint sind, geht die Autorität dieses Lichts auf uns über. Auf diese Weise sprechen, denken, handeln und fühlen wir mit der Macht vom Vater und mit der vollen Unterstützung der Mutter als Matrix des Raumes und Quelle elementarer Kraft. Unser elementares Leben wird unantastbar. Eben diese Kräfte dienen daraufhin dem Bewußtsein, anstatt das Unbewußtsein hervorzurufen und zu nähren. (Abb. 23 + 24)

# DER ALCHEMISTISCHE KREISLAUF

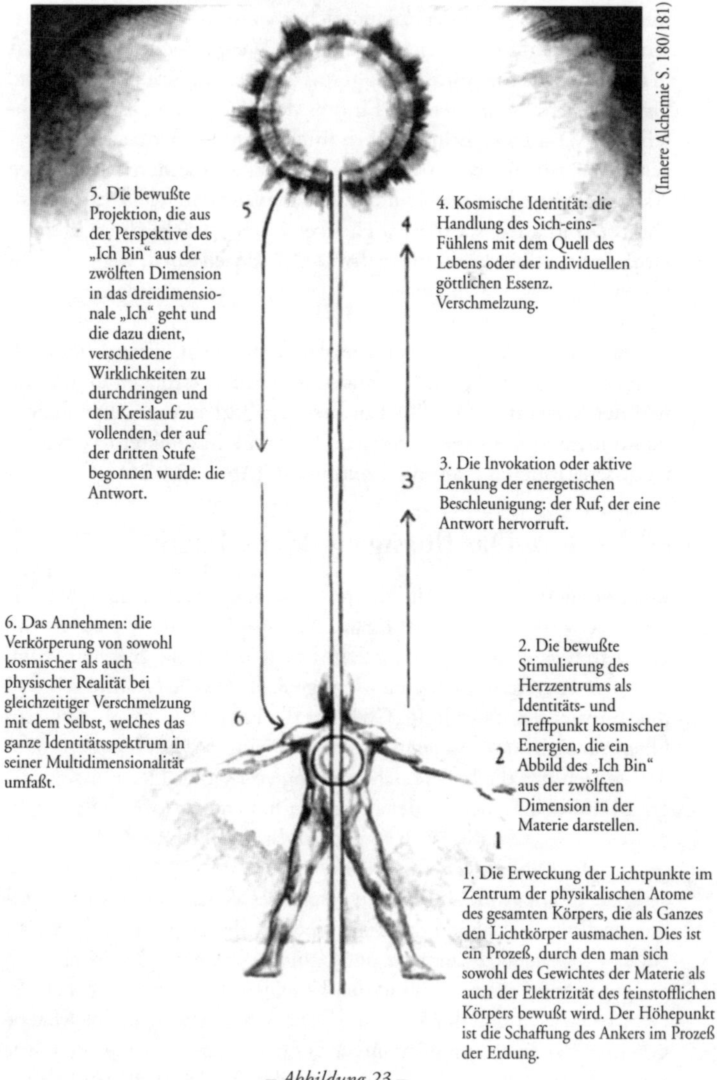


(Innere Alchemie S. 180/181)

*– Abbildung 23 –*

Durch diese Übung können wir andere, die derselben Ausrichtung folgen, erkennen. Mit der Zeit entfachen wir durch Wesensverwandtschaft das Licht in anderen menschlichen Wesen. Wenn wir wahrhaft in uns selbst geerdet sind, befähigt uns das, den manipulierenden und bisweilen herabwürdigenden Einfluß des niederen Selbst zu durchschauen. Das Licht bringt wahre Intelligenz und Unterscheidungsvermögen zutage. Wenn wir die Lichtquelle in anderen Menschen erkennen, dann lindern wir auf sehr reale Weise deren karmische Last. Dadurch erhalten sie die Möglichkeit, sich tatsächlich zu ändern. Umgekehrt verstärken wir negative Zustände jedesmal, wenn wir uns frühere negative Aktivitäten von uns selbst oder anderen ins Gedächtnis rufen.

Durch den alchemistischen Kreislauf richten wir unsere unbewußte horizontale Beteiligung neu aus zu bewußten vertikalen Dimensionen der Kausalität. Das führt zu besseren Beziehungen. Die folgenden Illustrationen zeigen, wie diese Dynamik in direktem Verhältnis zu unserer inneren Haltung funktioniert. (Abb. 25 + 26)

## Das flüssige goldene Licht

Die Energiefrequenz, die in unseren Gedanken als flüssiges Gold verzeichnet wird, ist für den Organismus von höchster Heilkraft und größtem Regenerationspotential, insbesondere für das Nervensystem. Das Nervensystem spielt eine wichtige Rolle für die Gesundheit und die spirituelle Entwicklung. Gold hat die Fähigkeit, sowohl zu beruhigen als auch zu stimulieren. Bei der hier eingesetzten Frequenz handelt es sich um die hellere Schattierung von Gold. Der Flüssigkeitsgrad verlangsamt sich zu der normalen höheren Schwingungsaktivität von Gold, so daß er sich direkt auf die Substanz und Materie der organischen Ebene auswirken kann.

Diese Übung wird im sechsten Schritt des alchemistischen Kreislaufs durchgeführt. Visualisiere aus der Perspektive der unteilbaren Quelle die goldene flüssige Lichtsubstanz und richte sie wie einen Lichtstrahl von der göttlichen Präsenz herab in den Kopf, wo sie die grauen Zellen des Gehirns bedeckt und durchtränkt. (Diese Substanz wird auf die Materie gerichtet, die die Lichtpunkte umgibt.) Erfahre dann, wie dieses goldene Elixier das Gehirn anfüllt und sich daraufhin vorsichtig die Wirbelsäule

# DIE VERTIKALE KARTE

(Innere Alchemie S. 176)

*– Abbildung 24 –*

hinunter ausbreitet. Folge dem Kurs der Flüssigkeit, die verdünntem Honig gleicht, jeden einzelnen Wirbel entlang. Sie bedeckt das Knochenmark und durchdringt es dabei zutiefst. Visualisiere und spüre als nächstes, wie sie sich auf alle Nerven des Körpers ausbreitet. Die Bewegung ist langsam und fließend. Du wirst Frieden und Kälte empfinden.

Diese Visualisierung eignet sich auch sehr gut für Kinder. Sie wirkt Wunder zur Beruhigung bei emotionalen Erregungszuständen und schafft Linderung bei Streß und Anspannung; außerdem regeneriert sie das Gehirn.

Man kann dieselbe Frequenz, wenn sie nicht länger im flüssigen Zustand ist, auch auf der Ebene des Solarplexus in der Mitte des Körpers nutzen. Visualisiere und spüre sie als pochende Sonne (nicht so hell wie die Sonne auf der Ebene des Herzens) in der Mitte zwischen der Vorder- und Rückseite des Körpers. Spüre in deinem Körper ihre beruhigenden Eigenschaften und lasse zu, daß sie die unangenehmen, aufreizenden Eindrücke, die sich dort niedergelassen haben, verwandelt und sanft die Aufladungen öffnet, ausgleicht und im ganzen Organismus neu verteilt.

Manche Menschen können die Stille im goldenen Licht nicht spüren. Hier empfehle ich eine der zahlreichen Übungen aus Innere Alchemie: Der Weg der Meisterschaft, die dazu gedacht sind, das Denken der Stille zuzuführen. Eine besonders wirksame Übung ist „I O Lihum" auf S. 247, bei der eine Frequenz zum Einsatz kommt, die dem harmonischen Zustand des Verstandes ähnelt, nämlich der *kristallene Lichtstrom.* Die Frequenz des Kristalls führt den konkreten Verstand sofort in die Stille.

Eine dritte Anwendungsmöglichkeit der goldenen Substanz des Lichtes findet sich auf der Ebene des „Hara", dem gewaltigen Energiebündel, das die Begegnung von Feuer und Wasser auf dem Körper symbolisiert. Hier können wir Energie als Lichtball vor dem Nabel visualisieren und diese Energie tatsächlich *anzapfen.*

Nimm dir Zeit, um diese Energien in einen Buddha-Bauch um den Nabel herum zu sammeln. Spüre den Ball und statte ihn mit der goldenen Frequenz aus. Jetzt drehe ihn im Kreis, zuerst im Uhrzeigersinn, dann im Gegenuhrzeigersinn, dann nach vorn und zuletzt in Richtung Wirbelsäule. Jede Runde sollte aus acht Umdrehungen bestehen. Diese Übung aus der Kampfkunst verankert uns in der Erde.

# VERTIKALE UND HORIZONTALE VERKETTUNGEN
# I

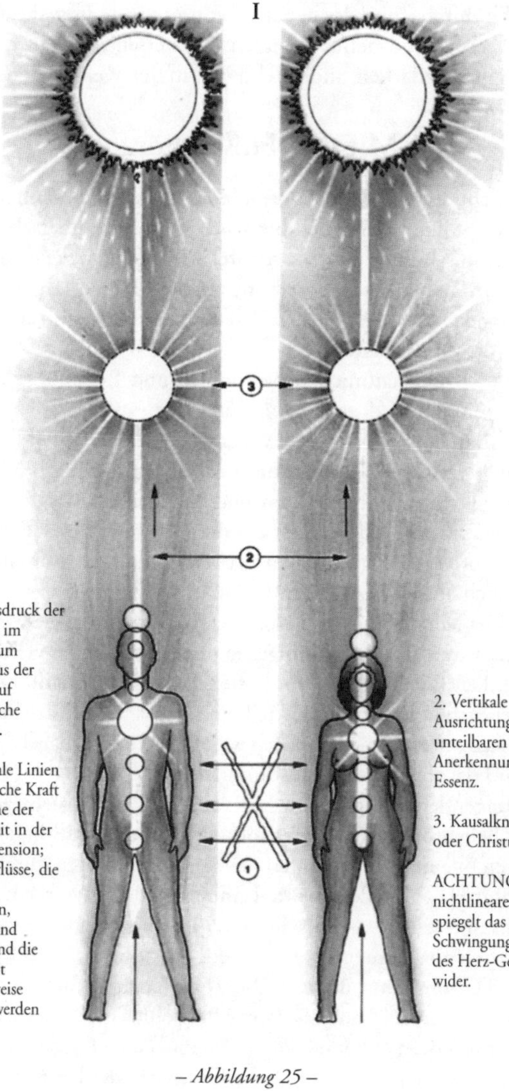


Linearer Ausdruck der Ausrichtung im Gegensatz zum Mechanismus der Projektion auf personalistische Modalitäten.

1. Horizontale Linien = Bio-physische Kraft auf der Ebene der Persönlichkeit in der dritten Dimension; irdische Einflüsse, die das Karma widerspiegeln, projizieren und verstärken und die umgewandelt beziehungsweise angehoben werden müssen.

2. Vertikale Linien = Ausrichtung auf den unteilbaren Fluß und Anerkennung der Essenz.

3. Kausalknotenpunkt oder Christus-Selbst.

ACHTUNG: In der nichtlinearen Sprache spiegelt das die Schwingungsfrequenz des Herz-Geflechts wider.

*– Abbildung 25 –*

Der Bauch zieht die Vitalitätsreserven der Erde durch deinen eigenen Körper hindurch – und das in einer Zentrierungsübung, die dich ganz natürlich erdet und deine Energien neu verteilt, so daß du sie für größtmögliche Klarheit und Effektivität in der Welt nutzen kannst.

## Mit den Füßen hören

„In den Schuhen des Meisters wandeln" spielt auf ein Leben an, das in der Nachfolge Christi geführt wird. Die Leute übersehen dabei, daß „in den Schuhen" soviel bedeutet wie mit den *Füßen.* Die meisten von uns haben keine Beziehung zu ihren Füßen, und viele Menschen mögen ihre Füße nicht einmal. Tatsächlich sind die meisten Füße häßlich und entstellt.

Die Füße sind natürliche Absorptions- und Entladungsmittel der Energie. Energie wird am besten durch die Füße entladen, die den Überschuß in die Erde abgeben, wo er wiederverwertet wird. Wir nehmen durch verschiedene Abschnitte der Sohlen unserer Füße, die zu unterschiedlichen Energiezentren und Meridianen in Beziehung stehen, Magnetismus und Vitalität aus der Erde auf. Der äußerste Rand der Ferse korrespondiert mit dem zweiten Chakra. Etwas weiter innen, immer noch an der Ferse, liegt die Stelle, die dem ersten Chakra entspricht. Der Mittelteil unter dem Fußgewölbe steht in Zusammenhang mit dem dritten Chakra, wohingegen der Fußballen das vierte Chakra aktiviert. Der Bereich, der dem fünften Chakra entspricht, liegt direkt unter den Zehen im fleischigen Teil, und der Bereich des dritten Auges spiegelt sich unter dem großen Zeh wider. Unter dem Nagel des großen Zehs wird das siebte Zentrum stimuliert.

Die folgende Übung ist eine Variante einer in den siebziger Jahren überaus beliebten Übung. Sie erhöht die Körperbewußtheit und wird am besten in einem entspannten, natürlichen Rahmen durchgeführt. Der Schlüssel liegt in der Auswahl eines geeigneten Musikstückes, das melodiös und sehr resonant sein sollte. Für mich funktionieren Stükke mit Streichinstrumenten am besten.

Lege dich mit den Füßen in Richtung Lautsprecher, und stimme dich auf die Empfindsamkeit deiner Fußsohlen ein. Übertrage deine Fähigkeit zu hören auf deine Füße, um die feinen Ondulationen und Schwingungen der Musik durch die Endungen der Energiemeridiane

# VERTIKALE UND HORIZONTALE VERKETTUNGEN II

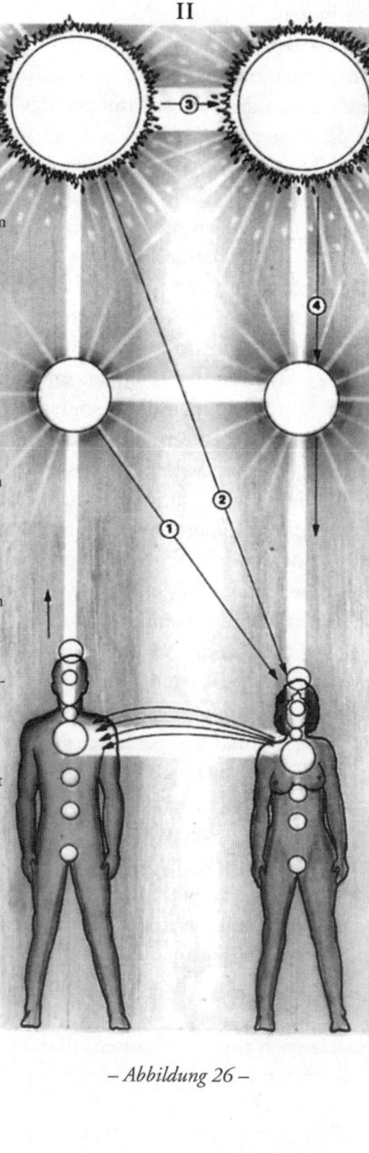


Wenn wir der alchemistischen Ausrichtung in einem anderen Menschen gewahr werden, setzt das die vierfache Macht der Liebe frei:

1. vom Höheren Selbst direkt zum Individuum;
2. von der Präsenz zum Individuum;
3. von der Präsenz des Selbst zur Präsenz des anderen;
4. von der Präsenz des anderen mit zunehmendem Schwung durch den Kanal des Kausalkörpers zum Persönlichkeitskörper des Empfängers.

ACHTUNG: Wenn es dem Empfänger an Bewußtheit mangelt, ist die Rückkehr zum Absender identisch. Obwohl die Persönlichkeitsebene der Energie „verschlossen“ bleibt, steht sie für künftige Bedürfnisse weiterhin zur Verfügung. Die Energie des Segens geht niemals verloren. Wenn der Betroffene später Hilfe im Gebet, in der Meditation oder der Anrufung sucht, wird sich diese Energie sofort über ihn ergießen. Wenn er sich niemals öffnet, um die Energie zu empfangen, kehrt sie für andere konstruktive Einsätze zur unteilbaren Einheit zurück.

Ein einziger Mensch kann durch seinen Segen, mittels der Kausalerzeugung, die vierfache Macht der Liebe freisetzen. Die strahlende Erleuchtung kehrt vervielfältigt zum Absender zurück, wenn der Empfänger diese Essenz durch die physische Schwingungsaktivität im Herzzentrum überbewußt anerkennt. Die eigentliche Wirkung ist auch unter der Bezeichnung drei mal drei bekannt. Der Absender erhält nicht nur das Vierfache zurück, sondern auch die elektronische Ausstrahlung vom kausalen Selbst des Empfängers und dessen unteilbaren Wesenskern. Das produziert vermehrtes individualisiertes Bewußtsein innerhalb des Kausalknotenpunktes des Empfängers und seines Quellpunktes innerhalb der unteilbaren Zelle und schickt noch größere Lichtmacht zum Sender.

*– Abbildung 26 –*

an den Fußsohlen aufzunehmen, die empfindsam werden und die Klangwellen absorbieren.

Erlaube der Musik zu Beginn, einfach in dich zu strömen, deinen ganzen Körper mit harmonischen Wellen anzufüllen, die in einer Aufwärtsbewegung durch die Nervenleitungen des Körpers prickeln und kullern wie ein zarter Strom. Folge der Strömung nach oben, durch die filigranen Netzwerke in die innersten Bereiche des Körpers. (Wenn du diese Übung mit Farbvisualisierungen zur Musik kombinierst, dann züngeln violette Flammen von den Füßen nach oben. In der Gegenrichtung ergießt sich daraufhin flüssiges goldenes Licht nach unten und lindert die antiseptische Intensität des Violett.)

Sobald der Körper mit diesen Strömungen, die eine ausgeprägte innere Sensitivität aufbauen, gesättigt ist, verändert sich dieser Prozeß und wird zu einer Zirkulation der Energien innerhalb des Körpers. Jetzt kannst du mit deinen Händen die Energien verteilen. Die kleinen Chakras in den Handflächen öffnen sich: der männliche Übungsteilnehmer hebt seinen rechten Unterarm, die weibliche Übungsteilnehmerin hebt ihren linken Unterarm. Die Musik, die durch die Fußsohlen eintritt, wird durch die erhobenen Handflächen in die Welt geschickt. Hebe jetzt beide Hände; gestatte der einen Hand zu empfangen und der anderen auszustrahlen. Spüre die Strahlung und das Hochfließen durch den Körper. Wenn du Klangfrequenzen durch die Hand aufnimmst, ergießt sich der Strom in und durch das Herz und aus der strahlenden Handfläche nach außen.

Die nächste Phase ist durch eine umfassendere Strahlenaktivität gekennzeichnet. Hebe diesmal den gesamten Arm, um auf einer höheren Frequenz ins Universum zu strahlen.

In der letzten Phase konzentrierst du die Energien durch deine Fingerspitzen in die verschiedenen Chakras beziehungsweise Körperzentren. Die Füße und Beine gelten als Teil des Basischakras. Die Musik wird jetzt durch den Nabel in den Bauch gelenkt und nährt das zweite und das dritte Zentrum zum größtmöglichen Nutzen. Fülle den Nabel mit diesen Strömungen, die wirbeln, sich drehen und sich sammeln, und zentriere und beruhige die Bewußtheit an diesem Ort.

Lege deine Hände nach einigen Minuten auf das Herzzentrum und erfreue dich an den Harmonien, die auf der Ebene des Herzens produziert werden. Gestatte der zentralen Sonne, die Klangfrequenzen zu absorbieren und in alle Richtungen verstärkt abzugeben. Lenke nach einer Weile die Musik in den Bereich des dritten Auges, wo ein inneres Bad und eine subtile Aktivierung stattfinden, sobald Bauch, Herz und drittes Auge zu einer Einheit verschmelzen. Du kannst anschließend eine Hand auf den Bauch legen und die andere mitten auf die Stirn oder du kannst die Energien wieder direkt durch den Körper lenken. Konzentriere dich diesmal auf den Scheitel am siebten Chakra. Kehre zuletzt zum Bauch zurück und beende die Übung am Herzzentrum. Zuvor kannst du noch einmal andere Regionen aufsuchen.

Diese Meditationsübung wirkt Wunder für den Körper, der sich an der Harmonie erfreut und die Aktivität der Lichtpunkte erhöht, um mit dem Strom zu verschmelzen. Er erhöht die Schwingung auf so zarte Weise, daß sie mit dem Licht eins wird, und fördert die Empfindsamkeit und die Bewußtheit für die Energiezirkulation: zwei wichtige Bestandteile für einen wach-bewußten Umgang miteinander.

## Die mikrokosmische Umlaufbahn

Unsere bio-physikalischen Energien strömen normalerweise aus den Genitalien, den Augen, den Ohren, der Nase und dem Mund, wie es auch unsere Emotionen und unsere Gedanken tun. Sie können andererseits auch zu gewaltigem Druck im Kopf oder unzähligen Verdauungsstörungen führen. In der folgenden Übung visualisieren wir die Körperkreisläufe und sind dadurch in der Lage, die körperlichen und mentalen Blockierungen beiseite zu räumen und eine größere Menge an elementarer Kraft zu verarbeiten. Schritt für Schritt bringen wir das Bewußtseinsatom dazu, von seiner Position im Herzzentrum die Energie vom unteren Ende der Wirbelsäule sicher und natürlich zu sich zu ziehen. Wenn die Energie zirkuliert, vitalisiert sie nicht nur alle Teile von Verstand und Körper, sondern wird auch innerhalb des Körpers versiegelt.

Die Taoisten benützen für die Zirkulation der Energie durch den Körper am häufigsten besonders starke Strömungen, die vorn und hinten am Körper entlang verlaufen. Man nennt sie den „funktionalen Kanal" und den „herrschenden Kanal". Diese Kanäle sind durch die Wissenschaft der Akupunktur einer größeren Öffentlichkeit bekannt. Sie verbinden die Schlüsselzentren des Körpers miteinander. Der „funktionale Kanal" beginnt am unteren Ende des Rumpfes, zwischen dem Penis beziehungsweise der Vagina und dem Perineum sowie dem Anus. Er zieht sich durch die Eingeweide und das Herz zum Hals und bis zur Zungenspitze. Der „herrschende Kanal" nimmt seinen Anfang an derselben Stelle, aber er verläuft über das Steißbein nach oben, die Wirbelsäule entlang zum Gehirn und von dort zum Gaumen.

Mache dir die bio-physikalische Energie bewußt und unterscheide sie von den subtilen Lichtströmen. Jetzt lasse die Energie im Geiste zirkulieren. Beginne am Gaumen und führe den Fluß hinunter durch die Zunge, den Hals, den Brustkorb und bis zum Nabel, dann weiter zum Steißbein und über die Wirbelsäule zurück zum Kopf. Um die beiden Kanäle im Mund miteinander zu verbinden, solltest du deine Zungenspitze gegen den Gaumen gepreßt halten.

Führe die Energie zum Rücken – dorthin, wo sich deine Wirbelsäule befindet (aber nicht *durch* die Wirbelsäule). Nun lenke sie in einer elliptischen Umlaufbahn nach vorn. Zuerst wirst du das Gefühl haben, als ob nicht viel geschieht. Mache weiter, sanft und gleichmäßig, mit liebevoller Zweckbestimmtheit. Die Energie wird zur rechten Zeit auf deinen Ruf reagieren. (Abb. 27)

Während man elektronische Energie elektrisch durch die Schwingungsweite spürt, nimmt man die elementare Kraft (beziehungsweise die Bioenergie) als dichteren, langsameren Fluß wahr. Die Zirkulation in der mikrokosmischen Umlaufbahn soll den Fluß der dickeren, schwereren bio-physikalischen Energien erleichtern und die Vitalität erhöhen. Die Übung des alchemistischen Kreislaufs hat dagegen das Ziel, dich mit den feineren Energien von Himmel und Erde zu verbinden. Diese beiden grundlegenden Übungen sind wesentliche Bestandteile der Inneren Alchemie und bereiten den Boden für alle Arbeit, die Materie und Licht, Himmel und Erde, das Männliche und das Weibliche in Dir, die Konzentrizität und die Linearität, die Aktivität und die Empfänglichkeit, die Erleuchtung und das praktische Tun in der Welt vereinen will. (Abb. 28)

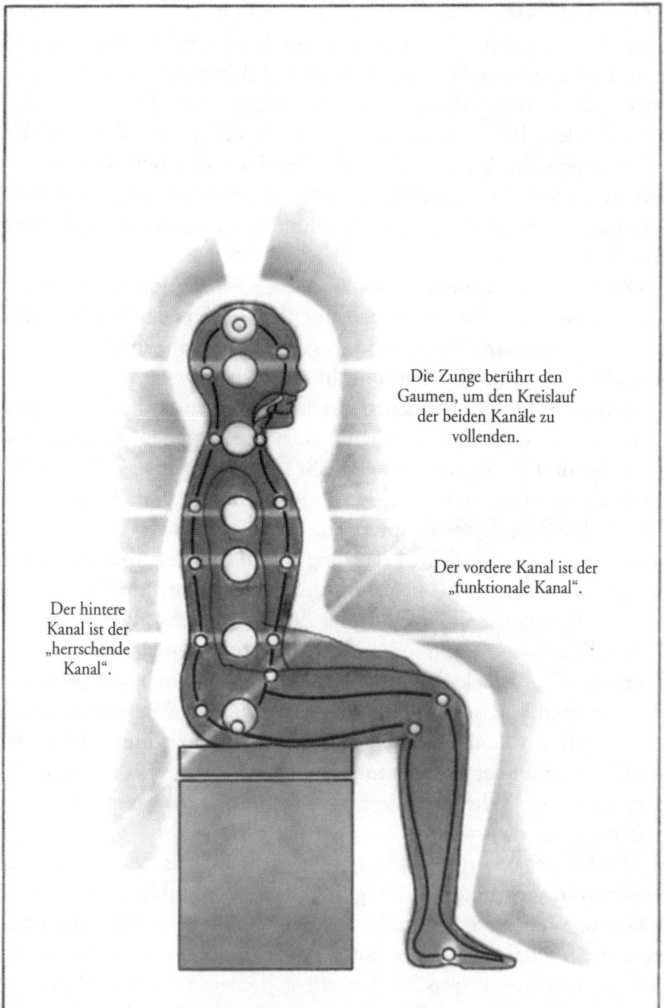


*– Abbildung 27 –*

## Bewußtheit atmen

Eine einfache Möglichkeit, das Gleichgewicht wiederherzustellen und uns gleichzeitig durch den Körper zu entdecken, ist das bewußte Atmen. Richte deinen Atem mit Bewußtheit durch deinen Körper, das heißt, richte vom Ausgangspunkt des Herzens aus deine Aufmerksamkeit (dein Bewußtseinsatom) in die lebendigen Zellen. Das ist eine wundervolle Art und Weise, die verschiedenen Teile deines Körpers zu entdecken und mit ihnen zu kommunizieren, sie gewissermaßen unter deine Fittiche zu nehmen und gemeinsam mit ihnen den Prozeß des Lebens zu gestalten.

Das Wesentliche einer Aktivität, die zur Meditation führt, ist die Qualität der Absicht zusammen mit dem einigenden Gefühl, das „Schwung" aufbaut. Wenn du so eingestellt bist, halte den Rhythmus aufrecht und nimm dir Zeit, mit dir allein zu sein.

Spiele mit den verschiedenen Arten, Rhythmen und Teilen deines Atems, während du atmest. Experimentiere damit, indem du ihn durch die Beine und die Hände strömen läßt ... Gib dir genug Zeit, um die Energien zu sehen, zu hören, sie zu spüren und sie in dich aufzunehmen. Achte darauf, was sie dir sagen. Laß Erinnerungen und Assoziationen zu. Du kannst deine Erfahrung enorm vertiefen, indem du eine Aufnahme tibetischer Mönche hörst, die jene volltönenden Silben singen, die die innersten Winkel deiner Zellen zum Schwingen bringen.

Möglicherweise kommen auf psychologischer oder körperlicher Ebene größere Blockaden auf dich zu, die sich einer umfassenden orgasmischen Vereinigung mit dem Leben in den Weg stellen. Dein Atem muß mit dem Loslassen und der Bewußtheit mutig Hand in Hand gehen. Dieser Kontakt mit dem Leben, auf der Ebene der Erinnerungen und Wahrnehmungen des Körpers, wird eine völlig neue Erfahrung für dich werden.

Der Körper und die Chakras arbeiten als Einheit. Wenn eins von beiden vom Weg abkommt, folgt ihm das andere auf den Fersen oder es kompensiert diese Fehlfunktion auf andere Weise. Wenn die Zentren in ein Ungleichgewicht fallen, löst das ein ähnliches Ungleichgewicht in dem entsprechenden energetischen Körper um und im physischen Körper aus. Diese Dynamik zeigt sich auch im Umfeld des Betroffenen und beeinflußt Menschen und Ereignisse – die Ehe-

## DAS TEILHABEN VON MIKROSKOPISCHEN UMLAUFBAHNEN

Beide Partner müssen ihre Energie durch das Rückgrad aufsteigen lassen. Die Umwandlung oder die Erneuerung der Energie ereignet sich im Mund- (Zungenbereich) und/oder an den Genitalien. Wenn vom bewußten Atem begleitet, wird während des Höhepunktes eine Befreiung am obersten Ende des Kronenchakras stattfinden

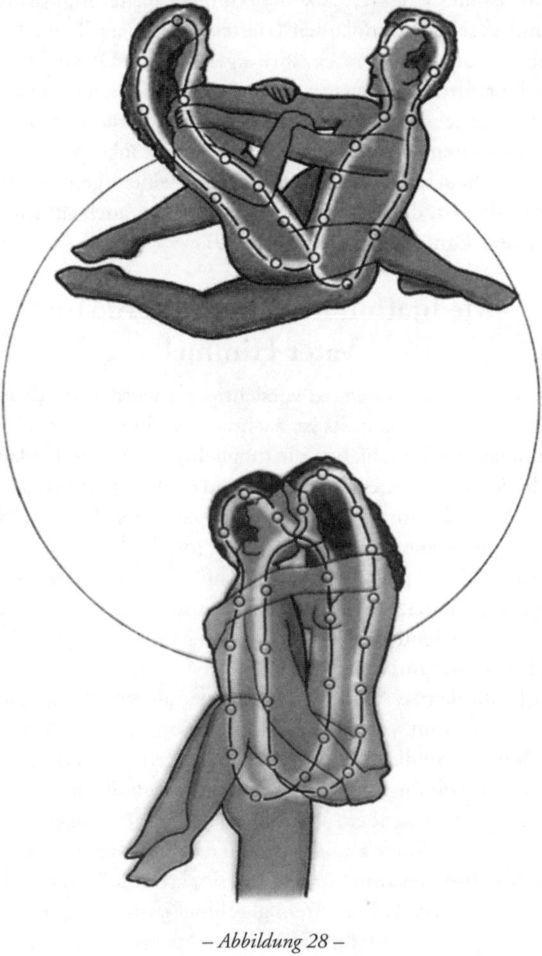

*– Abbildung 28 –*

frau, die Kinder, die finanzielle Situation und die beruflichen Leistungen.

Angesichts dieses Wissens können wir verstehen, was Gefühlskälte, Befriedigungslosigkeit, Homosexualität und die Wurzel des Fanatismus (zweites Chakra), Konkurrenzdenken (drittes Chakra), Asketentum (zweites Chakra), Abenteuerhunger (erstes und drittes Chakra) und Voreingenommenheit (viertes Chakra) auslösen. Ärzte und Psychiater wären gut beraten, ihre eigene innere Dynamik zu analysieren. Erst durch die Neuausrichtung der im tiefsten Grunde energetischen Ungleichgewichtszustände im psycho-körperlichen Netzwerk können sie ihren Mitmenschen helfen. Die beängstigende Wahrheit lautet, daß heutzutage praktisch jeder mit einem geschwächten System behaftet ist, das sowohl auf organischer als auch auf psychologischer Ebene kontaminiert ist. (Abb. 29)

## Meditation über Mutter Erde und Vater Himmel

Lege dich auf den Boden, so vorsichtig, als würdest du dich in den Schoß der Mutter legen. Es ist wichtig, daß du alle psychologischen Reaktionen beiseite schiebst, die möglicherweise beim Gedanken an deine biologische Mutter auftauchen, und du dich ganz auf die Höchste Ewige *Mutter* einstimmst, die vollkommene Weiblichkeit auf irdischer und geistiger Ebene. Spüre den Kontakt mit der Erde. (Wenn du diese Übung auf der nackten Erde durchführen kannst, umso besser.) Spüre das gegenseitige Pulsieren in deinem Körper, wenn du dich völlig der pulsierenden Brust der Großen Mutter übergibst. Entspanne dich in dieser Intimität.

Mache dir deinen Atem bewußt, der wie eine Welle eine elliptische Umlaufbahn formt – tief, entspannt, langsam und tief, ein ... aus ... ohne Pause. Passe dich diesem langsamen Rhythmus an, laß alle körperliche Anspannung los, verstärke und vertiefe deinen Atem, ohne dabei Zwang anzuwenden. Während du einatmest, stelle dir vor, daß du Licht von der Sonne absorbierst und daß dieses Licht zu allen Lichtpunkten in deinem Körper strömt und sie aktiviert. Während du ausatmest, stelle dir vor, daß der Atem gleichmäßig durch die Poren deines Körpers freigesetzt wird und die Lichtpunkte noch intensiver strahlen.

## EINIGE BEISPIELE VON ENERGIEPUNKTEN UND ENERGIEPOSITIONEN

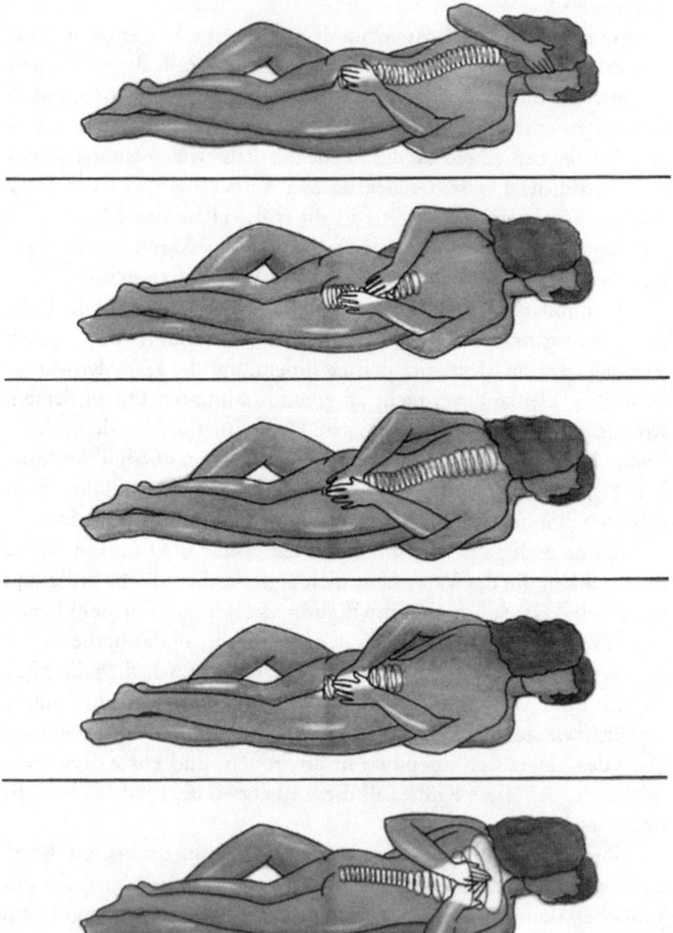

*– Abbildung 29 –*

Atme ein und nimm das Leben der Sonne in dir auf; atme aus und laß die Lichtpunkte strahlen. Gib die Luft durch jede Pore deines Körpers ab.

Bekräftige mit jedem Atemzug deine Hingabe an das Licht. Rufe immer mehr Licht zu dir und lade es ein, in jede Zelle deines Körpers einzutreten. Bleibe wachbewußt und befehle deinem Körper, ununterbrochen entspannt zu bleiben. Du wirst zwei Aktivitäten in deinem Körper bemerken: auf der Ebene der dichten elementaren Materie und auf der Ebene der elektrischen Aufladung. Laß zu, daß die Sonnenenergie auf die Materie in dir trifft. Halte den Mund offen und den Kiefer entspannt. Atme tief durch den Mund in jede Zelle und jedes Atom ein. Freue dich an dieser Vereinigung in dir.

Übernimm die volle Verantwortung für deinen Körper auf der Erde. Er ist dein ganz persönliches Territorium, dein Planet. Begebe dich jetzt tief in seine Mitte, tief in dich hinein, um das Herz der Mutter zu finden. Denke dabei nicht an einen bestimmten Ort in deinem Körper, suche einfach dieses innerste Heiligtum dort, wo du auch Sie finden kannst. Du wirst ein weiches, eintauchendes Gefühl im Inneren verspüren, den Anflug der Geheimnisse der Natur und ihrer nährenden Schönheit, ihrer fruchtbaren Fülle und ihrer tiefsten Saat.

Stimme dich ganz allmählich auf die Sonne über dir ein. Spüre die Strahlen, die der Vater über dich ergießt: unendliche Stille und Glückseligkeit. Spüre die Schwingung, die der Vater deinem Leben verleiht, die Energie, die Vitalität. Gestatte dir, all das in die Zellen deines Körpers aufzunehmen, während du fühlst, wie dich die Mutter mit ihrer Umarmung umfängt und dir ihre Form, ihre Stärke verleiht, wie sie dich hält ... Spüre, wie das Herz der Mutter und das Herz des Vaters sich irgendwo in dir treffen, und koste dieses Gefühl aus ... All diese Kräfte, all diese Energien begegnen sich in dir und verschmelzen ...

Spüre deinen ganzen Körper, von den Zehenspitzen bis zum Kopf, eine innere Galaxie, die kreative Potenz innerhalb der Matrix des unendlichen Raumes in sich birgt ... Jede Zelle vibriert, empfängt Licht, Farbe und Klang, nimmt Licht auf und gibt Licht ab ... strahlt Liebe aus! Alle Farben sind dein, die Liebe in all ihren Schattierungen, Ausdrucksformen und Gefühlsvarianten, die unendliche Dankbarkeit zum Ausdruck bringt.

Erlaube dir, deine Individualität zu spüren, dein Wesen, das Gefühl des „Ich Bin" ... in deiner individuellen Welt, deinem individuellen Planeten, deinem Mikrokosmos ... „Ich Bin" ... Alles befindet sich in einem vollkommenen Gleichgewicht, in perfekter Ordnung ... „Ich Bin" ... Laß Mitgefühl und Verständnis für alles Leben in dir aufsteigen und wachsen und gib es ins Universum ab.

Denke wie folgt: „Ich Bin" Liebe, Mitgefühl, Verständnis. Mein Körper liebt, versteht, umarmt die Himmel, alles und jeden. „Ich Bin" alles, und jeder Mensch ist mein Kind, ist Teil meiner Materie. „Ich Bin" Vater Intelligenz, und „Ich Bin" Mutter Substanz. „Ich Bin" Licht und Tat. „Ich Bin" alle Väter der Welt, die göttlichen Gaben, die in mir und in jedem Menschen wohnen. Durch meine Materie, mein Licht lebt das „Ich Bin" in meinem Körper" ...

„Ich Bin" das Gesetz, nach dem sich alle Zweiheiten richten müssen ... „Ich Bin" Wille. „Ich Bin" das Licht Gottes ... „Ich Bin" das Bewußtsein des Lichtes. „Ich Bin" Mutter Materie, die liebt, fühlt und im Licht des Vaters erbebt ... Ich empfange den Vater in jeder Zelle meines Universums. Ich empfange und erzeuge meine Liebe, meine Dankbarkeit ... Liebe in all ihren Schattierungen ... Liebe mit all ihren Gefühlen ...

„Ich Bin" der Sohn ... In mir begegnen sich Himmel und Erde, in mir begegnen sich Bewußtsein und Materie. „Ich Bin" die göttliche Intelligenz, die wahrnimmt und ordnet. In meinem Körper manifestieren sich Liebe, Licht, Weisheit und vollkommene Ordnung. „Ich Bin" göttliche Intelligenz, die handelt, ordnet, die mehr und mehr Licht ruft. „Ich Bin" der Sohn Gottes.

„Im Namen und mit der Kraft dieser Präsenz, dieser Macht in mir, befehle ich der Welt, zu Licht zu werden. Im Namen der Menschlichkeit bekräftige ich das Licht und nehme meinen Körper und diesen Planeten in Besitz ... Mit diesem Recht nehme ich die Befehlsgewalt über die Substanz an mich ... Ich befehle den Schutz und die Erhaltung aller Materie in meinem Körper und auf der Erde. Ich befehle Frieden, Liebe, Licht ... Ich verwandele, verwandele, verwandele diese Substanz und diese Erde!"

„Im Namen der Menschlichkeit sage ich „Ich Bin" ... „Ich Bin" ... „Ich Bin" ... das Licht, die Kraft und die Herrlichkeit! Ich bekräftige die Macht des Lichtes. Liebe manifestiert sich jetzt in der Erfüllung des göttlichen Planes ... „Ich Bin" ...

Kapitel 10

# Feuer und Licht

Wenn es dich nach Dingen, Menschen, Macht oder Wichtigtuerei gelüstet, ist das die Folge einer horizontalen Chakra-Aktivität in der niederen Triade. Reine und richtige Sehnsucht, die intensiv und zielgerichtet ist, führt uns aus dem Hoheitsgebiet des unbewußten, süchtigen, anspruchsvollen Egoismus heraus. Doch gibt es viel Leid, bevor das emotionale Wesen gereinigt ist und sich die treibende Feuerkraft des Bewußtseins entwickelt hat.

An dieser Stelle ist es wichtig, daß wir von der leidenschaftlichen Bindung und Beteiligung der niederen Zentren nicht zu der Gleichgültigkeit und Gefühllosigkeit übergehen, die bisweilen zum Vorschein kommt, wenn sich das Herz öffnet und seine Gelassenheit eine überaus reale Abkühlung der niederen Feuer bewirkt. Der nachfolgende Prozeß ist schwierig und unterliegt Beeinflussungen. Als Teil unserer karmischen Reinigung untersuchen wir die angesammelten instinktiven und körperlichen Reaktionen auf die in uns kodierte Menschlichkeit.

Im Osten heißt es, daß der Mensch in diesem Moment einer Kerze gleicht, die an beiden Enden brennt. Wir haben die Vitalität, die uns das Element Feuer verleiht, verwandelt und damit das Feuer des Bewußtseins entzündet, das wiederum ein anderes, intensiveres Feuer entfacht, das weiße Feuer des Herzens. In der Herzkammer brennt das weiße Feuer nicht länger heiß; es bringt Helligkeit wie eine Lichtquelle. Es besteht ein großer Unterschied zwischen der psychischen Hitze eines niederen Chakras und der spirituellen Wärme des wahren Lichtes, zu dem sich das Feuer verwandelt.

Der Vorgang im Solarplexus, dem Feuer-Zentrum des menschlichen Bewußtseins, ist heikel und zweigeteilt. Zum einen muß zuerst das Herz entzündet werden. Das Erwachen und die Beschleunigung der Chakras vollzieht sich daraufhin in relativer Sicherheit. Zum anderen können wir das volle intuitive Licht, das uns das Herz ermöglicht, jedoch erst dann erlangen, wenn wir die Lektionen der Untadeligkeit in uns integriert haben, die der Solarplexus diktiert. Dieses Zentrum fungiert als entscheidende Kraftquelle in wahrer menschlicher Alchemie, die wir verstehen müssen.

Das Herzzentrum gilt als zentrale Sonne unseres Mikrokosmos. Es erhellt, nährt und beschleunigt den gesamten Prozeß der Loslösung. Allerdings ist das eher ein symbolisches beziehungsweise poetisches Bild als ein dynamisches. Energetisch gesehen ist der Solarplexus die zentrale Sonnenkraft für die niederen Körper. In einer späteren Phase fungiert das dritte Auge als zentrale Sonne für den Geist. Eine ausgeglichene spirituelle Sicht tritt dann ein, wenn die beiden funktionalen Sonnen, der Solarplexus und das dritte Auge, vereinigt sind. Aus diesem Grund legen uralte schamanistische Traditionen soviel Wert auf ihre Zusammenführung.

Meister darf sich der nennen, dessen Solarplexusrad reines weißes Licht ausstrahlt. Dieses Zentrum ist eine wichtige Schaltstelle des Körpers, ein planetares Radarsystem für die niederen Körper. Es enthält die körperlichen Kräfte der Emanation, Ausstrahlung, Erleuchtung und Animation. Wir müssen das dritte Chakra meistern, bevor wir diese Kräfte des Bewußtseins einsetzen können, die mit dem Höheren Selbst in der Kausalmodalität zusammenspielen. In seinem primitiven Zustand ist dieses Zentrum ein stark kontraktierender und sich erweiternder Meister-Puls, der automatisch den Vagus-Nerv[13] hinter dem Nabel aktiviert, um die hitzeerzeugenden Mechanismen des zweiten Chakras zu stimulieren. In seinen höheren Aspekten nährt es das „Hara“ und entzündet das meisterliche Urheilzentrum (das weiße Licht) in Verbindung mit den verfeinerten Kräften des zweiten Chakras.

Die Wissenschaft des Yoga entstand, um mit Hilfe von Mantras, Atem und Visualisierungen den Gebrauch der körperlichen Energien einzuüben, die die Hitze sammeln, umgestalten und neu ausrichten. Die psychischen Kräfte, die der Suchende dabei erlangt, sind in Wirklichkeit das Ergebnis einer tiefgreifenden Dynamik auf der Ebene des Solarplexus. Diese Kräfte sind das Produkt der Chakra-Integration, aber sie stellen für den Betroffenen auch eine Versuchung dar, denn er darf sie nur zur Entwicklung des Bewußtseins einsetzen. Das „Hara“ als Vermittlungsstelle dient dazu, Hitze zu erzeugen und es gleichzeitig zu ermöglichen, den Astralströmungen des emotionalen und des Empfindungslebens zu widerstehen, indem man wahre Erdung erfährt.

Der Solarplexus ist sowohl eine Sende- als auch eine Empfangsstation für alle Chakras. Die Kraft, wirksamen Segen (oder das Gegenteil) auszusenden, fließt aus seinem Zentrum heraus. Feindselige

Emanationen und Ausstrahlungen nehmen hier ihren Anfang. Furcht, die Grundemotion, in der alle negativen Emotionen wurzeln, arbeitet gegen diese Kraft an, hinterläßt einen Knoten beziehungsweise ein flaues Gefühl in der Magengrube, das sich auf das Hormonsystem auswirkt und Astralgifte produziert.

Zum Beispiel könnte bei jenen von uns, die noch lernen müssen, ihre Begierden zu beherrschen, jemand diese Begierde auslösen. Wenn wir versuchen, uns von Rache- oder Vergeltungsgelüsten zu befreien, wird jemand unseren Haß widerspiegeln. Wenn Faulheit unser Problem ist, werden wir mit unserem eigenen Groll konfrontiert. Wenn wir stolz sind, werden wir ganz sicher über unsere eigene Arroganz stolpern. Und wenn Zweifel unser Denken umwölken, sehen wir möglicherweise niemals wirklich das Licht. Das Leben selbst sucht eine Lösung, eine Lösung, die nur durch die Integration der Kraft des Solarplexus erlangt werden kann.

Sobald der Solarplexus aktiviert ist und direkt an der Bewußtwerdung teilnimmt, werden seine kontrollierenden und überwachenden Fähigkeiten energetisch auf das zweite Zentrum im Nabel übertragen. Jetzt können wir verstehen, warum das „Hara" in den esoterischen Traditionen des Ostens seit Jahrtausenden eine solch entscheidende Rolle spielt.

In der nächsten Übung geht es darum, das Licht herbeizurufen, das die Eigenschaften der violetten Strahlen besitzt. Wenn man sie mit größter Ernsthaftigkeit und untadeliger Zielgerichtetheit ausübt, kann sie wahrhaft als alchemistische Übung höchster Ordnung betrachtet werden. Sie erfordert von dir nur, daß du ehrlich zu dir selbst bist. Der Erfolg dieser Übung liegt in der rechten Absicht. Dabei sollen die Kraftlinien, die uns zwanghaft an unsere Individualität fesseln, aufgelöst werden. Je ernsthafter du diese einfache Übung betreibst, desto größer ist ihre Wirkung.

Der wichtigste Teil dieser Übung besteht in deiner Vorbereitung. Während eines meditativen Zustandes der Innenschau wirst du einige Fragen beantworten müssen, das Wesen deines Verlangens, die Motivationen und die Beziehungen, die du zu Menschen auf der körperlichen und emotionalen Ebene hattest.

Wie schon zuvor erklärt, kristallisieren sich horizontale Verknüpfungen zu strangartigen Übergängen, in denen Astralströmungen zwischen zwei Personen fließen und überaus reale Kraftleitungen gebildet werden – insbesondere, wenn es einen Austausch sexueller Flüssigkeiten gibt. Wenn keine wirkliche oder tiefe Hingabe existiert, binden diese Leitungen die Menschen in manipulativen Projektionen aneinander. Wir geben buchstäblich Teile unserer Autonomie, Macht, Unabhängigkeit, Intelligenz und Substanz an den anderen ab, kaufen den anderen und verkaufen uns selbst, nur damit unsere „Bedürfnisse" erfüllt werden.

Ich schlage vor, daß du dir einmal überlegst, wie die verborgenen Bedingungen hinter jeder deiner wichtigen Beziehungen aussehen, um die zugrundeliegende Dynamik offenzulegen sowie die Rolle, die diese Menschen in deinem Leben und für deine Persönlichkeit spielen. Frage dich jetzt, ob du bereit bist, diese Art der Bindung an den anderen zu lösen.

Nimm dir reichlich Zeit, um darüber nachzudenken, wie dein Leben ohne diese spezielle Konditionierung aussehen würde, die deine Beziehung nährt. Wenn sich besondere Umstände in deiner Antwort niederschlagen, dann möchte ich dir raten, diese Übung nicht durchzuführen. Es ist besser, auf einen anderen Zeitpunkt zu warten.

Du mußt dabei allein zu einer Entscheidung kommen, ohne die Einflußnahme deiner Freunde oder deines Partners. Es geht nur um *dich*, auch in einer engen Zweierbeziehung. Deine Reise nach innen hängt nicht davon ab, ob dein Partner dem zustimmt oder nicht. Wenn beide Partner diese Übung Seite an Seite durchführen wollen, ist das zwar lobenswert und gut für einen Neuanfang, aber es ist kein zusätzlicher Verdienst. Die Übung wird allein in tiefer und einsamer Vereinigung mit dem Höheren Selbst durchgeführt und durch die elektronische Spannung der unteilbaren Reaktion auf deinen Ruf. Zu einer solchen Zeit und bei einer solchen Übung erkennst du, wie flüchtig und im Grunde oberflächlich unsere menschlichen Beziehungen im Vergleich zu der größeren Beziehung zum Leben sind.

Erstelle jetzt eine Liste all deiner schwierigen (schmerzlichen, peinlichen, schuldbeladenen) Beziehungen auf körperlicher und emotionaler Ebene. Dazu gehören auch Beziehungen, in denen manipuliert wird. Leider kann diese Übung nicht das Karma innerhalb der Blutsverwandtschaft auflösen, das auf stärkeren Banden und häufig unbekannten Motivationen beruht.

Sobald du deine Liste erstellt hast, mußt du die Umstände und Bedingungen, die Gefühle und Gedanken überprüfen, die diese Beziehung am Leben erhalten. Dabei solltest du so lebhaft wie möglich ins Detail gehen. Du solltest all die körperlichen, emotionalen und geistigen Energien herzitieren, die diese freiwilligen Bande zum anderen aufgebaut haben. Wenn es eine lange Affäre war, dann analysiere einfach eine Reihe von charakteristischen Momenten.

Versuche dich sogar an die Person zu erinnern, mit der du auf der Bürofeier Sex hattest, als du betrunken warst, oder an diesen anderen „Vorfall", als du dich einfach nicht zurückhalten konntest. Prüfe die Mechanismen deiner Gefühlserfahrung gerade dann, wenn es unbewußt oder zwanghaft geschah. Du hast kostbare Körperflüssigkeiten ausgetauscht, die eigentlich ein Aspekt des uranfänglichen Lichtes sind und mit der Schöpfung zusammenhängen. Obwohl es nicht so ernst scheint, wenn wir „nur" ausdauernd flirten, ohne Sex zu haben, denke auch darüber nach, welchen kreativen Akt du damit auf der psychologischen Ebene ausgelöst hast. Frage dich, ob du mit ihm leben willst. Als Hüter des elementaren Lebens und als Kanal für kosmische Energien bist du für viel mehr verantwortlich als nur für dein kleines persönliches Selbst.

## Karma verbrennen

Da wir uns bei dieser Übung mit dem Einsatz elementarer Substanz und Kraft beschäftigen, füge deiner anfänglichen Meditation den Kontakt zu Mutter Erde hinzu. Fühle, wie dich ihre Umarmung trägt, während du dich auf deinem Rücken auf dem Boden liegend tief entspannst. Spüre die Synchronizität deines lebenden Gewebes mit dem Herzschlag der Erde. Tritt durch dich mit dem Körper der Menschheit in Verbindung, und bitte mit tiefster Demut um Vergebung von deinem Selbst, von der Mutter ... von den erzengelhaften Regenten der elementaren Intelligenz und von den Menschen, die du an deinem Unbewußtsein beteiligt hast.

Wenn du in die Anrufung der violetten Flamme eintrittst und die Atmosphäre für die nachfolgende Übung erschaffst, mache die Worte, die Gefühle zu deinen eigenen ... Visualisiere und spüre die violette Flamme, die deinen Körper umfängt und ihn durchdringt – in dem Wissen, daß diese Frequenz dein harmonisches Potential verkörpert, das auf den höheren Zweck ausgerichtet ist. Erkenne die Präsenz in deinem Herzen an, die über dir erstrahlt als Quelle deines Lebens, deiner Liebe, deiner Intelligenz und als einzige Macht in der Schöpfung. Vereine dich auf diese Weise im Namen und im Auftrag des Sohnes mit dem Vater/Mutter-Gott und identifiziere dich mit ihm.

Bei der Ausübung dieses Rituals kannst du meine Worte mit deiner Stimme auf Band sprechen und es als Meditation unter Anleitung abspielen. Lege dabei die nötigen Sprechpausen ein, die du brauchst, um auf jeden Menschen einzugehen, jeden Fall sorgfältig und gewissenhaft zu bedenken, die Kraftlinien zu spüren, die dich mit dem anderen verbinden, deine Energien sanft den Gedankenformen zu entziehen und die Energien des anderen zu ihm zurückkehren zu sehen. Visualisiere die fragliche Szene dabei deutlich (animiert mit den Gefühlen, die du investiert und die du gerufen hast), wie man sich einen Filmausschnitt ansieht. Schau dann als Beobachter zu, wie das Band (die Bänder) zu einem Aschehaufen verbrennen und sich die Gedankenform auflöst. Du mußt den Namen der Person laut aussprechen und auf diese Weise den Aspekt des Höheren Selbst der Person hervorrufen, auf die du eingestellt bist. Du solltest diese Person in dieselbe alchemistische Ausrichtung gebracht haben wie dich selbst und den Gott in ihm oder in ihr mit tiefem Respekt anerkennen.

Für diese Übung verwende ich oft gregorianische oder tibetische Gesänge. Der Widerhall, der von den singenden Mönchen hervorgerufen wird, schafft genau die richtige Atmosphäre für dieses Ritual. Du wirst den energetischen Komplex verbrennen, der das Unbewußtsein repräsentiert, ohne dabei irgend jemanden zu verletzen. Die Beziehung, auf die es ankommt, ist die zum Prinzip der Vollkommenheit, zum menschlichen Prototyp.

Anrufung:

„Wir bekräftigen, daß die Präsenz des Lichtes die einzige Präsenz ist, die in unserer Welt, in unseren Körpern und in dieser Atmosphäre agiert." (Sage oder denke das mit Autorität und Überzeugung.)

„Wir rufen die Präsenz der Engel der violetten Flamme der Transmutation, die reinigt und auflöst, um die natürliche Ordnung und die Heiligkeit des Lebens wiederherzustellen. Wir rufen auch die Herren des Karma, um uns in unserem Bemühen beizustehen ..."

„Wir übernehmen die Verantwortung für unsere Gaben und die Substanz unserer Körper; wir vertrauen uns der Aktivität des violetten Strahles an durch die Handlung der violetten Flamme."

„Im Namen der Präsenz, die „Ich Bin", akzeptieren wir die Aktivität der violetten Flamme in und durch uns, die unsere körperlichen, emotionalen und geistigen Gefäße erhellt und reinigt."

„Wir sind dankbar für diese Gelegenheit, jedem unserer Partner die Energien und Kräfte zurückzugeben, die wir von ihm akzeptiert haben. Wir bitten während dieses verzehrenden Vorgangs darum, daß die zurückbleibende Energie, Substanz und Gedankenform aus Vergangenheit und Gegenwart, einschließlich aller zerstörerischen Akasha-Aufzeichnungen, aufgelöst werden möge."

„Wir rufen die mächtige „Ich Bin"-Präsenz und das Höhere Selbst all unserer Partner. Im Namen der Präsenz, die das Licht ist, die die Liebe ist, die die Wahrheit ist, bitten wir um die Befreiung von allen Folgen unserer unbewußten Taten."

„Die Engel des blauen Strahles umgeben uns wie ein Schutzwall, durchtrennen alle Kraftlinien, die als Folge der Auflösung unserer Bindungen in diesem Augenblick entstehen könnten, und lösen sie auf."

„Wir sind als Ausdruck unseres Höheren Selbst in dieser Dimension in unserem Herzen zentriert und bekräftigen das Licht. Unsere Welt ist jetzt angefüllt mit Licht."

„Wir rufen nun das individuelle Selbst und den höheren geistigen Körper von __________ (Name der Person). Mit tiefer Wertschätzung für seine/ihre Präsenz in dieser Welt bitten wir um seine/ihre Erlaubnis, an den Formen zu arbeiten, die wir gemeinsam geschaffen haben." (Visualisiere die Person, die Umstände, Emotionen und Empfindungen. Intensiviere die Erinnerung ... jetzt!)

Wecke die ätherische Gefühlserinnerung in deinen Körpern, visualisiere und spüre ganz intensiv die Gegenwart des anderen. Entspanne deinen physischen Körper, und öffne die tiefen inneren Räume in dir. Visualisiere und fühle ... ohne Urteil ... spüre die Kraftlinien, die mit deinem Körper verbunden sind. Suche sie und konzentriere dich auf sie.

(Sag jetzt individuell auf dich abgestimmt:) „Im Namen und mit der Autorität meiner Präsenz und im Namen und mit der Autorität der Präsenz von ____________ (Name der Person), durch die Kraft unseres Herrn und Meisters Jesus Christus, akzeptieren wir die Aktivität der Engel der violetten Flamme, der Salamander des ätherischen Feuers, und aller Lichtwesen. Mögen sie diese Gedankenformen, Eindrücke, Aufzeichnungen und Erinnerungen mit dem heiligen Feuer der Verwandlung auflösen."

Visualisiere jetzt den Zelluloidfilm und beobachte, wie er verbrennt, verbrennt, verbrennt ... Verbrenne die Gestalten langsam, tief, umfassend. Verbrennen ... Löse die Kraftlinien von deinem Körper und gebe sie in die violette Flamme ... Verbrennen, verbrennen, verbrennen ... Es kommt aus den niederen Zentren heraus ... Verbrenne und löse auf, löse auf, löse auf ... laß zu Asche werden ... Löse die Anklammerungen in deinem physikalischen Körper auf. Beobachte, wie die verwandelten Energien, die zu dir gehören, jetzt von dem anderen gereinigt zu dir zurückkehren, und wie die Energien, die du vom anderen angenommen hast, jetzt zu diesem anderen Menschen zurückkehren. Danke ihnen für die Lebenslektion.

Rufe jetzt eine zweite Person herbei und folge denselben Anweisungen wie bei der ersten. Mach solange weiter, wie du mußt, aber achte darauf, dich nicht zu ermüden. Du kannst die Sequenz auch zu einem anderen Zeitpunkt beenden.

In der nächsten Übung geht es darum, die Energien der drei wichtigsten Strahlen aufzubauen, aus der die dreifache Flamme besteht. Diese dreifache Flamme ist im Grunde unsere *Essenz*; ihre Anrufung und Visualisierung harmonisiert uns, bringt uns ins Gleichgewicht. Anschließend folgt eine Meditation über den fünfzackigen Stern, ein Mittel, um die positiven Attribute, die dem Menschen möglich sind, zu verkörpern und zu integrieren. Zuletzt folgt „Über das Karma hinaussehen: Auf der Ebene der Wahrheit", wo wir die Fähigkeit entwikkeln, über unsere Erwartungen hinauszusehen und die grundlegenden Erfahrungen, die wir mit unseren Eltern gemacht haben, als notwendige Lektion in wahrer Vergebung und Transzendenz zu akzeptieren.

# Die dreifache Flamme

Wenn es dir schwerfällt, Farben zu visualisieren, schlage ich vor, daß du Geschenkpapier in Königsblau-metallic, kräftigem Rosa und leuchtendem Gold kaufst. Mach dich mit den Schattierungen zuerst vertraut, dann vertraue darauf, daß du dir die Frequenzen zu eigen gemacht hast und sie in dieser Meditation in dein Herz versetzen kannst.

Nach Ausrichtung und Zentrierung:

Visualisiere die dreifache Flamme im Zentrum des Herz-Chakras in der Mitte des Brustkorbs. (In Wirklichkeit ist dieses Phänomen die Folge einer vollkommenen Ausrichtung beziehungsweise Überlappung jeder der Körper der Persönlichkeit, die jeweils von einer Farbe repräsentiert werden.)

Die dreifache Flamme züngelt in drei Farben aus dem Herzzentrum: Blau für den Vater zu deiner Rechten, Gelbgold in der Mitte für den Sohn und kräftiges Rosa für den Heiligen Geist beziehungsweise die Matrix zu deiner Linken. Gestatte diesem Bild, das Gefühl und die Empfindung im Herzen auszulösen, das in alle Richtungen einen zarten goldenen Glanz ausstrahlt.

Konzentriere dich jetzt auf die reiche, tiefblaue Flamme. Gestatte ihr, sich über deine rechte Schulter auszubreiten und deinen rechten Arm herabzusteigen. Sie verteilt sich über deine Finger und ergießt sich auf den Boden zu Deinen Füßen. Beobachte, wie der Strom sich entzündet und sich jetzt über deine gesamte rechte Seite ausbreitet. Jetzt glüht er hell rechts der Wirbelsäule und verjüngt sich in einem Winkel, der Deinen rechten Arm wie ein großer Flügel aus herrlichem Blau mit kristallklaren Flecken bedeckt.

Spüre die Qualität dieser tiefen, reichen Bläue und freue dich an der Frequenz reiner Macht und Stärke, die der Vater-Aspekt dir bringt. Begib dich direkt in dieses Gefühl hinein.

Spüre jetzt von der linken Seite deines Herzzentrums, wie die leuchtend rosafarbene Flamme wächst und sich über deine linke Schulter ausbreitet, den linken Arm hinunter in deine Fingerspitzen strömt, dann auf den Boden gleitet und pinkfarbene Flammen entzündet, die an deiner linken Seite hochzüngeln, von der Wirbelsäule bis zu deinem linken Arm.

Spüre und absorbiere die Schönheit und die Eigenschaften der Liebe, der Fülle und der tiefen Freude, die diese Frequenz dir vermittelt ... ein intensiver, ekstatischer Frieden, der in diesem Rosa funkelt wie Myriaden goldener Sterne! Bleibe in diesem Gefühl, bis du es durch den gesamten Blutkreislauf absorbiert hast, während die rosafarbene flügelähnliche Form weiterhin auf deiner linken Seite glüht.

Richte deine Aufmerksamkeit jetzt auf die goldene Flamme im Zentrum des Herzens und fühle, wie die goldgelbe Christus-Flamme der Liebe, Weisheit und Erleuchtung, der Intelligenz und der universellen Liebe sich bis zum Hals erhebt, über dein Gesicht hinwegströmt, deine Augen, dein Gehirn und dein gesamtes Mentalfeld erleuchtet und über deinem Kopf zu einer Flamme erwächst, von wo aus sie zu den Himmeln greift.

Spüre, wie die goldene Flamme strahlt, erwacht, die Schwingungsfrequenz im Gehirn beschleunigt, sie dem Höheren Geist anpaßt ... Und jetzt gestatte ihr, sich wieder nach unten zu bewegen, wie eine Säule aus goldenen Flammen, vom Kopf zu den Zehen. Nimm dieses Gefühl in dir auf, diese Frequenz, die regeneriert und erleuchtet.

Nun ... da die goldene Säule aus Licht durch dich fließt, dich verlängert, dir erlaubt, dich eins zu fühlen mit der Präsenz über und in dir ... spüre die Aktivität der drei Flammen gleichzeitig. Halte dieses Bild und dieses Gefühl eine Weile fest.

Gestatte der goldenen Flamme, als strahlende Achse in dir und durch dich zu bleiben. Beobachte, wie die rosa und die blaue Flamme unter deinen Füßen verschmelzen, und schaue der Geburt der violetten Flamme zu ... sie züngelt hoch und breitet sich aus ... umgibt jetzt deinen Körper mit einer herrlichen Säule aus violettem Feuer.

Spüre die Frequenz der violetten Flamme, wie sie wirbelt, sich dreht, explodiert, strudelt, kocht und durch dich hindurchfegt ... Sie reinigt, läutert, absorbiert und verwandelt alle negativen Gedankenformen, Kräfte, Energien oder Anhaftungen in deinen physischen, mentalen, emotionalen Körpern ...

Akzeptiere dieses mächtige, majestätische Feuer als ständige Aktivität in deiner inneren und äußeren Welt, und laß es tief in deine Knochen, das Blut und alle Zellen deines Körpers dringen, dich verfeinern und vorbereiten auf die Begegnung mit der Vollkommenheit des Lichtes!

Spüre, wie gleichzeitig dein Lichtkörper aus den innersten Winkeln deines physischen Körpers zum Leben erwacht. Ein Körper aus Licht, ein Körper aus Materie ... das violette Feuer ... und die dreifache Flamme im Herzen, ewige, gegenwärtige Glorie.

Wenn das Violett abnimmt oder sich neutralisiert, mach dir klar, daß die dreifache Flamme dich immer dann umgibt, wenn du an sie denkst.

## Der fünfzackige Stern

Die Arbeiten von Alice Bailey haben mich zu dieser Meditation inspiriert.

Der aufrechte fünfzackige Stern ist das Symbol wahrer Menschlichkeit. Er verkörpert nicht nur die fünf Extremitäten, sondern auch die überaus realen magnetischen Kraftlinien, die jedes menschliche Energiefeld erzeugt. In der Magie reicht die Visualisierung dieses Sterns um dich herum aus, um negative elementare Kraftlinien zu durchtrennen und dich zu schützen.

Bei dieser Meditation setzen sich fünf Personen in einen Kreis. Jeder verkörpert ein menschliches Prinzip. Alle sollten sowohl mental als auch emotional über die folgenden Begriffe nachsinnen, die sie körperlich, mental und emotional verkörpern werden: Frieden, Zusammenarbeit, Mitwirkung, Einigkeit und Ehrlichkeit. Während jeder die Eigenschaften erzeugt, die zu seinem jeweiligen Begriff gehören, soll er in das linke Auge der Person vor sich schauen und eine energetische Verbindung beziehungsweise Kraftlinie schaffen. Diese Kraftlinien werden sich letztendlich zu einem Stern verbinden.

Bereite dich auf diese Meditation vor, indem du einen der fünf folgenden Begriffe auswählst:

- Frieden in der Welt
- Zusammenarbeit mit dem göttlichen Plan zum Wohle der Menschheit
- Mitwirkung am göttlichen Plan, in Übereinstimmung mit der Hierarchie
- Einigkeit als Folge des Christus-Geistes der brüderlichen Liebe unter den Menschen

- Ehrlichkeit, während du dich in den wahrhaft demütigen Kontext deiner Menschlichkeit begibst

Sobald du ausgerichtet, zentriert und von dem Begriff deiner Wahl ganz erfüllt bist, setze dich mit den anderen vier Übungsteilnehmern in einen Kreis. Nehmt euch an den Händen, während ihr euch in eurer Absicht vereint. Visualisiere eine rubinrote Rose in der Mitte, Symbol vollkommener Hingabe und menschlicher Liebe. Umgebt euren Kreis mit einem gemeinsam visualisierten Schutzring aus Indigoblau, um eure Energien zu versiegeln und zu bewahren.

Wenn du deine Augen öffnest, schaue freundlich und ohne zu starren in das linke Auge der Person Nr. 3 auf dem Schaubild. Person Nr. 3 blickt in das linke Auge von Person Nr. 5. Person Nr. 5 wiederum schaut in das linke Auge von Person Nr. 2, und Nr. 2 in das linke Auge von Nr. 4. Person Nr. 4 schaut in dein linkes Auge auf Position Nr. 1.

Identifiziere dich mit der Menschheit, in dem Wissen, daß auch Nummer fünf den vollkommenen Meister und die vollkommene Materie als Gefäß des Menschen verkörpert. Verbindet euch als Söhne des Mutter-Vaters im Universum, im Herzen zentriert.

Nimm die Schönheit des Planeten Erde wahr: das Grün der Bäume, Hügel, Täler und Obstgärten ... die vielfarbigen Nuancen der Blumen und der Vegetation ... das Blaugrün der Meere, Flüsse und Seen ... das Weiß des Schnees ... Denke an die Vögel und die Fische, die Tiere der Wildnis ... die Farben von Sonnenaufgang und Sonnenuntergang ... Visualisiere den Planeten Erde in all seiner Pracht und Herrlichkeit, vollkommen und sauber, auf dem eine erleuchtete Menschheit in Einklang mit den Gesetzen der Natur und des Kosmos lebt. Gestatte dem Symbol der Rose, sich aus dem Zentrum der Erde zu erheben und zu brüderlicher, universeller Liebe zu erblühen. Gestattet euren Körpern, golden zu werden im Glühen der universellen Liebe in euren Herzen, die jede Zelle und jede Faser einfärbt ... und euch jetzt zu einem herrlichen goldenen Stern verknüpft! Verkörpert das Licht in eurem Geist, eurem Körper und euren Emotionen. Werdet wahre Kinder des Lichtes und vereint euch jetzt in Ausübung eures freien Willens im Geiste der Freude und Begeisterung, um diese Grundwahrheit zu verwirklichen: Wir sind eins in der Präsenz des „Ich Bin"!

Öffne jetzt deine Augen als Fenster deines Herzens und erzeuge das Gefühl-Attribut, während du die Möglichkeiten deines Konzeptes visualisierst. Schaue dabei in die Augen der Person vor dir. Halte Augenkontakt und bleibe still. Laß zu, daß sich Schwung aufbaut – wenn du es aushälst, fünfzehn Minuten oder länger. Strahlendes Licht ... Frieden ... Zusammenarbeit ... Mitwirkung ... Einigkeit ... Ehrlichkeit ...

Erzeuge Licht ... Breite es über die Erde aus und sende es von der Erde in die Himmel ...

„Wir sind dankbar, als Kanal für das göttliche Licht zu dienen, in Vollkommenheit und Harmonie. Frieden allen Wesen auf Erden! Freie, fröhliche, harmonische Zusammenarbeit! Dynamische, vitale Mitwirkung! Einigkeit, als Kinder der Menschen ... „Ich Bin" eins mit ihnen! Ich drücke die höchste, erhabene Wahrheit der absoluten Unendlichkeit aus."

Ohne die Verbindung zu unterbrechen, könnt ihr eure Meditation mit der folgenden Affirmation beenden:

„Ich Bin" das Licht, die Kraft und die Herrlichkeit! Vollkommene Liebe offenbart sich durch mich in der Erfüllung des göttlichen Planes.

Schließt eure Augen in dem Wissen, daß dem so ist. (Abb. 30)

## Über das Karma hinaussehen: Auf der Ebene der Wahrheit.

Diese „Phantasie unter Anleitung" wurde von einer Übung inspiriert, die von meiner Freundin Phylliss Moline stammt. Übungen wie diese schaffen einen sicheren, schönen Ort im Inneren, an dem du wahrhaft du selbst sein kannst. Es ist allerdings ein langwieriger Prozeß. Du solltest dir soviel Zeit wie möglich zugestehen und zwischen den Bildern Pausen einlegen, um die machtvollen Kräfte aufzunehmen, die du hervorgerufen hast, und ihnen zu erlauben, ihren Bestimmungsort zu finden.

Es ist ein schwerer Fehler, eine Meditation übereilt zu beenden, ohne sich die Zeit zu nehmen, die man braucht, um seine Energien zur Ruhe zu bringen und die Körper das Geschehene integrieren zu lassen. Wenn du nach der Meditation keine Zeit hast, ist es besser, die

## ZIRKULATION: DER FÜNFZACKIGE STERN

*– Abbildung 30 –*

Übung gar nicht erst durchzuführen. Das gilt für *alle* Übungen und Meditationen.

Du wirst mit machtvollen Symbolen patriarchaler und matriarchaler Archetypen arbeiten, die durch deine eigenen Eltern verkörpert werden. Du erreichst gar nichts, wenn du nicht zuerst deine Eltern in dir akzeptierst, integrierst, ihnen vergibst und sie heilst – und zwar *beide* Elternteile. Wohin du auch gehst, sie gehen als Kraft mit dir, in deinem Herzschlag, deiner Zellstruktur und in deinen mentalen und emotionalen Verhaltensmustern. Wenn du dir selbst leid tust, weil du deiner Meinung nach nicht die Eltern hattest, die dir zustanden, wenn du wütend, verbittert oder rachsüchtig bist oder auch nur versuchst, sie zu ignorieren, *kann das einfach nicht funktionieren*!

Es mag einige von euch schockieren, aber sechzig Prozent unseres Körpers stammen von unserer Mutter, die verbleibenden vierzig Prozent von unserem Vater. In einigen östlichen Traditionen geht man gar von einem Verhältnis von 80:20 aus. Wohin willst du ohne sie gehen? Das ist der Hauptgrund, warum in einigen Klöstern in Asien eine schriftliche Genehmigung erforderlich ist, bevor ein erwachsener Mann oder eine erwachsene Frau in einen Orden eintreten kann. Wenn die Mutter mit der Absicht ihres Sohnes nicht einverstanden ist, wird ihr psychischer Einfluß die heilige Atmosphäre des Ortes stören. Die spirituelle Erweckung im Menschen muß Hand in Hand mit der Akzeptanz seiner irdischen Rollen gehen, insbesondere seiner Verehrung für das Leben und die Quelle seines eigenen physischen Körpers. Auf diese überaus reale Weise werden wir zu den Eltern unserer Eltern. Was wir tun, beeinflußt sie mehr, als uns klar ist.

Diese Übung sollte vorzugsweise von jemandem angeleitet werden, der mit dem Teilnehmer auf gleicher Wellenlänge liegt und doch unbefangen genug ist, um zur rechten Zeit einschreiten zu können. Der Übende, der sich diesem Prozeß unterzieht, sollte sich bequem hinlegen. Beide Personen müssen sich ausrichten und zentrieren. Sanfte Entspannungsmusik hilft dabei, den Ton für die höhere Wahrheit und die Schönheit des Geistes anzugeben.

Erkenne jetzt das funkelnde Kristallicht im Zentrum deines Kopfes. Spüre, wie sich die folgenden drei Frequenzen aufeinander einstimmen: dein magnetisches Zentrum im Nabel, dein elektrisches Zentrum im Kopf, und dein Herz, das beide umarmt, nährt und verbindet. Beschleunige die Schwingungsfrequenz der Lichtpunkte deines Körpers, und sei dir dieser drei Zentren gleichzeitig bewußt.

Bekräftige: „Ich Bin" das Licht, die Kraft und die Herrlichkeit ... Erkenne, daß die Quelle deiner Wahrnehmung von einem Ort jenseits deines persönlichen Selbst stammt. Prüfe die Gedanken, Gefühle und Empfindungen aus dieser Perspektive. Von ihren anregenden Frequenzen wirst du die Heilenergien ziehen, die du brauchst.

Sprich die folgende Bitte aus: „Durch die Präsenz des „Ich Bin" in mir und in allen Wesen erflehe ich den smaragdgrünen Strahl der Wahrheit und des Unterscheidungsvermögens. Möge er meinen Verstand reinigen und ihn rasch zur Bewußtseinsebene der Wahrheit führen!" Gestatte jetzt dieser Frequenz, herabzusteigen und in dich einzutreten, dein Gehirn anzufüllen und die Intelligenz in deinem gesamten Körper zu filtern. Erlaube deinem Lichtkörper, smaragdgrün zu werden, mit goldenen Flecken der Liebesessenz, die durch ihn hindurchperlen, während du dich immer mehr öffnest und entspannst.

Während du dich entspannst und immer weiter öffnest, übertrage das Gewicht deines Körpers auf den Boden (das Bett oder den Tisch) und beschleunige die Lichtpunkte. Intensiviere, intensiviere, intensiviere ... Öffne Türen, zerreiße die Schleier der Illusion, steigere deine Wahrnehmung über das Bekannte hinaus ...

Stelle dir jetzt vor, du sitzt in einem wundervoll angenehmen Raum, bereit, die Wahrheit zu sehen und zu empfangen. Achte auf alle Details in diesem Raum. Erschaffe dir ein Gesamtgebilde, das ein zentraler Bezugspunkt bleiben wird. Achte auf die Farben der Wände, die Dekorationen, den Bezug deines Sessels (oder auf was immer du sitzen magst). Das ist dein Zimmer, dein ganz privater Raum. Achte darauf, welche Kleidung du trägst, und mache diese Szene mit all deinen Sinnen konkret.

Neben deinem Sessel steht ein Tisch. Auf diesem Tisch befindet sich eine prächtige Lampe und neben der Lampe ein großes, reich verziertes, altes Album mit Fotos und Lithographien. In diesem Album findest du alle möglichen Bilder, in denen es um dich und deine Abstammung geht. Öffne es willkürlich, und schau dir das Foto an, das dich zeigt. Achte auf deine Gesichtszüge, den Ausdruck, die Aussage hinter dem Gesicht. Erinnere dich daran, wann das Bild aufgenommen wurde. Wer hat es aufgenommen? Wie hat sich diese Person gefühlt, als das Foto aufgenommen wurde? Ist diese Person allein oder sind noch andere Menschen dabei? Welche Umstände umgaben die Aufnahme? Gestatte dir, die Wahrheit zu erfahren, die dieses Bild widerspiegelt.

Drehe die Seiten wahllos um, und halte bei einem anderen Foto von dir inne. Nimm alles auf, was dieses Bild betrifft, genauso wie beim ersten Foto. Gestatte dir, dich tief in dieses Bild einzufühlen, um die Wahrheit aufzudecken, die es verhüllt, ohne dabei die Perspektive des Beobachters aufzugeben. Nimm diese Wahrheit in dich auf. Du mußt dabei nicht unbedingt verstehen, was sie zu bedeuten hat. Wenn du die Erfahrung vollendet hast, schlage eine andere Seite auf, und wiederhole diesen Vorgang mit einer Aufnahme deiner Eltern. Schau ihnen tief in die Augen, spüre, was jeder von ihnen zu sagen hat, erinnere dich an diese Momente, als ob sie deine eigenen wären ... Du kannst dir noch mehrere Bilder auf diese Weise ansehen, wenn du das möchtest. Sobald du fertig bist, schließe das Album und lege es wieder auf seinen angestammten Platz auf dem Tisch.

Jetzt steh auf und gehe zum Fenster. Sieh hinaus in die Welt. Was siehst du? Wie fühlst du dich bei diesem Anblick? Laß dir Zeit. Beschließe dann, den Raum zu verlassen, auf den Dachboden hochzusteigen und weiter auf das Dach des Hauses beziehungsweise des Gebäudes, in dem du dich befindest. Schau dich um. Was siehst du jetzt? Wie fühlst du dich dabei? Beschreibe alle Einzelheiten sorgfältig.

Während du allein dort oben stehst, fällt dir eine sternenförmige Formation in der Ferne auf. Beobachte, wie sie an Größe und Glanz zunimmt. Gestatte, daß sie der Stelle immer näher kommt, an der du stehst. Laß sie näher und näher kommen, heller und heller werden ... bis der Stern dich vollständig umgibt. Laß dich von ihm umarmen, und verschmelze mit ihm, laß dich von ihm mitführen, fühle dich gleichzeitig von seinem Licht beschützt und geliebt. Spüre, wie du mit dem Stern immer höher steigst, durch die konzentrischen Dimensionen der Wirklichkeit ... um die Erde herum ... und weiter. Dein Schwingungsrhythmus beschleunigt sich in fortschreitendem und doch ungeheuer angenehmem Maße.

Plötzlich wird der Stern langsamer. Du näherst dich etwas, das wie ein Kristallplanet aussieht. Es ist der Planet der Wahrheit. Du landest und schreitest über seine Oberfläche. Sieh dich um und entdecke einige vertraute Gestalten. Du fühlst dich geliebt und akzeptiert; es fühlt sich sogar „wie daheim" an! Das ist die Ebene, auf der Dein Höheres Selbst lebt. Du weißt, ohne zu wissen, du spürst dich in der Wahrheit. Dir wird klar, daß dieser Planet eine Nachbildung der Erde ist, nur heller, sauberer. Die Farben und Formen sind lebendiger, klarer und durchscheinend. In der Luft liegt ein Hauch von Ozon. Alles scheint aus Kristall zu bestehen, und die Luft schwingt kristallartig.

Gemächlich schreitest du auf einem Pfad, der dich zur Wahrheit führt. Präge dir ein, wie dieser Pfad aussieht und wie er sich anfühlt. Es hat den Anschein, daß du schon einmal auf diesem Weg gewandelt bist. Achte darauf, was du am Wegesrand siehst. Gestatte dir, alle Emotionen deutlich zu spüren, ohne Verwirrung und ohne die Schleier, die normalerweise unsere Wahrnehmung auf der Erde verhüllen. Schreite in und durch die Szenerie. Plötzlich siehst du einen bestimmten Baum, der deine Aufmerksamkeit auf sich zieht. Geh zu diesem Baum und versuche, dich auf deine Weise mit ihm anzufreunden. Welche Eindrücke empfängst du von diesem Baum? Was ist das für ein Baum? Was tust du, wenn du überhaupt etwas tust?

Verlaß den Baum jetzt und setze deine Pilgerfahrt zu einem Gewässer fort. Präge dir den ersten Eindruck ein. Was ist das für ein Gewässer? Ist es ein Fluß, ein See, ein Meer, ein Wasserfall oder ein Bach? Ist es tief oder flach? Geh näher heran. Schreite hinein; du findest einen bequemen Felsen, der extra dort plaziert zu sein scheint, damit du dich darauf setzen kannst. Laß dich an diesem Ort nieder, umgeben von Wasser. Atme tief in deinen Lichtkörper ein und nimm die ganze Atmosphäre in dich auf, was du siehst und was du fühlst. Wisse, daß es wahr ist.

Beobachte jetzt, wie sich aus der Ferne eine männliche Gestalt nähert. Diese Gestalt, die sich dir stetig nähert, interessiert dich. Der Mann kommt näher, und du kannst jetzt seine Gesichtszüge sehen. Es ist dein Vater. Vielleicht sieht er nicht ganz genauso wie dein Vater aus, aber du weißt, daß er es ist. Wie ist er gekleidet? Wenn er direkt vor dir steht, schau ihm tief in die Augen. Du wirst dir der Emotionen bewußt, die langsam hochsteigen, dich beinahe überraschen. Du weißt, daß dies die Aufzeichnungen sind, die sich deinem emotionalen Körper eingeprägt haben. Laß die Anwesenheit dieser Gefühlsregungen zu, ohne dich mit ihnen zu identifizieren.

Was scheinen die Augen deines Vaters zu sagen? Sieh genau hin. Vergiß nicht, auch seine innere Präsenz wahrzunehmen. Während er stumm vor dir steht, nimm in dir auf, wer er ist, sowohl auf der Ebene der Persönlichkeit als auch auf der Ebene des Höheren Selbst. Stimme dich jetzt in die Quelle über dir ein, die deine eigene ist, und bitte aus dem Grunde deines Herzens darum, daß ihr gebadet, versöhnt und befreit werdet – ihr *beide*. Visualisiere einen mächtigen Strahl aus farbigem Licht, der auf euch herabfährt. Eine reine Farbfrequenz, die von dem Selbst ausgeht. Beobachte, wie Gesicht und Körper deines Vaters in diesem versöhnenden Licht gebadet werden, wie es die tiefste Wahrheit über ihn bloßlegt ... über dich in bezug auf ihn ... Bitte darum, daß dieses Licht deinen Vater heilen möge und auch dich selbst, all eure Wunden der Vergangenheit ...

Achte auf die Farbe des Strahles, der zu euch beiden gesandt wurde und wisse, daß er vollkommen ist; er reinigt und nährt deinen Vater ... und dich. Beobachte, wie sich seine Gesichtszüge verändern, vielleicht taucht vor dem Auge deines Herzens ein Gesicht nach dem anderen auf. Während das Licht schwächer wird, sieh ihm noch einmal in die Augen. Was scheinen sie jetzt zu sagen? Achte auf alle unterschwelligen Emotionen, wisse, daß alles, was dir gezeigt wird, im höchsten Interesse liegt: es verwandelt, heilt, vergibt und enthüllt diese tiefe und wichtige Beziehung. Schau ihn an und wiederhole immer inbrünstiger im Geiste: „Ich akzeptiere mich“ ... „Ich akzeptiere mich“ ... „Ich akzeptiere mich“ ... Wisse, ohne zu wissen. Befreie deinen Vater, der dich auf diesem Planeten der Wahrheit bereits befreit hat, und gib ihn in die Ferne frei, aus der er kam. (Du kannst an dieser Stelle eine Schweigeminute einlegen. Mach dir eine geistige Notiz, dich an alles zu erinnern oder jetzt zu kommunizieren, was du wahrnimmst.)

Von einem anderen Ort in der Ferne taucht nun eine weibliche Gestalt auf. Sie nähert sich dir, und du merkst, daß es deine Mutter ist. Wie ist sie gekleidet? Wie wirkt sie? Wie sehen ihre Gesten aus? Was scheint sie mit ihren Augen zu sagen? Erkenne in dieser weiblichen Gestalt deine Mutter mit all ihren Unvollkommenheiten und all ihrer verborgenen Schönheit. Respektiere deine Beziehung zu ihr und gestatte dir, tief mit ihr mitzufühlen, ohne dich dabei in diesem Gefühl zu verlieren. Nimm in dich auf, was sie von dir zu verlangen scheint ...

Rufe jetzt aus deinem Herzen nach dem höchsten Guten für euch beide. Bitte darum, daß die Wahrheit in dir offenbar werden möge. Erkenne und fühle den Aspekt des Höheren Selbst in deiner Mutter und in dir. Beobachte, wie von einem Quellpunkt über dir ein herrlicher Heilungsstrahl über euch beide herabfährt. Sieh zu, wie diese großartige Kaskade deine Mutter strahlend läutert und heilt, tief in ihren Körper eindringt ... und in deinen. Jede neue Lichtwelle umspült euch mit heilender Liebe. Spüre es. Atme in deinen Körper und laß ihn die Wahrheit dieser Beziehung auflösen, versöhnen, befreien und erleuchten. Sage im Geiste: „Ich vergebe mir, daß ich in dieser Beziehung bin." Wiederhole das dreimal, und spüre es jedesmal gründlich.

Beobachte, wie das Licht den Körper und die Gesichtszüge deiner Mutter abwäscht und verwandelt, ihre Essenz und die Lektionen in dieser Beziehung offenlegt ... wisse, ohne zu wissen, die Weisheit des Herzens. Während das Licht absorbiert wird, sieh ihr noch einmal in die Augen und erkenne die Wahrheit. Befreie sie, und fühle dich von ihr befreit. Erlaube ihr, sich am Horizont aufzulösen, aus dem sie aufgetaucht ist. (Lege hier wieder eine Pause ein, um das zu verarbeiten, was gerade geschehen ist. Du kannst auch damit fortfahren, eine Abfolge von Bildern und die Erfahrung verschiedener Emotionen zu sehen. Kommuniziere jetzt oder nimm dir vor, dich an alles zu erinnern.)

Ein tiefer Friede steigt jetzt auf dich herab. Du beschließt, den Felsen und das Gewässer zu verlassen und auf dem Pfad in einer anderen Richtung zurückzugehen.

Rufe jetzt einen wichtigen Menschen aus deinem Leben, vorzugsweise deinen Ehemann oder deine Ehefrau, oder deinen Lebenspartner. Wenn du alleinstehend bist oder dein Partner nicht länger eine aktive Rolle in deinem Leben spielt, dann rufe deinen Sohn oder deine Tochter, falls du Kinder hast. Es darf jedoch nur eine Person sein. Wenn du keine Kinder hast, laß es deinen besten und engsten Freund oder einen Lehrer sein. Rufe das Bild dieses Menschen in dir hervor. Wenn er vor dir auftaucht, lade ihn zu einer Reise ein.

Bevor ihr euch auf diese Reise begebt, spiele mit diesem Menschen. Stelle dir vor, daß dieser Mensch fünf Jahre alt ist und du in deinem gegenwärtigen Alter bist. Was geschieht mit eurer Beziehung? Wie würdest du dieses Kind behandeln? Was würdest du zu ihm sagen? Wie würde dieses Kind auf dich reagieren? Welche Spiele würdet ihr spielen?

Nun tausche die Rollen. Er ist erwachsen, und du bist fünf Jahre alt. Wie würde eure Beziehung jetzt aussehen? Welche Spiele würdet ihr spielen? Und wie? Wisse, ohne zu wissen, spüre es intensiv, ohne die Klarheit Deines Herzens zu verlieren. Jetzt erlaube euch beiden, fünf Jahre alt zu sein. Achte darauf, welche Spiele ihr spielt und wie ihr beide euch verhaltet. Was sagt ihr und was geschieht als nächstes?

Gestatte dir, zu deinem gegenwärtigen Alter zurückzukehren. Laß den anderen weiterhin ein fünfjähriges Kind sein, während ihr euch auf die Reise macht, die euch zu einer Höhle führt. Bitte das Kind in die dunkle Höhle und beobachte seine Reaktion. Es will nicht hineingehen. Es bleibt unnachgiebig und bekommt sogar einen Trotzanfall. Was tust du? Was sagst du? Das Kind weigert sich standhaft, hineinzugehen. Es regt sich immer mehr auf. Wie löst du diese Situation?

Du bringst es fertig, das Kind in die Höhle zu führen, trotz der Tatsache, daß es immer noch weint und ruft, es wolle nicht weitergehen. Du begibst dich mit diesem Kind immer tiefer und tiefer in die Höhle. Achte auf deine Gefühle, Gedanken und Empfindungen.

Plötzlich siehst du einige Lichtstrahlen, die vom Ende dieser unterirdischen Strecke kommen. Du weißt, daß du das Ende erreicht hast. Du weißt auch, daß du das Kind dort am Ausgang zurücklassen mußt, auch wenn du das vielleicht nicht möchtest. Spüre deine Emotionen angesichts dieses Dilemmas. Du mußt es verlassen. Du mußt dich von ihm verabschieden. Wie willst du das tun? Was wirst du zu ihm sagen? Was sagt das Kind, wenn der Augenblick gekommen ist? Wie reagiert es darauf, daß du es verlassen willst? Was geschieht mit ihm, nachdem du es verlassen hast?

Trenne dich von ihm ... sieh das Kind in der Ferne, während du auf deinem Weg weitergehst, zurück auf demselben Pfad, den du gekommen bist, nur daß du jetzt nicht mehr durch die Höhle mußt.

Du kommst an dem Gewässer vorbei und nimmst ein helles Strahlen wahr. Du gehst näher und merkst, daß dort ein Großer Engel steht. Du schaust in sein Gesicht und bist tief bewegt von seinen Augen, die ein tiefes und liebevolles Mitgefühl auszustrahlen scheinen, das du in menschlichen Augen nie zuvor gesehen hast. Beobachte diese Augen, nimm ihre Farbe in dich auf und die Gefühle, die sie in dir hervorrufen. Spüre, was er dir durch diesen Blick sagen will. Spüre seine Stimme in deinem Herzen. Nähere dich ihm mit tiefer Dankbarkeit und laß zu, daß er deinen ganzen Körper umhüllt.

Jetzt bietet er dir ein Geschenk an. Was ist es? Nimm es in dein Herz auf, damit es bei dir bleibt. Der Engel will dich wissen lassen, daß er dich akzeptiert. Er will, daß du glücklich bist. Er will dich nicht länger leiden sehen. Er will, daß du von all deiner Last befreit wirst, und nachdem er gesehen hat, was du alles durchmachen mußtest, heilt und segnet dich jetzt sein Strahlen. Er will, daß du in der Wahrheit verankert bleibst, in dem tiefen Wissen um die innewohnende Weisheit, die dein wahres Wesen ausmacht.

Dieser Engel strahlt solch herrliche Farben aus, daß er dir das rechte Maß an Mut, Klarheit und Kraft verleiht, das notwendig ist, um dich von all deiner Last zu befreien und dir zu helfen, das auch zu erkennen. Atme in dieser Strahlung und gestatte ihr, deine Zellen zu sättigen. Bevor der Engel geht, teilt er dir mit, daß er bei dir sein wird, wann immer du ihn brauchst. Trenne dich zärtlich von dem Engel und geh zurück zu dem Punkt, wo der Stern dich verlassen hat. Dir wird klar, daß er immer noch da ist und darauf wartet, dich nach Hause zu führen.

Sobald du den Planeten der Wahrheit verläßt, trittst du in die Atmosphäre der Erde ein. Achte darauf, wie sich die Schwingungsfrequenz deines Lichtkörpers verlangsamt, während du dich langsam und gleichmäßig dem Gebäude und dann dem Zimmer näherst ... und dich wieder auf deinen Sessel setzt ... die Schwingungen werden tiefer und tiefer ... Du bringst all deine Erfahrungen, die du auf der Ebene der Wahrheit erlangst hast, mit. Sie verschmelzen mit deinen Zellen. Übertrage die Eindrücke beziehungsweise die Symbole auf deinen physischen Körper. Denke daran, es zu fühlen, ohne dich mit dem, was du fühlst, zu identifizieren, und wisse, ohne zu wissen ... in der wahren Sprache der Wahrheit, der Sprache des Herzens.

Atme tief in den Bauch. Spüre die Festigkeit der Erde in deiner physischen Form, die dich umfaßt ... Nimm dir all die Zeit, die du für deine Rückkehr brauchst.

Es ist wichtig, daß du dir jede Phase dieses Vorganges aufschreibst und mit deinem Partner darüber sprichst. Die meisten Symbole liegen auf der Hand. Die Fotos sprechen für sich selbst und erklären die Erfahrung, die sie in dir hervorgerufen haben, von allein. In Fällen, wo dir die Bilder nicht vertraut waren, akzeptiere sie als Teil deiner Ausrüstung auf der Ebene der Unterpersönlichkeiten in dir. Alles, was du gesehen und gefühlt hast, bezieht sich nur auf dich und die Art und Weise, wie du deine Beziehungen siehst und fühlst und letztendlich intuitiv wahrnimmst. Der große Unterschied ist der, daß die Wahrnehmung durch die Anrufung der elektronischen Energien erhöht wurde, die den höheren Verstand geöffnet und aktiviert haben.

Was du durch das Fenster gesehen hast, zeigt, wie du die Probleme und Schwierigkeiten deines Umfeldes wahrnimmst, während die Sicht vom Dach deine Gefühle für die Welt insgesamt veranschaulicht, einschließlich deiner Ziele. Der Baum symbolisiert die grundlegende Beziehung zur Vaterfigur und somit zu Stabilität und Autorität. Das Gewässer verkörpert deine Emotionen, so tief oder seicht, wie du sie zuläßt. Wie du dich dem Wasser näherst (überraschenderweise wollen viele Leute gar nicht naß werden), zeigt an, mit welcher Leichtigkeit du dich in emotionalen Situationen bewegst.

Die Beziehung zu einem anderen Menschen, sei es dein Liebhaber, Kind oder Freund, wird aus verschiedenen Winkeln angegangen. Das zeigt Facetten von dir und wie du den anderen wahrnimmst, insbesondere die Tiefe deiner Wertschätzung und deiner Kontrolle über das Selbst.

Der anrührendste Teil ist vielleicht die Begegnung mit dem Engel und seinem Geschenk an dich – etwas, das als energetische Übertragung eine tiefe innere Bedeutung hat. Gestatte dir, mit den unterschiedlichen Eindrücken in dir zu spielen, und sorge dafür, daß die Gefühls-Bedeutung Vorrang hat vor der Intellekt-Bedeutung.

Kapitel 11

# Die alchemistische Erfahrung des Menschen

## Beziehungen mit Bewußtsein

Es wäre um vieles leichter, wenn wir von den Naturgesetzen des Universums und seinen Geheimnissen inspiriert würden, anstatt uns vor ihnen zu fürchten. Möglicherweise wären wir auch glücklicher, wenn wir wie unsere Vorfahren in einer Kultur leben würden, in der die Unterschiede der Polarität und der Geschlechter traditionell geehrt werden. Wenn wir nur wie in Asien oder bei einigen alten Stammeskulturen von der Vielfalt der Götter und Göttinnen inspiriert werden könnten, die die Essenz der dynamischen Muster zwischen den Geschlechtern zusammenfassen! Aber im Westen gibt es nicht viele Präzedenzfälle, auf die wir uns beziehen könnten, und die wenigen, noch reinen Spuren unseres Erbes sind so versteckt, daß die meisten von uns Stadtmenschen nicht mit ihnen vertraut sind.

Als Kinder waren wir von dem bizarren und bisweilen übertrieben vermenschlichten Pantheon der griechischen Götter und Göttinnen mit ihren komplizierten Beziehungen fasziniert oder wir erschauerten angesichts der blutigen Rituale der Azteken. Es schien so unverständlich, daß durch den Schrecken unsere Ur-Instinkte in dunkle Winkel unserer Psyche getrieben werden, nur um dort durch die Unterdrückung an Kraft und Ungestüm zu gewinnen.

Die kriegerischen Stammestraditionen bieten etwas Würde und Erleichterung und doch ... wie viele Menschen wissen, daß Ayesha (Humayra), Mohammeds Ehefrau, eine Meisterstrategin war, die seine Armeen anführte, eine kultivierte Frau und ein herrliches Beispiel für die kraftvolle Dynamik der Weiblichkeit! Angesichts der wirren Vorstellungen über Frauen in der heutigen muslimischen Welt würde man niemals vermuten, daß der Prophet durch Rumi sagen ließ: „Sprich zu mir, o Humayra, sprich zu mir, laß mich von Deiner Schönheit verzaubert werden. Zieh mich zu Dir, auf daß der Strahl reiner Liebe in meinen Körper eintritt und ihn verwandelt."

Die Wahrheit lautet, daß Priester und Politiker zu allen Zeiten ihr Bestes getan haben, um jedes wirkliche Wissen der Gesetze zu verunglimpfen, die uns für uns selbst befreien würden. Wo können wir einen Vater wie Gurdjieff finden, der zu seinem Sohn sagte: „Werde du selbst! Dann kommt es auf Gott und den Teufel nicht mehr an!"

Die himmlische Aphrodite, das Symbol des göttlichen Geistes, und mit ihr „Eros", die Urmagnetkraft des Universums, wurden in die Gosse der ignoranten Bestialität des Menschen versetzt. Wir wurden als Kultur dazu gezwungen, Sex einerseits zu verdammen und andererseits insgeheim in Exzessen zu schwelgen. Die Heilige Mutter, ihrer Vitalität beraubt, wurde ein antiseptisches Symbol der Weiblichkeit. Nirgends finden wir ein erhebendes Beispiel von Shakti oder die Möglichkeit der Intimität mit einer schrecklichen und edlen Kali. Unsere weiblichen Identifikationsfiguren basieren auf steriler, jungfräulicher Keuschheit oder einem widerwärtig vulgären Erotizismus.

Männern geht es keinen Deut besser als Frauen; es ist nicht ihr Fehler, wenn die Frau ausgebeutet und zu einer monströsen Verzerrung des maskulinen Alter ego wurde. Männer können das alles nicht allein verbrochen haben; die Frauen haben ihnen den Rücken gestärkt und sie inspiriert. Das Bild des Mannes schwankt zwischen unsensiblen „Macho"-Rollen und impotenten Manierismen. Wo nur tanzen Shiva und Shakti das kosmische „leela" der Schöpfung?

Zum zweifelhaften Glück für alle verwirft die moderne Gesellschaft die Gottheiten größtenteils. Männer und Frauen, die keine Götter und Göttinnen mehr haben, um an ihren Altären zu opfern, bewerfen sich mit faulen Tomaten und halten das für „ehelichen Segen". Und dabei sind faule Tomaten noch viel lebendiger und interessanter, als gemeinsam vor dem „Idiotenkasten" zu sitzen und sich den Bauch mit Junkfood vollzustopfen.

Seien wir ehrlich: Wir haben die Fähigkeit verloren, das Leben zu bewundern, unablässig schöpferisch zu sein und mit dem Chaos, das in der Matrix unserer Lebenskraft wirbelt, zu spielen oder zu tanzen. Wir haben die Bedeutung von Freundschaft verdreht, um sie unserem Ehrgeiz anzupassen. Und wir haben das pikante Konzept der Romantik verzerrt. Wie viele Männer (oder Frauen) bringen ihrem Partner Blumen mit nach Hause? Wie viele Paare tanzen zu Hause nur so aus Spaß? Wieviel Kreativität fließt in ständiges Umwerben oder die Kultivierung der Unterschiede in einer Freundschaft?

Zur Verteidigung der wahren Romantik schlage ich Paaren oft vor, mindestens einmal die Woche etwas „Verrücktes“, Ungeplantes, Spontanes zu tun. Es darf auch keine unerledigten Angelegenheiten zwischen euch geben und vor allem keine ungesagte, nicht ausgedrückte Zuneigung. Dein Partner ist der wahre Spiegel deiner Selbst. Bleibe durch jede Tat, jedes Wort und jeden Gedanken präsent und bewußt.

Laß den anderen in all deinen Beziehungen ein Geheimnis bleiben. Das gilt insbesondere für Frauen, deren emotionale Unsicherheit sie dazu drängt, jeden Gedanken und jedes Gefühl ihres Mannes wissen zu wollen, aber auch für Männer, die instinktiv über das Leben ihrer Frau herrschen, die ihr emotionales und unerklärlich irrationales Wesen analysieren und herunterspielen wollen.

Begegnet euch jeden Tag und jeden Augenblick neu, seid voller Staunen und Freude, so als ob ihr euch das erste Mal begegnet. Ich kenne ein Paar in den Vereinigten Staaten, das jeden Morgen gemeinsam ein kleines Gebet spricht, in dem sie die Geburt des Tages und die Präsenz des Lichtwesens im anderen feiern. Es erfordert Anstrengung, Energie und Wachsamkeit, eine erhabene Liebe zu kultivieren und den anderen nicht irgendwann für selbstverständlich zu erachten.

Achte dabei auf deine eigenen Bedürfnisse, ohne zu erwarten oder gar zu fordern, daß dein Partner dich „ganz“ macht. Ich bin jedesmal von neuem entsetzt, wie viele Frauen – ebenso wie ihr Ehemann – den ganzen Tag über berufstätig sind, dann aber nach Hause kommen und ihn bekochen und bedienen, während er die Zeitung liest oder die Nachrichten im Fernsehen anschaut! Vor kurzem habe ich einem argentinischen „Macho“ (und die Argentinier sind darin überaus gut), der sich über die mangelnde Tüchtigkeit seiner Frau (einer Krankenschwester) beklagte und über eine Trennung nachdachte, vorgeschlagen, er solle sich doch selbst bekochen und das Haus sauberhalten, wenn seine Frau Nachtdienst hat. Er war sprachlos.

Lebe vor allem so, als ob du allein wärst, denn das bist du. In den tiefsten Winkeln deines Herzens existiert nur das „Ich“. Der andere ist dazu da, uns für uns selbst die Augen zu öffnen. Die Schönheit und Vollkommenheit, die wir finden, spiegelt nur das wider, für dessen Wahrnehmung wir offen sind. Wenn wir in ko-kreativer Aktivität mit unserem Selbst auf den höheren Ebenen des Bewußtseins erleuchtet werden, so geschieht das in Ganzheit – im Allein-eins-sein.

Ehe und Freundschaft beinhalten Opfer. Diese Opfer sind keine Selbstquälerei und auch kein Auslöschen des Selbst, sondern die willentliche und bewußte Aufgabe des Egoismus. Man unterwirft sich nicht dem anderen, sondern dem Leben. Anstatt unsere Individualität auszulöschen, bewahrt das wahre Opfer sie als ein kostbares Geschenk der Kreativität, das man Gott darbringt. Häufig tun wir für andere, was wir für uns selbst nicht tun würden. Bekräftige die Wahrheit und die Essenz des anderen, damit du ihn mit der Ehrlichkeit erhebst, die wahres Wachstum und Bewußtsein fördert. Sei in Anerkennung des gegenwärtigen Augenblicks schließlich dazu bereit, den anderen in die Fülle einer zutiefst gelebten Erfahrung loszulassen (auch wenn du das vielleicht nie wirst tun müssen). Vergieße deine Tränen aus Dankbarkeit, nicht aus Furcht.

Wie du deinen Lebenspartner behandelst, so behandele auch andere in deinem Umfeld in der aufrichtigen Überzeugung, daß Liebe keine Ware ist, die irgendwann ausläuft. Im Gegenteil, je mehr Liebe du verspürst, desto mehr Liebe hast du auch: je mehr du dein Herz teilst, desto mehr Liebe steht dir zur Verfügung. Bewahre die Heiligkeit deiner Beziehung und erkenne das kostbare Geschenk, das dir das Leben durch deine Liebe schenkt. Für gewöhnlich ist es leichter, einen Freund zu respektieren als deinen Lebenspartner: sorge dafür, daß du das ausgleichst.

Das Leben ist ein ständiger Fluß. Laß deine Liebe wachsen, sich verändern und durch die Vielfalt der Erfahrungen mit deinem Partner und deinen Freunden erweitern. Laß sie zu dem Lichtelixier abkühlen, damit du die kristallinen Funken der Bedürfnisse entzünden kannst, die dich hierher brachten.

## Die alchemistische Erfahrung des Menschen

Die Alchemie beschäftigt sich mit den zartesten und mächtigsten Kräften der Natur und mit deren zahllosen Funktionsweisen. Das erste Prinzip der Alchemie handelt von einem universellen Lösungsmittel, durch das alle Komponenten zu der homogenen Substanz zurückkehren, aus der sie entstanden. Diese homogene Substanz war angeblich reines Gold, die summa materia, die alle Negativität auslöschen und das Leben erneuern konnte, indem sie wieder Jugend verlieh. Das war der Stein des Weisen oder die „Paras" des vedischen Sagenguts und wurde in der Antike als „drei in Erscheinung, aber eins in Essenz" genannt.

Wie das Licht die Materie erleuchtet, führt die Transmutation zu einer völlig neu erhellten Substanz. Im Menschen ist das Ergebnis dieser Erleuchtung das Bewußtsein. Es ist eine Substanz, ein Geisteszustand und eine Ausstrahlung, identisch dem Licht und doch anders durch den Erwerb des Selbst-Bewußtseins, das als „Anthropus" oder vollkommener Mensch zum Vater zurückkehrt (dem „atman", und nachfolgend zum unteilbaren Wesenskern). Die alchemistische Erfahrung des Menschen beinhaltet die Alchemie der elementaren Substanz und auch der kosmischen Alchemie, die alles umfassende Sonnen und Universen erschafft. Vielleicht verstehen wir jetzt, wie zart, herrlich und glorreich das Instrument Mensch ist und wie göttlich real der Mensch sein kann! Die alchemistische Erfahrung des Menschen folgt der Reise des Lichtes vom Steißbein bis zur Zirbeldrüse, von dem Zustand des animalischen Menschen bis zu der Erkenntnis des göttlichen Musters, von der rohen Materie zur diamanten-leuchtenden Strahlung aus einem Sonnenquell. Es gibt nur ein Element im Universum, das ewige und universelle Lösungsmittel: Licht als Bewußtsein.

Aus welcher Perspektive wir es auch betrachten, die Evolution kann nicht ohne das katalytische Mittel des Bewußtseins stattgefunden haben. Unser Bewußtsein ist der Grundbestandteil, das magische „missing link", der verlorene Faden, der unsere immerwährenden existentiellen Fragen beantwortet, indem er uns auf das Wesentliche aufmerksam macht. Das öffnet die Tür für Vision, Macht und wahre Teilnahme am kosmischen Geschehen. Ob im Individuum oder beim Paar, ob in der Kernfamilie, in der Gesellschaft oder dem planetaren Leben, ohne Bewußtsein sind wir in unserer Kraft und in unserer Wahrnehmung begrenzt. Sogar die Wissenschaft mit ihren verblüffenden und erstaunlichen Entdeckungen kann ohne das Bewußtsein ihrer menschlichen Gefäße nichts begreifen, was nicht im Bereich des Offensichtlichen liegt. Selbst eine komplexe und hochentwickelte Technologie reicht nicht an das menschliche Bewußtsein heran.

Und doch kann nichts Konkretes getan werden, um das Bewußtsein direkt zu erlangen. Man muß sich ständig in einem Zustand der Harmonie und Wachsamkeit befinden, um auch nur die Möglichkeit des Bewußtseins zu schaffen. Es erschafft sich selbst durch einen Quantensprung. Man muß lernen, mit Gelassenheit und ehrfürchtiger Geduld darauf zu warten, daß die Natur sich selbst aktiviert. Dieses Warten ist vielleicht der schwierigste Schritt von allen, denn wir müssen dabei eben jenen Mechanismus fallenlassen, der uns bis an den Rand des vollen Bewußtseins gebracht hat: den zielgerichteten Willen. Der Meister sagt zwar: „Klopfet an, und es wird euch aufgetan", aber Er bekräftigt auch den höchsten Akt der Unterwerfung, den ein Mensch leisten kann: „Dein Wille geschehe, Vater!" Diese Einstellung kennzeichnet die Bereitschaft des Sohnes, im Vater verherrlicht zu werden.

Die Rückkehr des gewöhnlichen Menschen ist gepflastert mit allen möglichen Beziehungen. Sie dienen als Spiegel, als Versuchsanstalt und als Feedback durch intrinsische Belohnungen beziehungsweise Bestrafungen, während der Betreffende mit jedem dieser Menschen verschmilzt. Der intuitive Verdacht, daß das Leben mehr zu bieten habe, läßt uns in unseren Beziehungen und über sie hinaus in den unerklärlichen Regionen des Herzens nach Gott suchen. Nur dann, wenn wir bereits angefüllt mit der Präsenz unserer selbst sind, in jenen Momenten der entspannten Bewußtheit, werden wir durch die Fülle ausgezeichnet, die Seine Präsenz, die das Leben ist. Dann steigt Er herab wie ein willkommener Gast, um eine Zeitlang bei uns zu verweilen. Wie die sprichwörtlichen vestalischen Jungfrauen werden wir ganz individuell dazu aufgefordert, den Tempel zu reinigen und ihn sauber zu halten, die Kerzen anzuzünden und ... zu warten. Jede Minute, jeden Augenblick, jeden Tag kann der Höchste Gast zurückkehren. Bei seinem Besuch fällt der Tropfen in den Ozean. Und der Ozean, der in einem Tropfen enthalten ist, wird die Welt erleuchten.

Nicht nur der einzelne, auch Paare müssen diese Schritte vollziehen. Aktivität führt zu Unterwerfung, führt zu Warten. Dasselbe Unterwerfen, das durch den Meister so erhaben geschildert wurde, ist das Prinzip hinter der unio mystica oder der alchemistischen Ehe. Unterwerfung beinhaltet jedoch auch Vertrauen, eine Eigenschaft des

Herzens. Der Mann wünscht sich die Unterstützung der Frau. Die Frau wünscht sich die Zuneigung des Mannes. In überschäumender Großzügigkeit, ganz natürlich und mit freiem Willen geschenkt besteht die Möglichkeit zur Unterwerfung.

Die Reise ist langwierig und gefährlich. Der Gast steigt, wie das Bewußtsein, in unzähligen Verkleidungen herab, um den Betreffenden durch die reinigende Phase des Tempels zu prüfen, indem er die Türen zum Unbewußten öffnet, den Schutzmantel lüpft und alles darunter verbrennt. Wahnsinn scheint mit ihm einzukehren. Das wirkt sich vor allem auf Frauen aus, die nicht nur die innere männliche Polarität in sich integrieren müssen, sondern auch das Chaos aus ihrem Inneren. Sowohl die Frau, die diesen Kräften erlauben muß, mit einer gewissen Diskretion zu fließen, als auch der Mann, der an sich selbst und an den Vorgang glauben muß, um das in seiner Partnerin geschehen zu lassen, werden von dem Gast geprüft.

Das ist eine nervenaufreibende Phase, in der viele Beziehungen zerbrechen und sich auflösen. Für Außenstehende scheint der Partner oft fremd oder anders. Für andere als sich selbst scheint er in zwei Personen gespalten: eine mit Intimität, eine andere in der Alltagswirklichkeit. Mit genug Geduld, Ehrlichkeit und sensibler Bewußtheit von beiden Seiten löst sich diese Zweiheit letztendlich auf, und die Kräfte aus der Tiefe verschmelzen mit den Körpern und dem Leben der Betreffenden.

Gleichzeitig wächst in dieser Phase die Verletzlichkeit des Mannes unverhältnismäßig stark an. Während die Frau ihre Aufmerksamkeit nach innen richten muß, um das Chaos, das in ihr in beinahe gewalttätigen Wellen tobt, nach außen hin auszudrücken, muß sich der Mann seine verstandesmäßige Klarheit bewahren, während er das tiefe und erschütternde Aufweichen in seinem Inneren zulassen muß. Wenn beide Partner ihre Aufmerksamkeit unablässig auf das zunehmende Bewußtsein des Herzens gerichtet halten, findet Wachstum statt.

Meistens gibt es kriegerische Phasen oder offene Trennungen. Sie wird versuchen, ihn anzustacheln. Er muß zwar versuchen, verletzlich und doch stark zu bleiben, aber er kann auch dazu neigen, sie mit seiner unsicheren Zerbrechlichkeit ins Schwanken zu bringen. Oder er versucht, mit ihr offene Gefechte auszutragen, was ein schwerwiegender Fehler wäre. Andererseits wird er sich unter dem Einfluß seiner tiefen Verletzlichkeit dazu getrieben fühlen, sich in ihr zu verlieren, nachzugeben oder sich in manchen Fällen völlig zurückzuziehen. Während sie ihn unterstützen und gleichzeitig ein Individuum bleiben muß, kann sie unter Umständen ihrem Beschützerinstinkt unterliegen, dann verliert sie einen Ehemann und gewinnt einen Sohn. Auf diese Weise verhindert sie ihr und sein Wachstum. Anstatt ihre Position mit liebevoller Entschlossenheit zu bewahren, kann sie ihn auch gänzlich zurückweisen.

Männer und Frauen brauchen gleichermaßen Unterstützung wie Herausforderung, um den wachsenden Schwung im sexuellen Akt wie im psychologischen Zusammenspiel aufrechtzuerhalten und die entgegengesetzte Polarität in sich zu integrieren. Solange diese Phase nicht erfolgreich durchlaufen wurde, bleibt der einzelne von seiner Kraft entfremdet, die sich, wenn sie ignoriert wird, eine irrationale Modalität sucht. Diese Phase der Reinigung des Tempels ist eine Begegnung mit dem Feind im Inneren. *Wenn das Paar sich ständig vor Augen hält, daß der Konflikt nicht mit dem Partner besteht, sondern vielmehr mit den aus dem eigenen Inneren auftauchenden Kräften, kann es den Sieg davontragen.*

Im Laufe der Zeit wird das ideale Paar, befreit durch die sexuelle Begegnung und die nachfolgende Konfrontation, zu einer Einheit, und die geöffneten Energien fließen durch den gesamten Organismus, bringen Kreativität und vielfältige Ausdrucksmöglichkeiten, verwandeln die Persönlichkeit und die Welt der Betroffenen.

Doch die Prüfung geht weiter. Alles kann die erlangte zarte Harmonie stören und die Schwingungsfrequenzen ändern, die in dieser Beziehung erreicht wurden. Das entspricht der zweiten Phase beziehungsweise der Reinhaltung des Tempels. Wenn der Zustand der Harmonie in Hochspannung aufrechterhalten wird, sind die Tempelkerzen in der Kammer des Herzens erleuchtet. Aber jeder plötzliche Windstoß kann sie ausblasen. Jedes fremde, derbe Partikel kann die Kammer infiltrieren, um die Qualität des Feuers zu verändern und erneut die niederen Leidenschaften zu entzünden. Es ist an dieser Stelle immens wichtig, die Harmonie zu wahren, ohne die Intensität oder die Konzentration zu verlieren. Jeden Augenblick kann der Höchste Gast eintreffen. Die Prüfung besteht darin, das Interesse zu wahren, ohne zu wanken, ohne Langeweile oder Ermüdung: die Prüfung von Treue und Zielsetzung.

Auch das eigene Unterscheidungsvermögen gerät jetzt auf den Prüfstand. Man lernt zwischen dem, was man selbst ist, und dem, was der andere ist, zwischen dem, was zu einem selbst gehört, und dem, was von außen kommt, zu unterscheiden. Ungeheure Stürme werden versuchen, die Partner von ihrer inneren Wirklichkeit abzulenken, sie in andere Dinge zu verwickeln. In einigen Fällen ist das individuelle Karma bereits weitgehend verbrannt, aber die Partner geraten ins Wanken und werden von ihrer Zielsetzung abgelenkt durch äußere Kräfte, die die Einheit ihrer Vereinigung kontaminieren, indem sie den Partnern übermäßige oder unwesentliche Lasten aufbürden.

Die letzte Phase besteht im Warten. Dieses Warten muß in dem ästhetisch anspruchsvollsten und positivsten Rahmen geschehen, der den Partnern möglich ist. Licht zieht noch mehr Licht an. Eines Tages werden beide schnell, sanft und unwahrnehmbar in die Regionen der höchsten Ekstase gehoben. Wenn sie es wiederum fertigbringen, die erhöhten Frequenzen aufrechtzuerhalten, filtern sie erneut durch den gesamten Organismus und lassen sich dort in einer neuen Verhaltensmodalität nieder, die sich auf das gesamte Leben, auf die Atmosphäre und auf die Umgebung auswirkt. Wenn diese Frequenzen angemessen integriert werden, führen sie zu mehr Energie, mehr Freude, Vitalität und einer klareren Wahrnehmung dessen, Was Ist.

Doch wieder ... wie immer ... die Wachsamkeit – so lange, wie wir in einem menschlichen Körper stecken, bis zur unvermeidbaren zweiten Geburt, nicht länger durch den Tod der egoistischen Persönlichkeit, sondern durch den jener Seele, die Gott selbst gebiert mit dem neu geschaffenen Gefäß der durchscheinenden Substanz – dem Bewußtsein im erhabenen Körper des wahren Menschen. Der Gast, Bewußtsein als Liebe, wird durch uns lieben. Der Liebende und der Geliebte sind, wie die Sufis sagen, nur zwei Seiten der Essenz der Liebe. Sie können erst eins werden, wenn sie – wie in der Alchemie – zur Essenz zurückkehren.

An dieser Stelle können die Partner zusammen oder getrennt sein, darauf kommt es nicht an. Losgelöst von Emotionen tränkt die Liebe alle Existenz wie ein Parfüm. Das Prinzip der Liebe wirkt durch dich und mich, durch jeden ... als das eine Bewußtsein der Menschheit. Der Ausdruck von Gott als Liebe auf der Erde findet seinen Höhepunkt in vollkommener Bruderschaft.

## Individualität und Bruderschaft

In Community erklärt Meister Morya, daß die wahre Zusammenarbeit beziehungsweise das Einssein einer Gruppe nur dann erlangt werden kann, wenn jedes einzelne Mitglied eine Ebene der Selbsterkenntnis erreicht hat, die der Herrschaft beziehungsweise Meisterschaft entspricht. Die daraus resultierende Bewußtheit ist das kreative Potential und die Macht, die persönlichen Interessen zugunsten des Allgemeinwohls der Gruppe zu transzendieren. Dieser heilige Zweck wurde in der Vergangenheit nur zu oft von Gruppen propagiert, deren jeweilige Ebene der Meisterschaft über das persönliche Selbst an ihre guten Absichten nicht ganz heranreicht. Die herrlichen Worte der amerikanischen Unabhängigkeitserklärung, die stark hierarchisch geprägt sind, stellen ein Zeugnis solch guter Absichten dar.

Im Zuge des New Age verkünden viele einen Sieg, der noch lange nicht erstritten worden ist. Nur wenige Menschen denken darüber nach, was Selbsterkenntnis, Meisterschaft, das Transzendieren persönlicher Interessen oder auch nur Zusammenarbeit im Alltag wirklich bedeuten. Der Schlüssel liegt hier im Verständnis des Begriffes „Individualität".

Individualität, nicht Persönlichkeit, ist der entscheidende Bestandteil in Freundschaft, Ehe und Gruppenbeziehungen. Diese Individualität kann nur durch eine Bewußtseinsbildung erlangt werden, die auf der Basis des Herzens gründet, wie es in diesem Buch beschrieben wurde. Die Bewußtseinsbildung ist in jeder Organisation, Religion oder Weltanschauung identisch. Der Weg zu wahrer Macht führt über das Weichwerden und Prüfen des Herzens. Wenn man nicht zutiefst spürt, wer man ist, als Essenz und auch als individueller Ausdruck dieser Essenz in einer geerdeten flexiblen Persönlichkeitsstruktur unter Anleitung des Bewußtseins, ist eine wahre Begegnung unmöglich. Wir würden immer nur Projektionen unserer selbst sehen.

Wie kann es aber, ohne eine wahre Begegnung, echte Zusammenarbeit geben? Genau das geschieht gerade in unserer Welt mit ihrer um sich greifenden Gewalt und ihren Drangsalierungen. Angesichts von Haß, Furcht und Verpflichtungen, die uns von außen aufgedrückt werden und uns innerlich zermalmen, ist es kein Wunder, daß mit dem Begriff „Bruderschaft" so sorglos umgegangen wird.

Ich mußte zu meinem Entsetzen entdecken, wie tief gerade in Südamerika, wo ich es zu allerletzt erwartet hätte, weil dort der Familienzusammenhalt besonders stark ist, der Haß zwischen Brüdern und Schwestern verwurzelt ist. Unter der Tünche der gesellschaftlichen Moral wütet die Selbstsucht. Möglicherweise gibt es da eine allgemeine Dynamik, der wir ernsthaft und dauerhaft unsere Aufmerksamkeit schenken sollten. Solange dieses Phänomen nicht angegangen und verwandelt wird, gibt es keine Möglichkeit, wie wir es jemals zu einem planetaren Bewußtsein schaffen sollen.

Ein weiterer wichtiger Bestandteil in Gruppen wie in ehelichen Gemeinschaften und in den Verhältnissen zwischen Freunden ist das Gefühl der Verpflichtung. Wahre Verpflichtung taucht ganz natürlich auf, wenn das Bewußtsein verankert ist. In diesem Licht erscheint es als spontane und intelligente Entscheidung und zeigt, daß die Verpflichtung dem Selbst gilt und daß das Selbst uns alle beinhaltet. Wie kann es eine Trennung geben, wenn ich das, was ich einem anderen antue, schwingungsmäßig und innerhalb meines eigenen organischen und energetischen Netzwerks spürbar mir selbst antue? Wie kann ich jemanden zum Idol machen oder jemanden unter Ausschluß des Rests der Menschheit anbeten, wie es in vielen Beziehungen zwischen Paaren geschieht und auch in Beziehungen zwischen Schüler und Lehrer?

Die Wahrheit lautet: Was immer vom Ganzen getrennt ist, wird von seinem polaren Gegenstück angezogen. Wenn ich mich darauf beschränke, nur das Schöne zu sehen, wird mir das Häßliche ins Gesicht starren; wenn ich einen all-gütigen Gott anbete, wird mich der Teufel in meinen Träumen verfolgen. Und wie könnte ich mit einem anderen um eine eingebildete Anerkennung oder Belohnung konkurrieren, wenn ich, in der Präsenz von mir selbst, ganz und sicher bin?

Wahre Verantwortung kann nur aus dem Individuum kommen. Damit meine ich weder den Persönlichkeitskult, der auf das Selbst oder auf den anderen projiziert wird, noch die Selbstentfremdung, die als Individualität posiert, ein Syndrom, das typisch für die nördliche Hemisphäre ist. Der unpersönliche Ansatz an die Verpflichtung ist ebenso falsch und egozentrisch wie der überpersonalisierte, ein typisches Merkmal der romanischen Länder.

Die Energie der Zeit diktiert die Gruppenarbeit. Individuelle Arbeit wird nur als Mittel gewertet, um zum Gruppenbewußtsein zu gelangen. Wenn wir die Kraft, die von zwei Menschen in der orgasmischen Vereinigung auf der Ebene des Herzens freigesetzt wird, schon für groß halten, können wir uns dann nicht vorstellen, welche Einheit von Zielsetzung und Aktivität erzeugt werden kann, wenn mehrere Personen in Einklang mit dem Bewußtsein ihrer Herzen stehen? Private Beziehungen und individuelle Zufriedenheit sind nicht das Ziel und waren es auch nie. Sie sind einfach die Erahnung einer größeren Vereinigung, einer tieferen, volleren Erfahrung, wenn ein Teil in Bewußtsein mit dem Ganzen in Bruderschaft kooperiert.

Es würde uns gut anstehen, das Buch *Verblendung, ein Weltproblem*[14] von Alice Bailey zu lesen, das vor fast fünfzig Jahren geschrieben wurde, aber ein präzises Bild der Gruppendynamik von heute entwirft, gekennzeichnet von Rivalität, Disharmonien und Konkurrenzkämpfen. Die meisten Charakterzüge, die dort beschrieben werden, scheinen auf den ersten Blick ganz harmlos, aber sie wurzeln in fruchtbaren Persönlichkeitsneigungen, die als Sprößlinge in allen Bereichen menschlicher Beziehungen keimen. Es handelt sich dabei um gesellschaftlich akzeptierte Niedrigfrequenz-Normen, die unser planetares Bewußtsein als Ganzes verschmutzen, und ebenso jeden Versuch der Verbreitung spiritueller Lehren.

## Gruppendynamik und Teamarbeit

Zur Kategorie der Gruppe gehört die Kernfamilie sowie die Teamarbeit hinter Erziehung, Wirtschaft, Finanzen und Spiritualität. Es ist die vielleicht umfassendste Form der Selbstverfeinerung, insbesondere wenn es darum geht, die Illusionen zu überwinden, denen die Mitglieder einer Gruppe erliegen. Wenn wir glauben, daß wir mit der Prüfung in unseren Beziehungen fertig sind, wird die Gruppenerfahrung (vielleicht auch innerhalb deiner eigenen Familie) für gewöhnlich zeigen, daß es noch jede Menge zu lernen gilt.

Wenn wir für eine gewisse Zeitspanne an einer Gruppenaktivität teilnehmen, tritt ein Mechanismus in Kraft, der zur Bildung einer Gruppenidentität führt. Die Höhen und Tiefen, das Gute und das

Schlechte verschmelzen unentwirrbar auf der Ebene des niederen Selbst, außer die Betroffenen bewahren ihre Individualität oder vertikale Position im Selbst. Doch auch wenn einer oder mehrere erfolgreich ihre Ausrichtung und ihre höheren Frequenzen aufrechterhalten, werden auch sie mit dem Rest stolpern und wieder auf eine niedrigere Frequenz herabsinken, wenn die Gesamtsumme der Gruppenschwingungen beziehungsweise -kräfte schwerer ist als die ihre.

Die Dynamik zwischen dem Gruppenführer und der Gruppe ist besonders wichtig. Die Gruppe bildet sich um einen Führer oder eine inspirierende Idee herum, die als Symbol der Gruppenzielsetzung gilt. Wenn die Motivation der Mitglieder durch irgendwelche Illusionen um Hingabe, Loyalität, Idealismus oder Sentimentalität geprägt ist, wird die Erwartungshaltung an den Gruppenführer zweifelsohne übermenschlich. Angesichts der Desillusionierung, die notwendigerweise eintreten wird, wenn Menschen zwanghaft anbeten, überrascht es nicht, daß die Atmosphäre vergiftet wird und schwer auf den anderen Mitgliedern lastet, deren Ideale aufrecht und angemessen sind. Wenn zu diesen Illusionen noch selbstsüchtiger Eigendünkel auf Seiten der Verwaltung kommt, hat man es mit einem regelrechten Schlangennest zu tun.

Wenn der Gruppenführer nicht mit beiden Beinen und allen Sinnen fest auf dem Boden steht oder wenn er auf irgendeine Weise der persönlichen Zuwendung bedarf, dann kann die Illusion der Liebe-des-geliebt-Werdens zum Niedergang der Gruppe führen, insbesondere in lateinamerikanischen Ländern, wo emotionale Demonstrationen so oft ein Mittel sind, um Aufmerksamkeit zu erheischen. Dieses Phänomen tritt in vielen Varianten auf. Die unbewußte Projektion des Gruppenführers selbst führt zu den Gegenprojektionen der Gruppe. Diese Spielchen sind im Individuum besonders fein verzweigt hinsichtlich seiner selbst, seiner Arbeit, dem Führer und den anderen Gruppenmitgliedern.

Innerhalb einer Gruppe von Menschen stellen die einzelnen Attribute dar, die in unterschiedlichem Maße in jedem Menschen vorhanden sind. Daher finden sich innerhalb einer Familie, der klassischen karmischen Einheit der Gruppendynamik, verschiedene psychologische Typen und Strukturen, die auf recht drastische Weise das Gleichgewicht der Gruppe ausbalancieren. Die Kinder verkörpern die unbewußten Projektionen des Patriarchen beziehungsweise der Matriarchin. Das Familienoberhaupt stellt häufig die Inspiration oder den Ehrgeiz der Kinder und/oder anderer Familienmitglieder dar.

Eine Gruppe kann nur dann erfolgreich sein, wenn die ganze Einheit die Art von Integration besitzt, die dem entspricht, was der einzelne in sich selbst haben muß, wenn er die Ebene des Herzens erreicht. Auf diese Weise verkörpert der einzelne das Modell der Familie, der Nation und sogar der Welt. In einer Familie zeigt sich das häufig durch verschiedene Angehörige, die über körperliche Fähigkeiten und Geerdetsein (für gewöhnlich durch den Vater oder die große Schwester), über emotionale Sicherheit (das mag die liebe Frau Mama oder Tante Tillie sein), über einen gut entwickelten Verstand (vielleicht durch den kleinen Harry, den Bücherwurm) und über spirituelle Anreize (durch die merkwürdige mittlere Schwester oder vielleicht wieder durch die Mutter) verfügen. Bis heute entwickelt sich die Menschheit durch eben diese Dynamik. Das Wachstum der Familie ist gleichbedeutend mit dem des einzelnen.

Obwohl es ungeheuer wichtig ist, die eigenen Eltern zu akzeptieren und zu ehren (weil ihre Dynamik in dir steckt und jede Feindseligkeit oder Zurückweisung auf dich zurückfallen wird), heißt das nicht, der persönlichen Kraft, die in der Verantwortung für das Selbst liegt, oder der Aufsässigkeit abzusagen, denn das wäre eine Verschwendung menschlicher Ressourcen. Diese Fragen müssen unbedingt geklärt werden, bevor man wahre Spiritualität erlangen kann.

Der Erfolg einer Gruppenaktivität hängt nicht nur davon ab, in welchem Maße die Mitglieder auf das gemeinsame Ziel eingestimmt sind, sondern auch von der Wirksamkeit der greifbaren Ressourcen, die der Gruppe zur Verfügung stehen. Sowohl die Ideale als auch die Ressourcen der Gruppe müssen zueinanderpassen. Anders ausgedrückt, die Ideale müssen sich auf Durchführbarkeit gründen. Eine Gruppe löst sich für gewöhnlich aus mehreren Gründen auf, die auf drei Grundprobleme zurückzuführen sind: (1) die Durchführbarkeit der Visionen des Gruppenführers, (2) die Hingabe unter den Mitgliedern, (3) die Menge oder die Art an äußeren beziehungsweise umgebenden Schwierigkeiten. Letztere sind am schwersten zu entdecken und zu beseitigen, weil es um die Verblendung der Gruppe geht, durch das planetare Leben hervorgerufen und der Substanz selbst innewohnend.

Die ziemlich harmlose Neigung der Weltverbesserer in spirituellen Organisationen, Rituale zu verbessern oder „persönlich“ das zu verschönern, was bereits eine gute Sache ist, muß von Anfang an in ihre Schranken gewiesen werden. Disharmonie entsteht durch solche kaum wahrnehmbaren Emanationen von Selbstüberschätzung, Stolz, allzu großer Hingabe, Anspruchsdenken, zwanghafter Geschäftigkeit und einer Myriade anderer Geräusche des niederen Selbst. Die tödlichste Emanation ist das unablässige Geschnatter, das emotionale Unsicherheit verbirgt, die eifrige Aufrichtigkeit, die herumschnüffeln und dominieren will, und unnötige Kritik, die vorgibt, konstruktiv zu sein.

Die spirituelle Teamarbeit steckt noch in den Kinderschuhen. Meiner Meinung nach erreichen nur sehr wenige dieser Gruppen ihr Ziel, in erster Linie deshalb, weil die Mitglieder noch keine Ebene des Bewußtseins erlangt haben, die jene Hochspannung aufrechterhalten kann, die für diese Aktivität vonnöten ist. In Fällen, wo Affirmationen und Lichtanrufungen eingesetzt werden, stellt man für gewöhnlich einen ständigen Mangel an finanziellen Mitteln fest. Das liegt an der schlechten Stabilität und Integration auf der Ebene der niederen Zentren unter den Mitgliedern. Es gibt aber auch Fälle wohlhabender „spiritueller“ Organisationen, doch die agieren allzu oft auf einer vorgetäuschten Astralebene und werden von ziemlich dunklen Kräften unterstützt, die sich mit dem Gewand altruistischer Menschenfreundlichkeit tarnen.

Hier gilt es zu verstehen, daß alles, was mit dem Umgang mit Materie zu tun hat (Sex, Geld, Macht, usw.) weitestgehend in den Händen der Dunklen verbleibt, bis wir als planetare Einheit die Materie und jene Kräfte abgelöst haben und eine starke Allianz formen, die „die Tür schließt, hinter der das Böse wohnt“ (Zitat aus The Great Invocation). Wir müssen dieses Terrain jeder für sich in unserem Körper und in unserer Welt erobern und wahrhaft die Kraft des Lichtes verkörpern.

Jede Gruppenarbeit erfordert vorsichtiges Herangehen, in Demut und Aufrichtigkeit wie bei einer persönlichen Beziehung, um die unbewußten Verzerrungen zu vermeiden, die es überall zuhauf gibt. Diese unbewußten Projektionen variieren von Kultur zu Kultur, aber es handelt sich im Grunde stets um dieselben Mechanismen: Der Egoismus der Persönlichkeit kämpft ums Überleben.

Das Phänomen des Gruppenunbewußtseins in Brasilien betont emotionale Manipulationen, typisch für Familien, die sich hinter falschen Ängsten verstecken, hinter allzu intensiver Beschäftigung mit emotionaler Sicherheit und hinter einem persönlichen Ehrgeiz, der durch idealistische Terminologie und Hingabe gerechtfertigt wird. In Ländern wie den Vereinigten Staaten und einigen Teilen Europas herrscht eine vollkommen andere Dynamik. Dort zerreißt die Illusion des Materialismus oder die übertriebene Betonung auf Äußerlichkeiten das verletzliche Gewebe der Inspiration und löst einen abtötenden Prozeß aus, der ausschließlich künstliches Licht erzeugen kann. Überall zeigt die dunkle Seite der Menschheit ihr häßliches Gesicht und errichtet Podeste für ihre Idole, und dennoch ... o ja, *dennoch* kreuzigt sie diese Idole auch.

Wenn genügend Menschen die Spannung und die wahre Einsicht aufrechterhalten, die aus der vertikalen Ausrichtung und Zentrierung im Herzen gewonnen wird, werden wir wahre Bruderschaft auf der Erde erlangen. Dann werden die vestalischen Jungfrauen nicht nur das Feuer am Brennen halten, sie werden selbst als Flammen im Feuer von Bewußtsein und wahrer Spiritualität brennen.

Im selben Verhältnis und im selben Ausmaß, wie wir in der Beziehung zu uns selbst, zu unseren Partnern, zu unserer Familie und unseren Freunden erblühen, tragen wir zur Bruderschaft des Menschen bei. Auf diese Weise ist jede Beziehung ein heiliger Bund, der zur höchsten Form der aufopfernden Liebe führt, dem Dienst am Größeren Selbst des Menschen.

Die alchemistische Erfahrung des Menschen beginnt mit Babyschritten durch jede einzelne Handlung und endet überall, streckt sich in die Unendlichkeit aus und umarmt das große, glorreiche und mächtige „ICH BIN“. (Abb.31)

AUFGEHEN IN EINE SONNE

*– Abbildung 31 –*

# Anmerkungen

1 Karma: ein Sanskritwort, das Ursache und Wirkung bedeutet.

2 Bio-physische Energie und Vitalität werden in diesem Buch austauschbar verwendet, um die Vorstellung einer Basisenergie zu vermitteln, die menschliche Erfahrungen auslöst. Diese Energie schließt auch Sexualität mit ein, ist aber nicht auf Sexualverhalten beschränkt.

3 „atman“: ein östlicher Ausdruck mit der Bedeutung „Urbaustein“. Das Wort „Atom“ wurde davon abgeleitet.

4 Diese Konzepte von Energie und Kraft und auch der Zusammenhang zwischen subatomarer Aktivität und menschlicher Dynamik wurden mir von Sandra Galeotti vermittelt. Die Einsichten, die sie gewonnen hat, stammen aus Jahren des intensiven Studiums in den Bereichen Nuklearphysik, Esoterikwissenschaft und Jung'sche Psychologie und bilden den zentralen Kern ihrer These, die sie in Kursen entwickelt und in Handbüchern vorgelegt hat. Diese Informationen haben bei mir so aufregende Enthüllungen ausgelöst, daß sie heute unlösbarer Bestandteil innerhalb der Inneren Alchemie sind. Lesern, die diese Ideen in ihrer Fülle und Gesamtheit betrachten wollen, sei das Buch *Esoterism and Self Knowledge* von Sandra Galeotti (Ground-Verlag) empfohlen, das auf Portugiesisch veröffentlicht wurde.

5 Korollarien drücken Energie in einer höheren Frequenzoktave aus, wobei der Übergang dorthin allmählich, gesund und integriert vorgeht; in ihrer verzerrten Form drücken sie aber auch die abgelehnten oder unterdrückten Eigenschaften der niederen Zentren auf einer stärkeren Frequenz aus.

6 Die Eingangspforte für „Besessenheit“ befindet sich allerdings in den niederen Zentren, wozu auch Genick und Schläfen gehören. Durch diese Öffnungen versuchen kollektive unbewußte Gedankenformen Einfluß auf Menschen zu erlangen, die noch nicht unterscheidungsfähig sind.

7 Leser, die sich weiterentwickeln wollen, finden am Ende des Buches eine kurze Literaturliste.

8 Arthur Janov, Gründer des „Primal Institute“ und Autor von „Der Urschrei“, Frankfurt, S. Fischer Verlag 1973.

[9] Sufismus: mystische Bewegung aus dem Nahen Osten, die auf den esoterischen Lehren des Koran basiert.

[10] Siehe auch S. 315ff. in Innere Alchemie: Der Weg der Meisterschaft.

[11] Dieser Teil der Übung kann erweitert werden. Denke von innen heraus an die Chakras und richte deine Bewußtheit sanft auf sie, um sie auszugleichen. Du kannst dazu deine Hände benützen: lege je eine Hand vorn und hinten auf den entsprechenden Körperteil, um ihn neu zu zentrieren.

[12] Bei den Übungen für Fortgeschrittene benützen die Schüler der Inneren Alchemie die *Lichtgestalt* (eine weitere Übung von Olive Pixley) zum Erden im Licht. Siehe auch *Innere Alchemie: Der Weg der Meisterschaft*, S. 109.

[13] Wie du dich vielleicht erinnerst, wird dieser Nerv vom Herz-Chakra regiert.

[14] In der Originalversion findet sich auf den Seiten 120-123 eine akkurate Liste einiger der allgemein üblichen „Verblendungen", die in Menschen mit unterschiedlicher Persönlichkeit zu finden sind.

## Die Autorin/Adressen

Zulma Reyo, gebürtige Puertoricanerin, studierte in den USA Sprachen, Kommunikation, Psychologie und Religionswissenschaft. Sie wurde außerdem in verschiedenen esoterischen Disziplinen und okkulten Praktiken ausgebildet. Auf ihrer Suche nach der verschiedenen Facetten der menschlichen Psyche, hielt sie sich in Indien, England und Südamerika auf. 1988 gründete sie in São Paolo die „Schule für Innere Alchemie und Bewußtsein". Heute lebt Zulma Reyo in den spanischen Pyrenäen, wo sie die europäische Niederlassung ihrer Schule leitet. Sie hält Vorträge, gibt Seminare und Workshops. Sie hat bereits vier Bücher über innere Alchemie geschrieben, die in verschiedenen Sprachen übersetzt worden sind.

Adressen:
ALQUIMIA
Europäisches Zentrum für innere Alchemie
Caille Major, 22
25721 Pi (Bellveder de Cerdanya)
Provincia de Lérida
Spanien

Internet Adresse: www.alquimiainterior.com
Dort finden Sie aktuelle Termine für Kurse und Vorträge der Autorin.

René van Osten

## Das große I Ging Lebensbuch

**Handlungsanweisungen für alle Fragen und Bereiche des Lebens · Mit dem dreistufigen I-Ging-Karten-Set**

Die Zukunft ist nicht unabwendbar, sie entspringt früheren Taten, formt sich im Denken und Handeln des Hier und Jetzt und manifestiert das, was zukünftig sein wird.
Einzigartig ist die umfassende Interpretation der klaren Handlungsanweisungen: die Bedeutung der Linien. Nirgendwo sind sie bisher lebensnaher und sicherlich nicht ausführlicher beschrieben: allgemein, psychologisch, typologisch und auf die Chakraebenen bezogen.
24 Karten zeigen die universale Symbolik der Trigramme. Element- und Farbzuordnungen machen das I Ging leichter denn je begreiflich.

432 Seiten + 25 I-Ging-Karten in Buchbox

ISBN 3-89385-174-7

Petra Schneider · Gerhard K. Pieroth

## LichtWesen Meisteressenzen

**Ein Weg zur Meisterschaft im Leben · Eine systematische Einführung in die Energie der Aufgestiegenen Meister**

Was hindert uns eigentlich, so zu leben wie wir wollen? Warum geraten wir immer wieder in Schwierigkeiten, unangenehme Verhaltensmuster und Krankheiten?
Die LichtWesen Meisteressenzen enthalten die Energieschwingung „Aufgestiegener Meister“ und wirken auf mentaler, emotionaler, physischer und spiritueller Ebene und lösen Blockaden. Dadurch erhalten wir Mut zum Handeln, Vertrauen, Freude, können unsere Wahrheit erkennen und leben, das Leben genießen und Liebe erfahren. So entfalten wir uns immer mehr, leben unser Potential und führen ein erfolgreiches Leben.

280 Seiten

ISBN 3-89385-189-5

Lise Bourbeau
Dein Körper sagt: «Liebe dich!»
Die metaphysische Bedeutung von über 500 Gesundheitsproblemen mit ihren emotionalen, mentalen und spirituellen Ursachen
WINDPFERD

Lise Bourbeau
Höre
auf Deinen besten Freund
auf Deinen Körper
Spirituelle Ursachen von Konflikten, Krankheiten und Unfällen Alarmsignale frühzeitig entschlüsseln
WINDPFERD
INNERE WELTEN